价值心法

姜胡说 著

台海出版社

代序 我（一个普通人）的奋斗

我的祖上是山东人。

父亲3岁时，奶奶去世了。父亲十几岁跟着爷爷修铁路，一路修到了山西长治。我在这里出生。

小时候家里穷。父亲单位经常发不出工资。母亲每天很早爬起来，磨豆腐脑。

磨豆腐脑挣的是辛苦钱。

修铁路也是。

v1.0

小时候我搬过三次家。

第一次是因为学校远，路上危险，租了个离学校近点的房子。

第二次，上学放学必经一条货运铁路，出过人命。没多久我们就搬走了。

第三次，房子到期，人家不租了。父母商量着买了个二手房，1600元。买房子那会儿，我还问："为啥不直接买个楼房？"

1994年，我考上了中专，学费是借的，学的是土木。之前有人问："为什么会选择土木？"能有个学上就不错了，还要啥自行车啊。

中专四年，我玩了两年半，没上过几天专业课。

一方面是因为上学时家里人给我定的目标就是考上中专，至于上中专以后干什么，他们也不知道。套用葛优在《活着》里的一句台词："上了小学，上中学。上了中学，上中专。考上中专，差不多就到共产主义了。"

另一方面，也和成绩有关。那会儿能上中专的大抵都是学习尖子，比你成绩好的人多了去了。成就感没了，也就没了动力。

我的心思都用在了别的方面，参加过学生会，办过报纸，做过广播。

那会儿，我们对计算机的全部理解就是打字快，而我打得最快。

我的阅读量非常大，什么书都读。倒没有学到什么，但阅读的习惯算是养成了。

有一本书叫《思考致富》，拿破仑·希尔写的，给我的印象很深。

那时候，比尔·盖茨已经是世界首富了，最有钱的公司叫微软。我也想过辍学，没敢，就这么浑浑噩噩过了四年。

临近毕业，告别会上，我站起来说，我要在毕业之后的前三年挣到人生的第一个100万。很多人都笑了，有一位老师没笑。离开学校的前两天，我去找过他，我们聊了很久。临走时，我管他借了400块钱。

毕业时，我有两个选择：一个是接着上学，西南交大。另一个是到单位报到（那时候中专是包分配工作的）。

我哪儿也没去，留在了西安。

我说过，要在毕业后的前三年赚到人生的第一个100万。

一开始我是准备在西安交大（非西南交大）旁听的，一边打工一边上学。但很快生活费没了，我找了家公司，满大街拉广告，准备挣点学费。结果学费没赚到，生活费也没了，于是我开始经常到同学那儿"吃大户"。后来"地主"家也没有余粮了。

我离开了西安，回到单位，给领导打杂，做通讯员，其实就是给领导领个报纸、打个文件、擦擦桌子、浇浇花什么的。简单来说，就是完成领导临时交代的各项任务。

很快，我就把领导的花浇死了。严格来说不是浇死的，是旱死的。

领导对我很好。他有糖尿病，晚上经常会起夜。有天半夜1点多，他路过我的房间，灯还亮着。他以为我没关灯，趴在窗户上一看，发现我在读书。

后来我领报纸、擦桌子、打扫卫生的活少了，多了一些企业招投标、宣传，办公设备维修、网站建设之类的工作。

这些活倒也不全是分配的。那会儿机器坏了，都是叫外面的人来修。他们来之前，我会自己试着摆弄两下，有些小毛病在我这儿就搞定了。

那会儿公司还没有网站，我做了一个。也没跟谁请示，反正你批不批我都要弄，弄完再说。我没做过，现学，一边学一边做，买了十几本书，花了差不多一个月的时间搞定了。我觉得比那些专业的人弄得好。

后来凡是和新玩意有点关系的事，基本都交给我做。我也不惧，乐在其中。

1999年、2000年，单位所有下属子公司、项目部全部接入了互联网，我弄的。

其间，我进过一次医院。那时我在外地投标，没记错的话，应该是西合线（就是西安到合肥的那段铁路线），我几天几夜没合眼，突然看不见了，因为角膜炎住进了医院。不久，单位成立了一个新部门，做一些和创新有关的事，进来的都是刚分配的大学生。我的学历最低，但工作时间最长，差不多就是我摸着石头带着大家干。

半年后，我递了辞呈。

我和领导说，我要去北大旁听。那时老领导已经退休了，新上任的董事长更年轻，跟我关系也更好。离职的时候，家里所有人都不理解。我和谁都没商量，先辞了再说，说了就辞不了了。

到北大旁听的那一年，是我离开学校的第三年。

我没能赚到100万。

这是我人生的第一个阶段。

我曾经试图打破命运的安排，没能成功。

放弃工作，去北大旁听，是我的第二次尝试。

一切都不确定，但我想试试。

v2.0

说是去北大旁听，其实就是偷学。

那时候信息化没现在普及，门卫查得也不严，大家年龄都差不多，20岁左右。我在六郎庄租了个房子，离学校不远，120块钱一个床位。花50块钱找门口修车的买了一辆二手自行车，骑车十几分钟就到了。到学校门口的时候，不用停，车速放慢，做个下车的动作，踩着脚蹬子滑过去就可以了，没人查你。

刚开始我还挺紧张，毕竟做贼心虚。接近校门前都要做心理斗争，手心全是汗，心想万一人家查我怎么办。后来就习惯了，根本没人搭理我。

我最开始学的是经济学，光华管理学院的课我听得最多。那会儿厉以宁还在，每到他的大课，教室里全是人，过道里也都是人。早上5点钟就要爬起来跑去占座，晚了就没位置了。

刚开始我特兴奋，感觉自己发现了一条人生捷径，原来到北大上课这么简单。早知道这样，根本就不需要参加考试，直接进来听课不就完事了。

但我很快发现，溜进来其实没啥用。

因为你根本就听不懂，差距太大。人家是高中三年一路过关斩将，经过层层筛选考进来的。很多教材都是英文原版书，别说听课，单词都认不全。

课倒是听了，但人家讲的啥？不知道。你只能坐在教室的后面，根据前面人的反应猜。

人家下课打球去了。你不行，只能找个自习室恶补。

那是我人生中最刻苦的一段时间。

当时我有个女朋友，是千禧年认识的，家里做钢材生意。

有次她父亲路过北京来看我。那年夏天特别热，一天要洗两遍凉水澡。都是男生，就成天光着膀子。屋里也没有风扇，脖子上长年挂着条毛巾用来擦汗。恰好那天没课，他进来的时候，我正趴在桌上看书，他怕打扰我，拉了个板凳坐在旁边等，一等就是一个小时。

我的心思全在学习上。

不努力跟不上，努力了也跟不上。

我在北大旁听了两年，没学到啥真正有用的知识。不是人家讲得不好，是你根本接不住。

但就是那两年，我培养了自己最重要的一个能力：自学能力。这都是后话，我当时并没有意识到。

那段时间，我既自信又焦虑。

自信的是，我一直在努力，非常努力。我坚信付出一定会有回报，这都是那本成功学图书（《思考致富》）告诉我的。

我脑海里一直有一个信念："相信自己，你可以的！"后来周星驰把它变成了一句电影台词。

焦虑的是，学了两年，啥都没学到。前途渺茫，钱也快花没了。

有段时间一直在"吃大户"。和我一块来北京的有四个人，两个人学习，两个人工作。我当初在西安"吃"的也是他俩，后来他俩被我成功地忽悠来了北京。

事实证明，这是一次非常成功的"游说"。

后来有人问我："学历重要吗？"当然了。

我不止一次向大家证明了"队友"的重要性，但同时你要记住：友谊是相互的，一定不存在单方面索取的友谊。

我兼职做了几个论坛的版主，这是我当时的一个主要收入来源。一些网站为了提高活跃度，会给做得好的版主发奖金。既有真金白银的收入，又不占用上课时间，很适合我。

我每个月都有奖金，很少，但够交房租了。

除了经济学和哲学，我还自学了一门编程语言：C#。当时它不叫这个名字，叫Cool，测试版，是微软开发的。我本来就有写读书笔记的习惯，又在论坛当版主，写完就随手贴到论坛上了。

后来有人顺着论坛找到我，让我帮着写写代码（我之前就写过公司网站，后来又学了些脚本的知识），挣点外快。

再后来，微软发布了正式版，学习这门语言的人越来越多。

有一家公司找到我，问我愿不愿意当老师，给初学者讲C#。

几天后，我"离开"了北大，搬进了中科院研究生院。公司是中科院计算所的一家下属单位，宿舍就在研究生院的博士楼里，一个房间住两个人。

刚开始我还在所里办公，路上遇到的不是研究生就是研究员。

我感觉生活有了"奔头"。

除了打篮球，我没啥业余爱好，每天不是上课就是学习。遇到第一次来北京的年龄相仿的学员，投缘的话，我总是带他们到北大、清华转转，听听课，去食堂吃顿饭。有几个硬生生被我忽悠来了北京。

有一年，胜利油田来了十几个人，全是搞技术的，上的是专门定制的课程。

每天上午9点上课，下午5点下课。

下课了也没什么事，吃了晚饭，继续讲。晚上下班时间也不用讲什么规矩，不用按套路出牌，一边喝酒一边讲。程序员都是用代码直接招呼。整整一个礼拜，每天晚上都要等到门卫来敲门才算结束。

那会儿没什么心机，用别人的话讲就是"傻"。恰恰是这份傻，让我结识了很多人，和他们成为很好的朋友。

差不多半年后，油田给我打电话，问我愿不愿和他们一起开发一个叫"数据迁移"的项目。

我想了想，同意了。

我带了3个人，一个北大的，一个北航的，还有一个写了10年代码的老程序员，加上我一共4个人，赶赴东营。

这是我正式组建的第一个团队。

但不是我人生中的第一桶金。

我不仅没挣钱，还亏了很多。

v3.0

第一次组建团队，啥经验没有，全凭感觉。

拉人入伙后怎么"分钱"？完全没概念。我大概估算一下4个人的能力，总共就那么多钱，能力强的多拿点，能力弱的少拿点。

至于其他费用，我没想过，也想不到。

比如房租。我们最开始就是在东营工作，办公环境都是现成的。后来为了避免打扰，才又搬回北京，在回龙观租了个民居，加上差旅、团建的费用，不亏才怪。

其间房东问过我，要不要把那套房子买下来，我想都没想就拒绝了。

一个原因是那房子太大，用不到；另一个原因是我想把钱省下来，开家公司。

买房子？

燕雀安知鸿鹄之志！

后来我发现，其实做个燕雀也挺好。

亏钱，就要想办法。

我应该是国内较早接触"敏捷"（一种方法论）的一拨人。和很多人不一样，大多数人更关注"敏捷"是什么，我更关注这玩意怎么帮我在保证质量的前提下赚钱。

我学东西的目的性极强。

学项目管理，是因为项目亏了；学产品设计，是因为项目都需要定制，永远在赶工；学市场营销，是因为做出来的产品卖不出去。

我根本没有提前规划，既没资源，也没导师，一路摸着石头过河。谁也不知道未来会发生什么，只能遇到问题解决问题，这反而养成了我独立思考的能力。

我涉及的领域很多，但从不考证书。

在北大旁听的那段日子，我就想明白了：拼学历，我肯定没戏；回去读书，时间成本太高。只能努力提升自己的能力。不是那种获得他人认可的能力（比如证书），因为那终究绕不开学历，我要提升的是能够帮助我赚钱的能力。

只能自己干！

考个证书给谁看呢？我就是老板。

当然，驾照除外，没那玩意人家不让上路。

有了第一次项目的经验，再接项目就容易多了。只要活好，总会有人找你。

我们成立了自己的公司。说是公司，其实就是个包工队。人家堆的是砖头，我们堆的是代码。

以前我在北大旁听时养成了写学习笔记的习惯，后来开公司，养成了写工作日志的习惯。随手发到网上，总有人看。看到的人多，机会就多。

很多业务就是这么来的。

时常有人请我去做分享。我很少用 PPT，更喜欢用白板，众人围坐在一起，各抒己见。这样你可以听到各种声音，对完善知识体系极有帮助，而且还有人付钱给你。

我当时的身份有两个：一个是包工头，靠卖自己和别人的时间赚钱；另一个是学生（虽然很多人称呼我为老师），赚的是知识积累的钱。

生意的来源有两个：把生意干好，让生意介绍生意；持续对外输出，让更多人看到你的实力。

毕业那年，我说要在毕业后的前三年赚到人生的第一个 100 万。我没做到。

之后的三年，我还是没做到。

再往后，我做到了。

我有钱了，也膨胀了。

贾平凹在他的散文《老西安》里讲过这么一个段子：许多年前，有年轻人在西安南郊聊天，由头是"大芳"照相馆橱窗里蒋介石的巨照。

其中一个人说："蒋委员长不知道一天吃的什么饭，肯定是顿顿捞一碗干面，油泼的辣子调得红红的。"他说："我要当了蒋委员长，全村的粪都要是我的，谁也不能拾。"

我那会儿经常去南锣鼓巷泡吧，每次买两瓶芝华士——喝一瓶，糟蹋一瓶。

2011年，苏茵在中关村创业大街开了一家"车库咖啡"。那会儿还不叫创业大街，叫海淀图书城，每天有大量的创业者和投资人出现在那里。

我在那里认识了李笑来，当时他正在学习 Ruby。我觉得很搞笑，你一个英语老师学什么 Ruby？又不是没钱，找个人直接搞定就好了。关键是自学多慢啊，等你学完了，黄花菜都凉了。

然而没过多久，Knew One 上线了，一个"新奇酷"产品的电商导购网站。

我那时接触 Ruby 差不多三年了。我看了眼，比我写得好。当时我的印象是：这哥们儿自学能力真强。

后来他找我合作一个项目，是关于加密数字货币的。我当时正在竞标一个项目，婉拒了。

再后来，他成为"中国数字货币首富"。

第一次见冯鑫，是在车库的一个小房间里。他话很少，烟抽得很凶，黄鹤楼，一根接着一根。他偶尔也会提几个问题，一般只是听，很少发表意见。

其间聊到了暴风的商业模式，陌生词汇太多，我没听懂。

之后暴风上市，40天内拿下36个涨停板，内部催生10位亿万富翁、31位千万富翁和66位百万富翁，成为实实在在的"妖股"。

我的世界观被刷新了。

这样的事情很多，其中的一些项目我不是没看懂就是没看上，而我自己参与投资的几个项目全部失败了。

这不是能力的问题，是认知的问题。

这没什么可惜的，但它让我发现了自己的不足。必须换个活法了。

我决定离开公司。

想要突破，就必须走出原有的舒适圈，接触一些新鲜的东西。

最开始我是想学话剧的，但是国家话剧院的培训班迟迟不开。后来一个朋友给我发消息，说他的一位朋友组织了一个"一人一故事"的工作坊，老师来自香港，因为是公益组织，只需要分担老师的差旅费就好，很便宜，要不要一起去看看。

正好那会儿我也想接触点新东西，就答应了，尽管我不知道这个"一人一故事"到底是个啥。

这是我经历过的最棒的一次学习。

没有剧本，所有的故事均来自现场嘉宾的讲述。你需要做的就是理解对方，然后用你的方式把那个故事呈现出来。你不可能提前排练，一切都是不确定的。

一开始我还在努力地表演，后来发现我错了。这个剧种其实和表演没什么关系，你真正需要做的是：

1. 察觉用户的情绪。情绪比故事重要。
2. 接受不确定性。

察觉用户的情绪很重要，它是理解用户思维的根本。关键是怎么做到？"一人一故事"是极佳的练习方式。

而接受了不确定性，你就接收了未来应对任何突发事件的能力。

之后我开始学习绘画。

我在绘画方面根本没什么天赋，也没有什么基础。不仅画得很难看，还经常把作品贴到朋友圈里，接受朋友们的调侃。我的好友张逸经常拿他儿子的作品和我对比，但这根本就打击不到我，我脸皮厚。

我整整画了两年，发现天赋这东西很重要，画不好就是画不好。虽然水平略有提升，比初学者当然要强一些，但画得还是很难看。

然而在绘画方面没有天赋并不阻碍我作为联合创始人，和朋友一起创建 VTC 社群，并尝试着把它应用在产品设计、会议、培训、图书出版等多个领域。

这件事告诉我：你不需要拥有一项技能，你只要会用就好。

那段时间我唯一稳定的收入来源就是我偶尔会给一些企业做培训或咨询。我说过了，那是我完善自身知识体系的一个很重要的方法。有人称之为费曼学习法，但我认为我做得更好。

在培训和咨询的过程中，你有机会接触到一些非常优秀的公司和团队。你要做的，就是把钱投给他们，让那些优秀的人帮你赚钱。

你不需要拥有一样东西，你只需要让它为你所用就好。

我早就不需要为生活发愁了。

我学会了投资：把钱交给那些更优秀的人和公司，他们比你做得要好。这是我理解的选择比努力更重要。

我偶尔会出去做个分享。只要你讲的东西有价值，会有很多人为你买单。而那些愿意为价值买单的人，通常也很优秀。

到最后，我只剩下了两个身份：一个是学生（虽然很多人称我为老师）；另一个是投资人。

有了这两个身份，我可以很自在地去学习任何想学习的东西。比如引导，比如冥想，比如写作，等等。

和以往不同，此时的我很少带着目的性去学习，就是很单纯地学习，享受那个过程，反而收获更多。

2020 年，新冠肺炎疫情发生。

我待在家里实在没事干，想想还是拍个抖音吧，和大家聊聊我对这个世界的一些理解和认知。几年下来，已经有超过 300 万粉丝了。

有什么目的性吗？

没有，就是单纯的输出。这已经成习惯了。

我在北大旁听的时候养成了写学习笔记的习惯，随手把它发布到网络上，收获了一份在中科院计算所做培训讲师的工作；开公司的时候养成了写工作日志的习惯，随手把它发布到网络上，很多项目找了过来，越来越多的公司请我去做咨询顾问。

我很早就明白了两个道理：

1．当你能给别人带来价值的时候，你的回报很快就会得到。

2．越懂得延迟满足，你得到的越多。

现在的我，已经不太关注收入这个事了。

我有一个厉害的梦想。我想成为一名思想家和教育家，帮助更多的人学习，至少是爱上学习。

别笑。

这一点都不好笑。

目 录

代序 我（一个普通人）的奋斗

导言 看见

人生的起点 _3

第三种选择 _6

做自己喜欢、擅长且复利的事 _10

选择的方法 _14

站在巨人的肩膀上 _16

更有效率地学习、做事 _19

滚雪球 _21

1

学习的方法

第一章　你自己就可以是一家公司

函数（方法）_32

掌握 IPO，就可以开公司 _35

提取自己的成功方法 _36

提取痛苦清单 _37

提取他人的成功方法 _38

重构 _42

自学 _43

看见自己 _45

基础算法 _48

第二章　阅读是最基本的功夫

贫穷的源头 _53

扩展自己的认知半径 _56

如何选书？_58

阅读前的准备 _60

快速了解一本书 _62

过期的知识 & 版本 _64

如何快速进入一个领域？_66

第三章 **快速阅读的方法**

大脑的运作方式 _72

第一步：初识 _74

第二步：提取骨架 _76

第三步：扫读 _78

第四步：制订行动计划 _81

补充说明 _82

1

学习的方法

第四章 阅读与理解

把书读薄 _88

结构、模型与思维框架 _90

重新理解 _94

验证自己的理解 _97

第五章 简单思考

获取"意向信息" _103

"海燕哪,你可长点心吧" _104

辨识事实 & 观点 _106

观点的产生 _109

一个案例 _112

批判性思维 _115

第六章　阅读、理解与思考

再说阅读的方法 _122

问题的答案（方法、实践）_124

解决问题的成功经验（模式）_125

思考问题的方法（思维模型）_129

一个案例 _133

知识的版本 _135

第七章　每天写点什么

做事的方法 _138

先动起来 _141

先完成，再完美 _142

保证每一段"可运行"_145

写点什么，随时随地 _147

获得洞见 _148

（1+0.01）^{365} ≈ 37.78_152

2 做事的方法

第八章　回归本质

做正确的事 _166

钱究竟是什么？_167

不要一直用时间换钱 _171

学会使用杠杆 _175

用大脑赚钱 _181

第九章　做正确的事，正确地做事

痛苦清单 _186

做自己喜欢、擅长且复利的事 _190

模式改变 _193

力学第一定律 _196

自动驾驶系统 _197

精准努力，有针对性地练习 _202

刻意让自己不舒服 _204

延迟满足 _206

第十章　你的第一桶金

赚钱有模式 _210

这玩意可以学 _212

书中自有黄金屋 _213

逆向工程 _219

从身边的需求开始 _221

从没什么成本的事开始 _224

第十一章　做有价值的事

学习理解"人" _230

理解"人"的方法 _234

换位思考 _236

"观念头" _238

练习的方法 _242

2 做事的方法

第十二章 行动的方法

以终为始 _248

从最简单处开始 _252

先把骨架搭起来 _254

保持行动的方法 _256

别怕犯错,从失败中学习 _261

小步快跑,快速迭代 _263

不妨从一些小事做起 _268

第十三章 第二技能

跳出思维的牢笼 _274

错维,单打 _278

跨界,比别人多一个维度 _280

我有一个好主意 _284

更大或更好 _286

第十四章　提前准备好用户

他们有粉丝 _292

培养你自己的拥趸 _296

"做你自己,因为别人已经有人做了"_298

大声说出你的理念 _301

产品还没上线,用户已经准备好了 _304

第十五章　影响他人的行为

在互、联、网上,要会说话 _308

不只是吸引 _311

如何影响他人对一件事情的感知? _315

从感知到感受 _317

如何影响他人的行为? _320

第十六章　阳谋!

3 投资的方法

第十七章　最简单的投资

投资要趁早 _340

什么是投资？_343

首先，你得有点钱 _346

资产配置 _348

学习他人的成功策略 _351

从最简单的投资开始 _354

从最简单到简单 _360

第十八章　投资策略 & 一些基本常识

股 & 票 _366

内在价值 _370

市场波动 _374

周期 _377

市场先生 _379

均值回归 _381

能力圈 _383

安全边际 _386

买入、卖出的时机 _388

重新理解价值投资 _391

第十九章　阅读一家公司

不要把钱"借给"你不熟悉的人！_396

看到自己身边的机会 _398

当我们买入一家公司时，买的是什么？_403

了解一家公司 _405

识别那些真正赚钱的公司 _413

投资回报率 _415

净资产收益率（ROE）分析 _416

那么，它未来还会继续赚钱吗？_421

历史经验告诉我们，落后就会挨打 _427

3 投资的方法

第二十章　如何估算某样东西的价值？（上）

拍卖苹果树 _432

欠条 & 折现 _437

苹果树的价值 _438

理解盈利与资产 _440

重新理解"苹果树的价值" _449

第二十一章　如何估算某样东西的价值？（下）

估值算法 _454

心中有数 _456

包子铺的价值 _457

换个角度看包子铺的价值 _468

重新理解价值投资 _475

第二十二章　投资者的错误行为

决策的方法 _480

1【认知型捷径】_484

2【情绪型捷径】_492

正确的投资方法 _501

第二十三章　最好的投资，是投资自己

再说投资策略 _508

投资是一个发现自己的过程 _512

最好的投资就是投资自己 _514

做正确的事 _517

正确地做事 _522

努力成为一个有价值的人 _526

导言　看见

这个世界公平吗？
在我看来是不公平的，至少每个人的起点不一样。

人生的起点

把人比喻成公司的话，有的公司在开业的第一天，光贺礼都足够开几家公司了；有的公司除了一张"出生证明"，啥都没有。

要说公平，肯定不公平。

好的出身带来的不只是财富，它意味着你可以接受更好的教育，视野和平台都不一样，可以利用的人力和物力资源也不一样。

但出身并非决定性因素，很多伟大的公司都是从车库干起来的。

2015年，瑞士银行和专业服务公司普华永道联合发布的针对亿万富翁的一项全球调查证实，大多数亿万富翁的财产不是继承而来的，而是通过企业家精神和投资创造的，而且这个比例正在不断扩大。

高考是社会圈层的一次划分：大专、大本、211、985……能力相同或相近的人会被暂时划分在一起。在北大旁听的那两年，我能够非常清楚地认识到，虽然我和这些人坐在同一个教室里，听到的知识都一样，但未来要走、能走的路并不一样。

高考就像是一张入场券，是普通人能够抓住的第一个改变自身圈层的通道。拿到入场券的人可以接受更好的教育，获得更多的机会。

参加工作以后，同一个学校毕业的人更容易相互帮助，从而获得升迁的机会。

这就是圈层。

我没参加过高考,我是中专生。在我们那个时代,中专毕业以后,国家是包分配工作的,很多还是干部编制。中专里学的大多是应用知识,学完就能用。这也是当初中专院校的定位。

大学则不然,学的是底层基础原理和系统知识。这类知识通常不能直接拿来使用,它们是知识的知识。比如微积分,你说有用吗?当然有用。但你很难直接拿来用,反正买菜你是用不到它的。买菜的话,小学数学就够了。

一开始可能看不出应用知识和系统知识的差别,越往后差距越大。

"如何拍摄一条爆款视频"属于应用知识,经验越丰富,越值钱。但应用知识很容易过期,有一定的时效性。知道的人多了,也就失效了,需要再去寻找新的方法。

系统知识(比如媒体运营的本质)很难直接拿来赚钱,却能作为基础演化出一个又一个具体实操的方法,是创造知识的知识,我们称它为"元知识"。

人的精力是有限的,应该把更多的精力花费在学习什么样的知识上,一目了然。即便我没上过大学,也推荐你:

能上大学尽量上大学,能上名牌大学尽量上名牌大学。

但出身好、起点高,不代表你可以取得更高的成就。

听过龟兔赛跑吗?兔子跑到一半就睡着了。

很多人在上大学之前,完全是为了学而学,考上大学之后反而没目标了。至于为什么学、学什么、怎么学,全然不知。大学反而成了终点。

但凡能找个稍微凉快点的地方,差不多就可以"躺平"了。

我知道有很多人并没上过大学，或者中途退学了，但仍然取得了不错的成就。比如比尔·盖茨、史蒂夫·乔布斯、理查德·布兰森、坎耶·韦斯特、Lady Gaga，等等。

根据雷纳·齐特尔曼在《富人的逻辑》中呈现的报告，在他访问过的富有雇员中，约半数（47%）是大学毕业生，相比之下，同一年龄组的中产阶层受访者当中，只有约 1/5（22%）大学毕业。说到富有的企业家，情况就不同了。虽然这一人群中的大学毕业生比例依旧高于中产阶层群体（38% 比 22%），但是远远低于在富有雇员中的比例。

我并不是在鼓励你中途退学。虽然我没有上过大学，但我依然推荐你：能上大学尽量上大学，能上名牌大学尽量上名牌大学。

但是，上大学不是你唯一的出路。

学校的作用是为你提供一个学习环境，更重要的作用是为社会培养人才，就是把你培养成一个社会需要的人。

如果你想成为你自己想成为的人，你要学会自学（更准确的词应该叫主动学习），并学会主动学习。

被动学习是很难让人出类拔萃的。很多大学毕业的人和生产线上的罐头没啥本质上的区别。

正如纳瓦尔所说："真正的核心能力是无法通过培训获得的。如果社会可以培训你，那么社会也可以培训他人来取代你。"

再厉害的老师也不能代替你思考。

"自学能力是最基础的元技能，你可以用它换任何东西。"这句话同样来自纳瓦尔，更来自我的亲身感受（很显然他描述得比我更好）。

在我看来，人和人的差距并不是学历的高低，而是学习能力的强弱。

正因为有了自学能力，我才进一步拥有了产品设计的能力、市场营销的能力、投资的能力……我可以通过它掌握任何我想获得的技能（绘画、演讲、写作等，我最近正在学习如何更好地烹饪菜肴）。

我会反复提及这句话，直到你真正将它融入血液为止。

第三种选择

王小川曾经讲过一个故事：为什么长城修建在15英寸的等雨线上。

等雨线东南方向的降雨量常年多于15英寸，降水充沛，逐渐发展出了农耕文明。而西北方向的降雨量因为少于15英寸，最终形成了游牧文明。两种文明，因为生活习惯和资源获取方式的不同引发了冲突。

长城是在这样一种背景下修建起来的。

在过去长达几千年的时间里，北方游牧民族一直是东西方农业文明的共同敌人。

到了宋代，蒙古大军横扫了整个欧亚大陆，一路从中国打到东欧、中东等地区。在西方电影和网络游戏里，我们经常能看到"半兽人"的身影，这个"半兽人"的原型就是当时席卷欧洲的蒙古人。

在摧毁宋朝的同时，蒙古大军也把宋朝所代表的东方文明，比如铸铁、火药、指南针、风车等技术，传播到了当时相对落后的西欧（后来他们用我们的发明打败了我们，这让我对知识有了新的理解）。

到了15世纪，西欧出现了文艺复兴。因为中国技术的引进，整个欧洲出现了新一轮的社会发展。加上马可·波罗对中国的赞誉，引起了西方的第一次"中国热"。欧洲人为了找到前往中国和印度的海路，开始了大航海时代，误打误撞意外发现了美洲大陆。这是一片比长江和黄河之间的冲积平原更广阔、更肥沃的土地，几乎可以支持无限多的人口。欧洲人借此暂时逃脱了马尔萨斯陷阱，并在跨大西洋领域内形成了持续数百年的自由贸易与经济繁荣。

持续的经济增长同时引爆了社会思想和自然科学两个领域的剧变，人们不再满足于现有的知识，强烈需要一种新的知识体系和世界观，来解释新大陆所带来的问题。最终导致了启蒙运动和伟大的科学革命。

土地已经不再是经济本身的限制因素。限制农耕文明发展的天花板被打破了。蒸汽机的发明、化石能源的发现，使得人可以掌控的动能从原来肌肉的几倍，迅速变成几百倍、几千倍。社会生产力大幅提升。在市场经济的推动下，释放出了惊人的力量。

李录在《文明、现代化、价值投资与中国》一书中将人类文明大体分为三个阶段：1.0，狩猎采集文明；2.0，农耕文明；3.0，科技文明。

第一阶段，狩猎采集文明。

这一阶段人类以采集、狩猎为生，你的社会地位通常由你的血缘关系决定。

过去说："王侯将相宁有种乎？"

有。

否则为什么《狮子王》的主角一定是辛巴，而不能是它的叔叔？毕竟它父亲的王位也是通过武力获得的。即便在今天，印度依然有着复杂的等级制度。

在这个阶段,出身和社会关系是个人财富积累与社会地位提升极为有效的手段。

第二阶段,农耕文明。

这一阶段的核心要素是土地。

有土地才有粮食,有粮食才能吃饱饭。马尔萨斯对这个阶段的描述是:人口的增长是几何级的,而粮食的增长是算术级的。当人口多到一定程度,土地无法支撑,所有的增长成果都会被新增的人口吃掉。

农耕文明的发展是有天花板的,土地稀缺是贯穿始终的主题。人口增多了,饭不够吃,就要打仗。过去的战争通常以占领土地为目的。个人的命运在很大意义上取决于个人从属的团体。

个人可以通过能力获得功绩,功绩可以通过血缘传给下一代。到了秦孝公时期,商鞅变法前所未有地规定除了皇权以外的政治权力都不能传给下一代,必须以个人能力和一代以内的功绩为根据进行分配。财产可以传代,但政治权力不可以。这一制度可以说是绩效考核的雏形。到了汉代,这种组织方式又因为举孝廉制的产生进一步得到巩固。

隋唐时期发展并完善了科举制度。科举制使得人们可以摆脱血缘关系的束缚,在皇权之外,社会中的每一个人都获得了一个相对公平的竞争机会。

人们可以不论出身,依靠自身努力获取社会地位的上升通道。

第三阶段,科技文明。

从蒸汽机的发明、电的使用,到互联网、移动互联网的普及,人类文明从经济短缺进入了富足的状态。每一次科技进步都会带来新的商品需求和欲望。为了满足这些欲望,人们提供产品和服务的能力也随之增长,进一步推动科技创新。这种无限强化的正向循环不断进行下去。

经济发展进入了复利增长模式。

社会晋升机制也发生了改变。

科技进步和自由市场经济的结合所带来的"经济贤能制",使得无论你是谁、出身如何,都可以在经济层面上获得一个自由上升的通道,让所有人都有可能通过自己的才华获得相应的财富。

如果我们把自己放在这样一个更宏观的历史格局中,就会发现最终决定我们发展的关键因素其实有三个:

1. 血缘。也就是出身和社会关系。

2. 科举制。任人唯贤,根据功绩、学识和能力进行人才选拔和权力分配,比如高考和公务员考试。

3. 市场经济。你能在多大程度上创造和满足市场的需要,你就能在多大程度上获得与之相对应的财富。

我和很多人一样,并没有显赫的出身和家世,也不是大学毕业的。

幸而,我还有第三条路可供选择。这个选择是无奈的,也是幸运的,它让我回归了问题的本质:持续学习,终身学习,不断提升自身能力;利用科技进步和自由市场经济杠杆,为社会、为他人提供价值,从而获取财富。

做自己喜欢、擅长且复利的事

我小时候玩过一款 RPG（角色扮演类）游戏——《仙剑奇侠传》。

开局获得一把小砍刀，从"新手村"出发，根据游戏中的任务提示完成任务。完成一个任务后，才能进入下一个任务，然后是更多的任务。每一个任务所要求的能力等级并不一样，你必须不断升级，否则很难在下一个任务中生存。

你现在生活的世界，其实是另一款 RPG 游戏。

在这场游戏里，你唯一可以使用的资源就是时间，并且每个人每天可以使用的时间都是 24 小时。如果你想获得某样东西，就要用时间去兑换。

你用它去兑换银两，它最终可能就变成了银两。

你用它去兑换感情，它最终可能就变成了感情。

你用它去兑换一时的欢愉，它最终可能就变成了一时的欢愉。

你把时间用在哪里，你最终的收成就会在哪里。

你用这些时间去追逐一只"兔子"，你最终的收获很可能就是一只"兔子"。

富兰克林在 1748 年写的《给一个年轻商人的忠告》中说："切记，时间就是金钱。"

这句话非常有名，但它是错的，时间要比金钱宝贵得多。钱没了还可以再赚，而且你可以把它保存起来，过一段时间再用；时间不行，就那么多，而且必须拿去兑换点什么，兑换过后它就会消失，再也不会回来。

所以，人生其实是这样一款游戏：你决定把时间用在哪里，拿它去兑换什么东西。

你必须认真思考这个问题,否则只能看着时间一点一点慢慢流逝。你会一直停留在某个"村庄",每天早起去上班,然后下班、吃饭、睡觉、"打豆豆",或者干其他的什么事,然后第二天继续早起上班,下班……像游戏里的 NPC(非玩家角色)一样活着。

这没什么不好,如果这就是你的人生梦想的话,也不错。

但我猜想你的梦想肯定不止于此。

卡内基在那场主题为"通向商业成功之路"的演讲中,谈到了他如何成为一名成功的商人:

"在这里,我想告诉你们获得成功的黄金法则,那就是把你的精力、思想和本钱全部集中在你所做的事情上面。瞄准一个目标前进,并下定决心为了实现那个目标而拼到底——慢慢靠近它,逐步取得进步,努力获得最好的装备,并充分了解它。有些人失败了,是因为他们把本钱花在了不同的事情上,这也就意味着他们的注意力被分散了。

"……这其实很简单。

"在美国,很多人失败其实是因为他们同时在手里提了很多个篮子。"

找到你真正要做的那件事到底是什么,然后把你的精力、思想和本钱全部集中在你所做的事情上面。瞄准一个目标前进。

方向必须是对的。如果方向错了,你会在路上浪费很多时间。

成功 = $\{1, 0\} \times 10^n$。(张磊《价值》)

事做对了,后面的努力才有价值。

只要在正确的方向上一路走下去就好。每天起床,争取变得比昨天进步一点点。认真地、出色地完成你的任务，慢慢地，你会有所进步。这种进步不一定很快，但为快速进步打好了基础，每天慢慢向前挪一点，到最后，大多数人得到了他们应得的东西。

你需要一颗属于自己的"北极星"，就像《仙剑奇侠传》里的引路蜂一样。任何时间，只要抬头看看它，就能大致了解自己前进的方向，看看自己是不是偏离了正确的方向，要不要及时做出调整。

请确保将你的时间和精力放在自己喜欢、擅长且复利的事情上！

人们对自己喜欢、热爱的事总是乐此不疲，会自发地投入大量的时间和精力去做，而且从不缺乏耐心。如果你无论如何都不能对某些事情产生兴趣，那么即使你非常聪明，也难以获得很大的成功。更重要的是：

来到这个世界，难道不就是应该做自己喜欢做的事吗！

找到自己的天赋所在，会大大缩短你为之奋斗的时间。然而，以大多数人的努力程度，远远没到拼天赋的时候。我之所以在这里把它提出来，是因为大多数人实在是太懒了，懒得出奇！如果你不是很懒，对于任何一件你真正喜欢的事，你最终都会很擅长，

我最喜欢的关于复利的故事，来自本杰明·富兰克林。

他在 1790 年去世前，分别留给波士顿和费城 1000 美元。他的馈赠附带了一些条件：这些钱必须用来投资，未来 100 年都不能动。100 年后，每个城市从账户中取出 50 万美元，用于指定的公共设施建设。剩余的钱在下个 100 年还是不能动，继续投资。

最终，富兰克林去世后的 200 年里，美国股市的平均年复合收益率达到了 8%。到 1990 年，每个城市得到的捐赠资金接近 650 万美元。

在没有追加 1 美元资金的情况下，1000 美元竟然能够增值到 650 万美元。

"人们往往会高估未来两年中可能发生的事，却低估未来十年可能发生的事。"（比尔·盖茨）

如果我的父母在40年前将1万元交给巴菲特打理，那么40年后的今天，这1万元就会变成接近2亿元。巴菲特在过去的40年里做到了平均年回报率28%的复利增长。

我的父母在40年前不可能有1万元，即便有也不可能交给巴菲特打理，然而我有。

"种一棵树"最好的时间是"40年前"，其次是"现在"。

短时间来看，我们实现目标的进度可能不是很明显。但长时间坚持下去，每天前进一小步，最终也能走出很远的距离。

$(1+0.01)^{365} \approx 37.78 > 1$。

很多人认为这是"心灵鸡汤"。

那么，让我们看一下相反的例子吧。

日本著名企业家盛田昭夫说："我们慢，不是因为我们不快，而是因为对手更快。如果你每天落后别人半步，一年后就是一百八十三步，十年后即十万八千里。"

2020年，新冠肺炎疫情来临时，我选择了抖音。

我日更视频，每天至少更新一条。第一年，获得了100万粉丝；第二年，获得了300万粉丝。

2022年，有个"曾经的朋友"给我留言："我认为你在2020年做对了两件事：1. 你拍了抖音。2. 你买对了几只股票。"

"嗯。"

过了大约半个小时，他又发过来了一条信息："我也想做抖音，有什么建议吗？"

"做。"

从那以后，我再也没有收到过他的任何信息。

我遇到过很多这样的人。他们就是不肯相信取得结果的方法就这么简单，而是认为我一定有一个什么"核心秘方"是不肯轻易示人的。

或许还真有，那就是找到一个正确的方向，持续做。

选择的方法

保持专注。同一时间，重要的事只有一件！

"若同时追两只兔子，你一只也抓不到。"（俄罗斯谚语）

有一个方法可以帮助你。找一张纸，画个十字坐标系。横轴从左到右代表不喜欢、喜欢，纵轴从上到下代表擅长、不擅长。

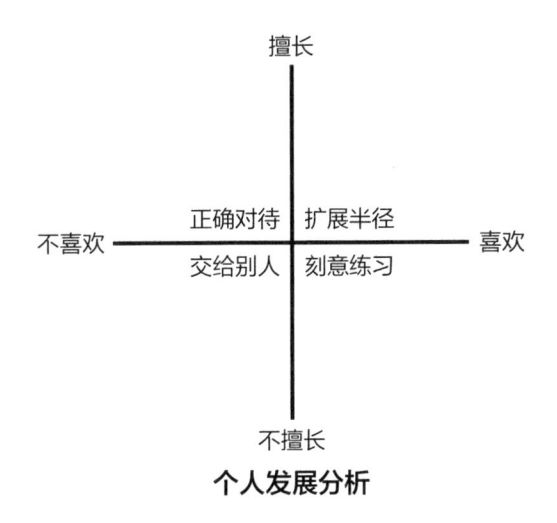

```
                擅长
                 │
         正确对待 │ 扩展半径
  不喜欢 ────────┼──────── 喜欢
         交给别人 │ 刻意练习
                 │
                不擅长
```

个人发展分析

左下角代表你既不喜欢也不擅长的区域，把你日常工作或者生活中不喜欢且不擅长，但又不得不做的事全部罗列在这个区域。比如，你不喜欢也不擅长打扫卫生，但又不得不做，就可以在这里标识出来。

左上角代表你不喜欢但是擅长的区域。比如，你不喜欢但是擅长写公文，又不得不做，因为要靠它挣生活费。

右下角代表你喜欢但不擅长的区域。这个区域中的事通常是你的爱好，比如你喜欢音乐，但做不好。

右上角的就是你喜欢且擅长的事了。

静下来，认真完成这张画布。

如果左下角的内容很多，而右上角几乎没有，说明你的当前状态急需改善。

如果右上角的内容很明确，而左下角的内容很少，恭喜你，你已经迈出第一步了。

没错，我们要做的就是尽可能消除左下角的内容。一项一项地，想办法把它们从你的生活中清除掉。

比如，你不喜欢也不擅长打扫卫生，那就想办法把这件事委托出去，或者花钱购买别人的时间，让他们来帮你完成这件事，然后把时间用在右边的事情上。

左上角的内容有两种处理方式。一种是改变自己的态度，既然你擅长这件事，说明你已经为此花费了很多精力，如果这件事又确实比较有前途，那就思考一下：是什么导致自己不喜欢它，能不能扭转自己的态度呢？找到这个因素，消灭掉它。如果发现自己确实不喜欢它，那就要用到第二种方法了。不喜欢但擅长通常说明那可能是你的收入来源或者不得不做的事。想办法减少它花费的时间，让一些经常做的事变得更有效率，在保证效率和完成度的情况下节省时间，将节省下来的时间用在右边。

右下角的内容通常也有两种处理方法。自己喜欢但不擅长的话，可不可以擅长？擅长了以后有没有发展？如果没有，那它就是爱好，时间分配上也要当爱好处理；否则，这部分内容就是你要花大量时间刻意练习的。

最终右上角的内容才是你真正要做的。但你必须识别出你喜欢、擅长，但并没有多少市场，同时也没有复利的事，你需要把这些事降到坐标系的右下角。

站在巨人的肩膀上

你不可能在一开始就选对一个正确的方向，尤其在认知受限的情况下，你需要不断寻找、试错、纠偏。

金融家约翰·皮尔庞特·摩根曾说："走到你目之所及的最远处，当你到了那儿，便能看得更远。"这个时候就要适当调整你的计划。

我的建议是阅读一些名人传记，最好是那些做出过成绩且具备伟大人格的名人的传记；或者阅读他们在那些重要时刻说出的话，比如在哈佛大学毕业典礼上的演讲。

很多人都知道我喜欢查理·芒格。《穷查理宝典》是我非常喜欢的一本书，其实这本书效仿的是本杰明·富兰克林的《穷理查年鉴》。芒格非常喜欢富兰克林，他总是到处宣扬《穷理查年鉴》当中的句子，给别人讲富兰克林的事迹。

巴菲特说："芒格超乎严格地执行富兰克林的精神，富兰克林建议做到的，到芒格这儿会变成必须做到。如果富兰克林建议节省几分钱，芒格会要求节省几块钱。如果富兰克林说要及时，芒格会说要提前。"

富兰克林对芒格的影响是由内而外、贯穿一生的。用他自己的话说："我在书里自然而然地认识了那些杰出的伟人，并不是要等到可以查找资料的时候才知道。我都不记得第一次读到本杰明·富兰克林的故事时是几岁，不过我还记得自己七八岁的时候躺在床上看托马斯·杰斐逊的书时的情景。我们全家都热爱读书，并从中学到纪律、知识和自律精神。"

在投资领域，"姜胡说"的老伙计都喜欢称呼我为"查理·芒格·胡"。

这没有什么不好，我很喜欢这个称呼，并认为这是一种褒奖。将那些真正做出过成绩且道德高尚的人，而不是《古惑仔》里的人物，奉为自己的精神偶像，对我们人生的影响显然要积极得多。

我的另一个建议就是阅读历史，尤其是宏观视角下的历史，这可以帮助我们构建一个基本的理解世界的方式，也就是世界观。所有打过即时战略游戏的人都知道，"开图"对游戏胜负十分重要。

我不止一次在社群和直播里推荐《枪炮、病菌与钢铁》《人类简史》《原则2》《文明、现代化、价值投资与中国》。李录在他的书（《文明、现代化、价值投资与中国》）中提到，哥伦比亚大学要求无论什么专业，所有本科生必须完成的核心课程之一是把奠基西方几千年文明的100多本经典著作通读一遍，包括从希腊哲学戏剧、中古哲学，到文艺复兴、启蒙运动、现代科学革命在内的所有经典著作。

阅读这样的书能够让你站在整个人类历史的角度——一个更宏观的角度看待世界。

你想成为谁，就向谁学习。

比如，如果你想成为一名创业者，你可以向乔布斯、王兴、雷军、张一鸣学习；如果你想成为一名产品经理，你可以向张小龙、俞军学习；如果你想成为一名投资人，你可以向巴菲特、彼得·林奇学习。

一开始最好找一个起点、经历和你差不多的，踮踮脚就能够得着的人。一上来就学习乔布斯，难度有点大。不要一上来就进入细节，而应学习他们思考问题的方法，提取他们做事的框架，认真理解、模仿、实践、优化。

尝试着"走"出去。不要让你现在所在的"村庄"——工作、领域、行业、所在的城市——成为限制你的牢笼。多接触外面的社会。这个世界很大，要经常抽空出去看看。

视野打开了，才会有更多的选择。

这需要一个过程。不要给自己设限，什么都接触一下。不要让你的工作，所在的领域、城市成为限制你的牢笼。如果你的可选项太少，那就说明你的视野太狭窄，认知不够。记住，只有看到、接触到，才会有选择。如果看都看不到，你的生命中就不会有这个选项。

更有效率地学习、做事

给我带来巨大变化的一位老师，他的名字叫戴维·海涅迈尔·汉森。

他是一名赛车手。当他以 30 岁出头的年纪出现在赛车场时，他还是一个无名之辈，几乎每一位车手都比他年轻，而且经验也比他丰富。他参加 6 小时银石分站赛的时候，距离他第一次开车上路不过 5 年左右的时间。

最开始他的成绩很一般。后来他开始钻研一些大师级车手的比赛视频。慢慢地，他的排名有了提升。经过 6 场比赛，虽然从来没有拿过一次冠军，但他的排名足以获准晋级 GT3 的比赛了。在 GT3 这一级别，他又比赛了 6 场，一次夺冠，一次第三。然后他马上进入了更高一级的 GTE 车赛。

就在很多车手仍然以传统的方式在低级别的赛事里拼搏的时候。戴维·海涅迈尔·汉森已经在考虑："在我能想到的任何一项系列赛中，都只花最短的时间做到足够好，然后进入更高一级的比赛。"完成这一切，戴维·海涅迈尔·汉森只用了 18 个月的时间。通常情况下，人们需要 7 年的时间才可以达到如此成就。

而在此之前，他是一名程序员。在编程界，他的大名如雷贯耳，人们叫他 DHH。Twitter 和 Airbnb 的程序都是用他的程序框架开发的。他给这个框架取了个名字，叫作 Ruby on Rails。很多人把它称为"Web 开发的银弹"。

在创建 Ruby on Rails 的同时，他还顺手做了个副业。他和其他几位作者写了本书，叫 *Getting Real*，光卖书就卖了 200 万美元。后来他们接二连三又出了几本书，叫《重来》《重来 2》《重来 3》。

编程，写作，赛车。你看，一个人完全有能力在三个领域同时取得优异的成绩。

我好像忘说了，他还是一个摄影高手。

事实上，戴维·海涅迈尔·汉森的大学成绩并不好。

在他看来，学校的知识没有多大用处。他更喜欢用一种更经济的方式学习知识。

"我的计划是，假设别人花的时间为100%，如果我用5%的时间就能得到 C-，那就很牛了。这当然够及格了，对吧？然后我就可以把剩下95%的时间放在一些我真正愿意干的事上。"

我知道有另外一个姓马的企业家和戴维·海涅迈尔·汉森有几乎一样的观点，只是他认为的基础成绩要更高一些。

他说："如果能考85分，很好了；如果你轻轻松松能考90分，那更好；你要努力考95分，不好；你要非常努力考98分，少浪费时间，赶紧去玩，多花点时间干其他事情。"

你的时间很有限，不要在什么事上都花费同样的时间。什么都接触一下，放轻松，就像孩子一样，不需要一上来就理解所谓的基本原理。只要觉得这件事好玩、够酷，就去学，一边学一边感受这是不是自己真正喜欢的。觉得有意思，真的喜欢，就继续；不喜欢就放弃，寻找下一个目标。

多接触一些东西，大胆尝试，直到发现自己真正喜欢的事物、自己的天赋所在，找到了那种"心流"的状态，就全力以赴，那就是你最终要为之奋斗的方向。所谓的"心流"是这样一种状态：当我们抱着极大的兴趣全身心投入一件事情时，时间仿佛都停止了。

滚雪球

找到自己真正喜欢、擅长且复利的事。

找到那样的一件事，然后把你的精力、思想和本钱全部集中在这件事情上面，瞄准一个目标前进。

在没有找到之前，可以将一些未来必然会用到的知识和技能作为自己暂时的目标。

比如自学能力。自学能力是极为重要的一种能力，它能让你在很短的时间内快速进入一个领域。

比如说服他人的能力，其中包括销售能力、演讲能力、写作能力。简单来说，就是构建自己影响力的能力。

比如发现问题、解决问题的能力。不仅能解决自己的问题，还能顺道解决他人的问题。如果你能够为他人提供价值，他人就会为你提供价格。

比如投资能力。当你不再为钱发愁的时候，就可以腾出更多的时间做更有意义的事。

这些都是你未来很可能会用到的知识和技能。在没有找到你真正要做的那件事之前，你可以将它们作为暂时的目标。

不要好高骛远，先通过做最简单的小事，构建最小闭环，感悟这件事的真谛。

什么是闭环？

我之前一直以为自己会包饺子。

小时候，过年家里包饺子，我都会上去凑把手。把皮摊开，把肉馅塞进去，捏几下就算齐活了。包得有点慢，家里人也不计较，图个乐呵。

饺子下锅，煮出来，一眼就能看出来哪个饺子是我包的。

后来上学出去实习，老师问："都谁会包饺子？"我说我会，就被分去包饺子。结果几个人往那儿一站，全傻眼了。没人和面、没人擀皮、没人剁馅，全都是"包"饺子的。

你确实包过饺子，但你只会包；你也下过饺子，但你只会下。要是让你完整地包个饺子出来，你做不来。

闭环，不是你饺子皮擀得有多好、饺子馅剁得有多好，而是你从头到尾把包饺子的流程走通。

从和面到擀饺子皮、剁馅，再到包饺子、下锅，整个流程走下来，最后热乎的饺子吃到嘴里。可能不那么好吃，可能不那么好看，但整个流程完整地走下来了，这叫闭环。

从一开始就想尽一切办法做出一个完整的作品，哪怕最初的结果很差也不要紧，但必须完整。

通过做简单的菜肴，感悟烹饪的真谛。不需要 1 万个小时来学习基础烹饪知识，而是简简单单地用心把一份菜做好。

先完成最简单的基本目标——填饱肚子，拿到 60 分，然后是 80 分、90 分、95 分，逐渐形成竞争优势。

我的 JavaScript 是向 John Resig 学的。

John Resig 是 jQuery 的创造者，jQuery 是开源界非常知名的一个类库。在早期，jQuery 还是最早的版本时，他曾经写过一本书叫《精通 JavaScript》。我的方法就是模仿，将书中的代码全部手过一遍，然后找到 jQuery 各个版本的核心源码，对比它们的不同。

理解了，明白了。我模仿 jQuery 写了自己的开源类库（很多 JS 框架最初都是通过模仿写出来的），写完了和 jQuery 的源代码做对比，看人家是怎么实现的,他为什么会这么实现,有没有更好的方法。然后我把以前用 jQuery 实现的程序,替换成用自己的类库实现,以此为基础搭建自己的代码框架,最终实现的类库更小、更简洁、更符合我的工作场景。

后来有企业请我去分享 Web 相关的知识,涉及 JavaScript 的部分,讲到某个具体的类库时,我从来不给别人讲这个类库怎么用,我会和大家分享这个类库是怎么实现的,底层的逻辑是什么,然后快速地用代码给大家演示这个框架是怎么搭建出来的,再分享这个框架的好处是什么。在很多老师还在用 PPT 做讲解时,我所有和编程相关的课程全部是用代码演示的。

一边演示,一边给大家讲背后的逻辑,为什么是这样,而不是那样。

这背后其实是我个人先完成,再优化,不断迭代精进的过程。

先是加法,1+1=2,2+2=4。
然后是乘法,2×2=2+2=4,2×3=2+2+2=6。
再然后是乘方,2^2=2×2=4,2^3=2×2×2=8。
就这样一步一步提升自己的"算法",在每一次的实践中精进,不断优化、完善、打磨,放大。

很多人会被我的学习过程吓到,在他们看来,这样的学习过程太复杂了。于是有人问我当初是怎么硬着头皮把这个东西"磕"下去的。

其实完全没有硬着头皮这回事。找到自己真正喜欢的事,你就不会觉得痛苦,反而觉得是一种享受。这就是我常说的"爱觉不累"。

你要找到那个让你"爱觉不累"的事,如此,才会真正地激发出你的潜能。

成功的策略很简单:**找到那样一件事,为它制定目标,展开行动。**

把那个复杂、浩大的目标分解成若干个能够处理的小事,然后选准其中一件小事下手。

没找到之前，将一些未来必然会用到的知识和技能作为自己暂时的小目标。先完成一个"碎片"，再完成一个"碎片"，最后组装成那个大的完整的目标。

每天问问自己，如果今天只做一件事，这件事是什么？找到它。拿出2—3个小时，专门处理这件事。其他所有事全部排在那2—3个小时之外。

如果你的目标是写作，每天的输出结果就应该是文章，而不是阅读如何写作。

如果你的目标是做抖音博主，每天的输出结果就应该是抖音视频，而不是学习如何拍抖音。

与其做个半成品，不如做好半个产品。

剔除一切不必要的假设，力求简单。"如无必要勿增实体。"我真的需要拥有一个耳麦之后才能拍摄吗？我真的需要那么多的灯光和辅助器材吗？从最简单处出发：或许我只需要面对镜头和大家分享有价值的内容就可以了，其他的不过是辅助选项。

做！去做！一边做一边学，而不是学完了再做。

先做一个不太好的东西出来，然后是一般的，再然后是不那么差的东西。

先完成，然后再一步步叠加。

每天从这件最简单的小事中体会事情的真谛，通过持续学习，打造自己的内核，努力把它做到极致。

大量做、重复做，持续优化，认真地、出色地完成你的任务，每天比昨天进步一点点。这种进步不一定很快，但这样能够为快速进步打好基础。每天慢慢向前挪一点，形成下意识的习惯。

一旦形成习惯，你就可以腾出更多的时间思考"如何变得更好"。持续建立优势，到最后，你就能够得到你想要的东西。

我就是这样做的。
"人生就像滚雪球，先滚出一个雪球，然后找到一个很长的坡、很湿的雪，每天往前滚一点就好。"

延伸阅读

以下为本书在序言及导言部分涉及的部分重要书籍，如有兴趣，可进行延伸阅读。

1.《思考致富》
作者：拿破仑·希尔（1883—1969）
作者标签：
全世界最早的现代成功学大师和励志书籍作家。

2.《穷理查年鉴》《给一个年轻商人的忠告》
作者：本杰明·富兰克林（1706—1790）
作者标签：
美国著名政治家、科学家、出版商、印刷商、作家、社会活动家，在政治、慈善、出版、科学等多个领域获得巨大成就，对物理学、天文学、植物学、气象学、海洋学和政治学都有研究。

3.《富人的逻辑》
作者：雷纳·齐特尔曼
作者标签：
1957年生于德国法兰克福，历史学、社会学博士，作家、记者、投资人。

4.《文明、现代化、价值投资与中国》
作者：李录
作者标签：
杰出华人投资者，美籍华裔投资人兼对冲基金经理。

5.《枪炮、病菌与钢铁》
作者：贾雷德·戴蒙德
作者标签：
1937年出生于美国波士顿，美国演化生物学家、生理学家、生物地理学家及非小说类作家，他从发展的角度展示了他看待世界的角度。

6.《人类简史》
作者：尤瓦尔·赫拉利
作者标签：
以色列历史学家、作家，毕业于牛津大学，现任耶路撒冷希伯来大学教授。他在书中展示了他看待世界的角度。

7.《原则》《原则：应对变化中的世界秩序》

作者：瑞·达利欧

作者标签：

桥水基金的创始人。

8.《穷查理宝典》

作者：彼得·考夫曼

作者标签：

查理·芒格多年的朋友，知名投资人。

9. *Getting Real*、《重来：更为简单有效的商业思维》《重来 2：更为简单高效的远程工作方式》《重来 3：跳出疯狂的忙碌》

作者：戴维·海涅迈尔·汉森

作者标签：

赛车手、程序员、作家、摄影师。

10.《精通 JavaScript》

作者：John Resig

作者标签：

jQuery 的作者，计算机语言专家。

1 学习的方法

第一章
你自己就可以是一家公司

　　自身行为产生的后果归根结底都是思考的产物,因此,你要想规划好自己的行为结果就要控制自己的思想,这是根本所在。

——查尔斯·哈奈尔

如果你对这个世界的理解是对的，那你的口袋里应该已经有了你想要的东西，否则就应该停下来，认真回想一下过去的生活。是不是哪里出了问题？要不要沿着之前的轨迹继续生活下去？

很多人在离开学校以后就停止学习了，之后只是在不停地重复之前的行为。

爱因斯坦说："疯狂就是重复做一件事，却又期待不一样的结果。"

改变没那么难，你需要掌握的仅仅是几个关键概念和最基础的算法而已。

函数（方法）

首先我想介绍一个编程领域的概念给你，叫作函数。

别担心，我们不用写程序。引入一个新概念是为了让整本书的内容更容易而不是更难理解，方便你学以致用。

最终我决定使用"函数"，是因为这种更贴近机器的语言风格可以让我们把更多的注意力放在最关键的内容上，而不是遣词造句上，让我们的注意力更集中。虽然一开始你可能会经历那么一点"学习曲线"，或者有不适应的感觉。

如果这让你感受到压力，记住这种感觉。在学习过程中，有那么一点点不舒服是好事，那意味着你走出了之前的舒适区。走出原有的舒适区是进步的开始。从单纯追求舒适的角度来说，躺在床上什么也不干无疑要舒服得多。

进步的核心，不是日复一日地重复昨天的事，而是不断尝试新的挑战。

什么是函数？函数是一个最基本的可运行单位。在某种意思上，你也可以把它理解为"方法"。

在我看来，所有的知识都应该是可运行的，也就是可以被应用出来的。否则，我们学习它是为了什么呢？

我们可以把那些用来解决具体问题的"算法"封装到一个函数（方法）里。

比如"加法"——add()，可以将两个具体的数字相加。

在实际的应用场景中，比如便利店收费，每扫描一件商品，就会自动将它的价格与之前的金额相加。扫描第一件商品时，得到它的价格为1；扫描第二件商品时，得到它的价格为2；这个时候收银台会自动根据扫描的商品计算出我们需要支付的消费金额。

其实这是因为收银台在后台默默调用了一个加法运算：

$$add(1,2) = 3;$$

add 代表方法。

add( ) 代表方法的一次运行。对应便利店的两次扫码，第一件商品的价格是1，第二件商品的价格是2；显示需要支付的消费金额为 add(1,2) = 3。如果第一件商品的价格是3，第二件商品的价格是4，则会显示需要支付的消费金额是 add(3,4) = 7。

add(a,b)=a+b，是后台设定好的具体算法。对外不可见，也就是说用户并不知道是怎么计算的。当他扫码消费时，add 方法会默默调用 a+b 这个算法，由收银台显示算法运行的结果。

我们可以把函数（方法）当作一个处理器，输入什么，经过处理，得到什么。

在 add( ) 这个例子中，输入的是"1,2"，经过 add 函数运算，得到运行结果 3。如果输入"3,4"，经过 add(3,4) 方法运算，输出结果为 7。

生活中不只有加法，还有其他各式各样的用来处理不同问题的方法。

比如，一个"很乱的房间"，经过"打扫卫生( )"，得到的应该是一个"干净整洁的房间"；一个"糟糕的企业现状"，经过"咨询诊断( )"，得到了一套具体可实操的"解决方案"；"100 万的资本"，经过一年的"投资( )"，最终变成了"200 万"，当然也可能是"50 万"，这取决于你的投资水平。

这些方法对应的是你的能力。能力越高，获得的收益自然就越大。

我们应该多学习一些可以帮助我们改变生活，让我们的生活变得更美好的方法。

我在这本书里为你提供了一些，如"产品设计( )""营销( )""投资( )"。

每个大的算法里又包含了很多具体的小的实操算法，如"选股( )""估值( )""选择时机( )"等，就像这样：

投资( ) = 识别公司( ) + 估值( ) + 选择时机( ) + ……

掌握 IPO，就可以开公司

这是一个输入、输出的过程。

输入"100 万"，得到"200 万"。

输入"一本书"，得到一个可以换取"100 万"的"解决方案"。

你自己就可以是一家公司，有可能还不止一家。

比如我，其实是一家"小型电视台"，每天都有一些固定的知识类节目，每周二会有一场直播。收视率最高时，我的节目大概有超过 2000 万的播放量。

我还开了一家"小型书店"，里边放了一些我自己读过的、喜欢的书，几十本的样子。因为我对内容有过滤，价格公道，经常有一些"老伙计"光顾。

我还是一个"很小的杂志社"，偶尔写几篇专栏，如果写得好，会收到不同数目的稿费。

我还开设了一家"健脑俱乐部"，帮助人们提升认知和解决问题的能力，收取年费。

我还开设了一家"小型咨询公司"，为一些企业提供咨询服务。

并且我还是一名"投资人"，是数家小型公司和上市公司的股东。

你自己就可以是一家公司，也就是 IPO 模式：

$$Input(\ )\rightarrow Process(\ )\rightarrow Output(\ )$$

不过是一些方法的执行罢了。不需要托人送礼、找关系，不需要看别人的脸色，通通不需要，你自己一个人就可以搞定。

我还有一些其他的生意，但那都不过是我掌握的一些方法（为了方便大家理解，之后的章节统一把"函数"称为"方法"）而已。

这本书就是给你介绍这些方法的（你可以直接翻到后面的章节简单了解一下）："产品设计( )""营销( )""投资( )"……下载它们，安装到你的"操作系统"上，需要的时候完成一次方法调用就可以了。

提取自己的成功方法

你也可以尝试着自己提取"方法"。首先是提取那些以往曾经帮助过自己获得成功的方法。

如果你曾经做出过一盘非常好吃的蛋炒饭，只要你愿意思考、复盘，以后你做的蛋炒饭都会很好吃；如果你曾经写出过一篇非常棒的文章，只要你愿意思考、复盘，以后你写的文章都会维持在一定的水准。

有些事，你成功过，只要你愿意思考、复盘，大概率是可以复制的。相似条件越多，越容易复制。

有事没事看看自己，想想看：取得过哪些成功，这些成功可以复制吗？将获得此次成功的条件和算法提取出来，反复做，让它成为自己的习惯。

把整个过程记录下来，总结出一套基础方法。想办法把方法中所有不相关的因素去掉，提取"变量"（可能影响结果的不稳定因素），一一进行试错，根据结果反馈复盘调整。

> 识别过程 ( );
> 识别成功的条件 ( );
> 场景再现 ( );
> 如果可再现，提取方法 ( );

在这个方法的基础上，持续试错、调整、重构，持续改进。

提取痛苦清单

你肯定不只做过成功的事，一定也做过失败的事。找到它，思考一下，有没有什么可以避免的方法，把它整理进"痛苦清单"。

约翰尼·卡森在哈佛大学的毕业演讲中，开出了"如何保证自己过上痛苦生活"的痛苦清单：

> 为了改变心情或者感觉而使用化学物质；
> 妒忌；
> 怨恨。

在此之后，查理·芒格在哈佛毕业典礼的演讲中扩展了这个清单：

> 要反复无常，不要虔诚地做你正在做的事；
>
> 不要从其他人成功或失败的经验中广泛地吸取教训，不管他们是古人还是今人；
>
> 遭遇失败时，请意志消沉，从此一蹶不振吧；
>
> 请忽略朴素的智慧。

照这个清单做，你就可以获得痛苦。

（在第二十二章《投资者的错误行为》中，我列举了更详细的错误行为以及避免这些错误的方法。你可以直接翻到这一部分，思考如何列出属于你自己的"痛苦清单"。）

提取他人的成功方法

注意查理·芒格给出的痛苦清单的第 2 条：

"不要从其他人成功或失败的经验中广泛地吸取教训，不管他们是古人还是今人。"

你不是第一个来到这个星球的人。很多事情，早就有人做过了，没必要自己一个一个地从头摸索。找到那些比自己优秀的人，向他们学习，尤其是那些看起来条件和你差不多的人。

"先像专家一样学会规则，然后才能像艺术家一样打破它们。"

乔丹说："如果我没有看过 J 博士在全盛时期的惊人演出，我就不可能拥有像现在一样的视野。"

科比则更加直接："我场上所有的动作，都是从观看偶像球星的录影带中学来的。"

巴菲特经常阅读霍华德·马克斯的投资备忘录，而霍华德·马克斯每年都会仔细阅读巴菲特致股东的信，并在自己的书中和投资备忘录中多次引用巴菲特的名言。

闲暇的时候，比如坐地铁或者发呆，我喜欢看那些曾经做出过成绩的人的朋友圈。在我看来，一个能做成事的人一定在某些地方比我强。为什么他能做成，我做不成？

我喜欢向所有比我优秀的人学习。

早些年我喜欢看王兴的"饭否"，看多了对他的思想就有了一个大概的了解。我用从他那里学来的角度理解移动互联网，总是比身边的人快半步。

产品方面，我喜欢看张小龙，俞军在产品方法方面的演讲对我的帮助也很大。

个人成长方面，我反而喜欢看张一鸣，尤其是他 30 岁左右时写的微博。

我最早的演讲能力是从罗永浩那儿学的。十几年前，手机还没有这么普及，很多人用的还是 MP3，MP3 里装的都是"老罗语录"。我找到它们，下载下来，拿个本子一条一条过。他的演讲的结构是怎样的？他是怎么开场的？他是怎么从一个主题切换到另外一个主题的？为什么在这个地方听众会笑？没有观众，自己一个人在屋子里对着镜子演练，一条一条地临摹。

注意，我说的是临摹。我发现很多人无法分辨临摹和抄袭的区别。抄袭往往是为了获得结果带来的好处，而临摹则是为了学习获得成功的方法。

接着我用同样的方式临摹乔布斯。

就是这样，先找一个你能够得着的人学习，然后换下一个。

我找到了市面上所有拆解乔布斯演讲的书籍，对照着乔布斯、罗永浩、TED的演讲，抽取共同特性，将其转化为一个演讲方法。其"基础算法"如下：

> 定义问题，"为什么会有这场演讲( )";
> 回答最重要的问题( );
> 创作动人故事( );
> 请"大坏蛋"出场( );
> 给人们一个看世界的新视角( );
> 使用超酷的词汇( );
> 简化一切( );

每当你发现一个在某些方面比自己更厉害的人时，就应向他们学习。看看他们在哪些方面比自己优秀，应该向人家学习什么。

像最早的皮革厂老板一样，看谁家的包设计得好，买回来，一点一点拆开，1:1复刻。不是山寨，是临摹。

所谓"三人行，必有我师"，谁比你厉害，就"临摹"他！

于是，你多了一位罗永浩这样的演讲老师，多了一位李笑来这样的学习老师，多了一位李欣频这样的文案老师，多了一位张一鸣这样的创业老师，多了一位李录这样的投资老师……

我有数百位这样的老师。

于是，你的演讲能力提升了，你的学习能力提升了，你的文案能力提升了，你的产品能力提升了，你的投资能力提升了（在第三部分《投资的方法》中，我会为你演示"如何临摹他人投资框架"的完整过程）……

有一天在地铁上，我看到张一鸣的微博。他说："今天听王兴演讲的比喻，人生，和谁一起在路上，看什么风景。我最近也在想，以后要让小孩多看看传记，包括电视剧《阿信》那样的也可以，看看别人的风景和旅程，更容易想清楚自己的选择。"

你看，张一鸣也是这么干的。

一次，有人问张一鸣最喜欢读什么书。张一鸣说，一种是教科书，一种是传记。

几年后，有人问我最喜欢读什么书。我说，一种是教科书，一种是传记。

我是真的这么认为。

教科书代表了一个领域最基础的知识和关键概念。

读传记可以从他人的生命中抽取他成功和失败的模式，看看那些做出过成绩的人在面对问题的时候，是如何思考和行动的。

如果有人因此取得过成功，并且大量的案例证明了这件事，你需要做的就是找到那个最简单朴素的模式，看看可以给你带来什么帮助。

重构

向那些比你优秀的人学习,提取他们成功的方法。

一开始不一定是正确的,这需要一个不断尝试、调整、验证的过程。

做不到也没关系。先做到 60 分,运行起来,然后再想办法做到 90 分、100 分、120 分。

编程领域有一个很重要的概念,叫重构,又被称为"童子军训练守则":"离开露营地的时候,永远让它比你发现之前干净。"

每检入一次代码,就要让它比上次检出时变得更为简洁。每次读代码,都别忘了进行点滴的改善。

"重构 ( )"是一个极重要的方法,其算法如下:

复盘 (当前方法);
发现问题 (当前方法);
变得更好 (当前方法);

不要等它完美了再去运行。一边运行,一边让它完美。

也许最终你无法超越乔布斯的演讲,但那又怎么样呢?你的演讲能力实实在在地提升了,足以吊打市面上半数以上教演讲的老师。

我用同样的方法学习了视觉、戏剧、引导、产品设计、营销、投资、新媒体……

从那些比你优秀的人的身上学习——对!仅仅是学习——然后照着做,就能收获很好的知识。

"如果乌龟能够吸取它那些最棒前辈的已经被实践所证明的洞见，有时候它也能跑赢那些追求独创性的兔子，或者跑赢宁愿跻身忽略前人最优秀的工作的蠢货之列的兔子。"（查理·芒格）

你需要做的不过是把那些已经被证明了的应用方法，安装到你的操作系统上，需要时完成一次方法调用就可以了。唯一的问题是，很多人的"操作系统"在离开学校以后，就停止更新了，之后只是在不停地重复之前的行为而已。

绝大部分兔子在跑到一半时，就躺在大树下睡着了——俗称"躺平"，以至于操作系统的版本过低，很多应用安装不上。

再好的软件也无法安装到低版本的操作系统上，虽然那确实也叫操作系统。

自学

你也可以把这本书理解为"一个普通人的操作系统搭建与应用软件安装说明书"。

打开这本说明书的第 1 页，你要安装的第一个也是最重要的算法应该叫"自学( )"。

它是所有算法的基础，我称之为元算法。几乎所有其他类型的算法都需要通过该算法获得，边学边用，边用边学。用一次"重构( )"，下次使用时效率会更高。如此迭代下去，人自然会变得优秀。

你完全可以把它理解为一个安装程序：

```
安装 ( 产品设计方法 )；
安装 ( 营销方法 )；
安装 ( 投资方法 )；
```

有了它之后，你就可以在自己的操作系统中安装好多应用。

比如，你要投资，正确的过程应该是：

```
自学 ( 投资 )；// 于是你学会了投资
投资 (100 万 )； // 现在你可以调用它了
```

可很多人是怎么做的呢？

```
投资 (100 万 )；
```

他们发现自己并没有投资这个函数。怎么办呢？于是随便找了个函数（有可能算法都是错的）安装上，欺骗自己："我已经掌握了。"

人是很会欺骗自己的。

也是很擅长欺骗的。

比如上学这件事，很多人一直没有搞清楚上学和学习的区别。

1. 小明一直在上学，但他并没有学习。

2. 小明一直在学习，但他并没有上学。

上学是学校帮你升级操作系统并安装应用。最后有没有升级成功、是不是安装上了，并不取决于你上没上学，只能说成品率可能会高一些。

自学是你自己升级操作系统并安装应用。

想想就激动。学校是批量操作啊！它安装的是大众版本的操作系统和应用。

"学校的存在就是为了尽可能地使人们具有统一性。学校就像一种模具。孩子们在很小的时候就被送到这里，被教育成标准的模样，从头到尾都像是被盖上了官方的橡皮图章。"（亨利·路易斯·门肯）

要想成为你自己，你需要学会自学，也必须自学。

那些真正优秀的人很早就明白了这个道理。所以他们哪怕是在上学，也是以自学为主的。

看见自己

你有没有发现，那些在生活中很"被动"（意愿）的人，做事也总是很被动的？

他们希望别人为他们升级操作系统（"我应该考研还是上 MBA？"），希望别人为他们安装应用函数（"帮我看看那个培训班是不是'割韭菜'的？"），希望别人为他们做选择（"帮我推荐几只股票呗？"）。

……

他们希望别人为他们做一切他们不想做的事，而他们只需要收获最后的成果就好（"这不是我工作职责范围以内的事。""凭什么他们有，我没有？"）。

于是，他们什么都不需要做，只需要做一件事——做梦就好了。当然还有一件事，那就是发牢骚。

而主动的人会主动寻找自己身上的问题，然后加以改进。

让我们回到这篇文章的开头。还记得吗？如果你感觉到了压力，记住这种感觉，它非常重要。这是我要和你分享的一个极为重要的算法，我叫它"看见自己"。

"编程？我不会啊。"

"这是什么？能不能简单点？搞那么复杂。"

"算了吧，我上学的时候理科成绩就不好。"

……

这些都说明你的身体里有个缺陷，它是造成你止步不前的一个重要原因。每当你准备往前迈一步的时候，它就会拉扯你。就像那些生活中看不得你好的人一样。

它很坏！死死盯着它。审视这个缺陷，你看见了"自己"。

当你"看见自己"的时候，你就看到了那个缺陷，就有了进一步改进的空间。

这是一个极为重要的人生算法："看见自己"。当你能"看见自己"时，你就有机会在自己陷入困境之前，按下"暂停"键。

还记得是什么让你的生活陷入困境的吗？

1. 为了改变心情或者感觉而使用化学物质。

2. 妒忌。

3. 怨恨。

4. 反复无常,不要虔诚地做你正在做的事。

5. 不从其他人成功或失败的经验中广泛地吸取教训。

6. 遭遇失败时,意志消沉,从此一蹶不振吧。

7. 忽略朴素的智慧。

8. 拒绝改变。

……

这些都是让你的生活陷入困境的方法。

如果你认真观察,就会发现这个现象:让你的生活陷入困境的不是你没做某事,而是你做了不该做的事,是那些缺陷让你的生活陷入了困境。你需要及时发现它们,否则你一定会为此付出代价。

"如果你的后卫线有漏洞,那我就会一直点名打你的后卫。"

"如果你的右腿有伤,那我就会一直攻击你的右腿。"

"如果你好色,那我就色诱你。"

"如果你贪图小便宜,那我就会送一些小便宜给你。"

……

当你看不清自己,总想破格获取一些自己能力之外的东西时,你一定会陷入困境。看看那些背负债务的人,看看那些在金融市场中投资失败的人,你就能明白这一点。

如果你有一个缺陷,那这个缺陷一定会最大限度地反复运行,直到你发现并修正它为止。

我在本书里帮助你罗列了一些在你身上可能存在的缺陷,以及由此可能造成的致命伤害。当你翻到后文《投资者的错误行为》这一章节的时候就会看到它们。

只需要把这些缺陷罗列成一个清单,在行动之前,比如在你准备买入一家公司之前，对照着清单检查一遍，就可以减少你 90% 以上的损失。

就是这么神奇。

"看见自己"很重要，它是你发现自己的过程。

"你不知道你，所以你是你。如果你知道了你，你就不是你了。"

有人给它起过一些别的名字，比如"内观""反省""元认知"什么的。我觉得这些词都太大了，简单一点，"看见自己"。

看到了以后，不用总想着马上改变它。

```
暂停 ( );
复盘 ( );
反思 ( );
```

看见，就很好。

基础算法

"看见自己 ( )""自学 ( )""重构 ( )"是三个最基本的算法。

我甚至认为你在阅读后面的每一章之前，都需要调用一下"看见自己 ( )"这个方法；在阅读完成之后，调用一下"重构 ( )"这个方法。

```
看见自己 ( );
自学 (x);  // 学习最少且重要的知识
重构 (x);
```

拥有了这三个算法,不代表你就拥有了一个高版本的操作系统,但意味着你拥有了持续升级到更高版本操作系统的可能。

"看见自己 ( )"可以帮助你发现系统中的缺陷。

"自学 ( )"可以帮助你升级和安装更好的操作系统和应用。

"重构 ( )"可以让你在原有的基础上持续迭代。你不需要一开始就有多好,但可以变得越来越好。

于是,你每天只需要往前挪一小步就可以了:

$$(1+0.01)^{365} \approx 37.78 > 1$$

是真的只需要挪一小步。你很快就能发现这一点。

第二章
阅读是最基本的功夫

阅读（学习）是终极元技能，可以换来其他任何东西。

——纳瓦尔

阅读是最基本的功夫。

喜剧演员威尔·罗杰斯说，"学习只有两种途径：一个是阅读，另一个是与更聪明的人为伍"。

从比尔·盖茨、马克·扎克伯格、埃隆·马斯克，到马克·库班、沃伦·巴菲特、查理·芒格，他们无一不把自己的成功归功于对读书的热爱。

不知道你玩过游戏没？有的游戏是可以开挂的。开挂的人知道什么地方有藏宝箱，什么地方有隐藏剧情，什么地方有副本、可以刷怪升级……你和他们的发展轨迹根本就不在一个维度上。你什么都不知道，所有的剧情都需要自己去尝试。和他们比起来，你就是个"弱鸡"。

如果把人生比喻成游戏，阅读简直就是在堂而皇之地作弊。你当下或者未来要经历的，很多人已经经历过了，还留了一整部"攻略"给你。

提升自己最好的方法就是：向那些已经做出过成绩的人学习。

向亚当·斯密学习市场运转的规律，向弗拉基米尔·纳博科夫学习如何写作，向西奥迪尼学习怎么营销，向乔布斯学习如何演讲，向查理·芒格学习如何投资。

你应该多关注一些能够帮你赚钱，而不是帮你花钱的人。

贫穷的源头

以前,我们认为贫穷就是物质匮乏。后来我发现不是这样的。
真正的贫穷是你对这个世界缺乏足够的认知。

我上小学的时候,认为这个世界上长得最好看的人是我的同桌;上了中学,发现她不是最好看的,学校里有比她更好看的;到了社会上发现,哎呀,原来还有更好看的。于是,我发现小时候做得最正确的一件事就是把精力用在了学习上,没有早恋。

而中学时代,早恋并不罕见。

直到今天,家里弟弟妹妹们考学征求我的意见时,我给出的答案永远是,两个学校差距不大时首选城市,因为它会给你带来不同的视野。但这个答案通常没什么用,人们更喜欢选择离家更近的城市,说是为了方便照顾。

巴菲特更愿意把他自己的成功归结于运气,认为其中最重要的就是他出生在一个良好的环境,接受了良好的教育。他 7 岁的时候,就已经开始阅读他父亲书架上关于债券投资的大部分书籍了;10 岁生日的时候,他的父亲就带他去华尔街参观了纽约股票交易所,甚至还带他专门拜访了高盛集团的传奇 CEO 温伯格。

巴菲特认为,父母是自己在世界上最大的财富,虽然他从来没从父母那里继承任何财产。

那么,他继承的是什么呢?

哈佛大学经济学教授、"麦克阿瑟天才奖"获得者塞德希尔·穆来纳森,曾经写过一本书叫《稀缺》，他发现贫穷其实是一种思维方式。

真正的贫穷不是物质匮乏，而是你的"选择题"里根本就没有其他选项。它是一种思维方式上的局限。

"这个世界上最漂亮的人是谁？"

"村花。"

"给你1000万，你会干什么？"

"盖大房子，生很多娃。"

"剩下的呢？"

"存起来，留着给娃娶媳妇。"

有一句话说得好，叫："贫穷限制了你的想象力。"

同一个问题，在人家那儿是多选题，在你这儿是单选题。你比别人少一个维度，人家就可以降维打击你。你会错过一列列途经你身边的高速列车。

2003年，我赚到了人生的第一桶金，当时的房东问我要不要把他的那套房子买下来。我觉得他很搞笑。买房子干吗？收房租吗？我错过了中国城镇化发展最快的那几年。

作为一名程序员，我凭借实力错过了互联网高速发展的10年。我把所有精力都放在了代码上，错过了腾讯，错过了阿里。

桥水基金的创始人瑞·达利欧在他的新书《原则2》里写道："我认为，人们之所以往往错过一生中的重要成长时刻，是因为每个人仅经历漫长历史的一小部分。我们就像蚂蚁一样，在短暂的一生中全神贯注于搬运面包屑，却无暇拓宽视野，发现事物发展的宏观规律和周期及其背后的重要关联、我们在周期中所处的位置，以及未来可能出现的情况。"

在接连错过了房地产、互联网之后，我开始反思，开始把更多的精力放在拓展视野上，放在如何提升自己的思维方式上。还好，我抓住了移动互联网。

我和王兴是同龄人，我曾经很长一段时间都在研究他。他当年创建校内网时已经做得非常好了。

2006年的时候，很多资本要给他们投资，那时候王兴对资本没什么概念。他们的融资额是100万美元。当时陈一舟的千橡已经融到了4800万美元。投资人问王兴："你们对竞争形势的估计是不是有些偏差？这么多巨头要做SNS这个东西，你们就融100万美元吗？"

王兴回答说："没必要，搞那么多钱没用，100万美元足够了。"

陈一舟拿到投资后，回过头来收购校内网，报价1000万美元，结果被拒绝了。

王兴和王慧文觉得校内是一个很好的机会，对自己一手创建的公司也有感情，反对卖掉。而一些小股东不愿意负债创业，主张卖掉。

后来，老辣的陈一舟两次抬高报价。这个时候大家意识到，哪怕能够顶住压力，团队的裂痕也会不可避免地扩大，卖掉网站是唯一的选择。

之后，陈一舟将校内网和5Q合并，改名人人网。

2011年5月4日，人人网在美国纽交所上市，当天市值超过70亿美元。

当时的校内网，无论产品还是运营都是成功的，可以说是当时同类产品中最成功的，但紧巴巴的日子影响了他们的视野和格局。

陈一舟因为之前的经历，比他们多了一个维度，那就是"资本"。

在2016年的一次演讲中，王兴说："做'互联网+'我们需要懂三个方面。第一是互联网，但是光有互联网不够；第二得深入地懂这个行业；第三得懂资本，在这样的环境下面，尤其是行业的早期，业务逻辑和资本逻辑是并行的。"

后来，美团上市，我买了美团。这让我的资产在之后的两年时间翻了三倍。

扩展自己的认知半径

阅读,首先打开的是我们的视野(认知)。

知道得多了,你才会有更多、更好的选择。

瑞·达利欧在《原则》里分享过一个故事。

2013年6月,他去霍普金斯医院做体检,发现了一种被称为巴雷特食管的症状。这是一种癌症早期症状,演变成食管癌的可能性相对较大,每年的发病率约为15%。食管癌是致命疾病,如果不治疗的话,很可能3—5年就会死去。对待这种情况,常规的治疗方案是切除食管。

在接下来的几周里,他已经开始为最终的死亡做准备了。但同时,他也在奋力求生。

他让自己的私人医生与另外几位研究这种病症的专家会面。

第二位是一家大型医院的胸外科主任,她认为达利欧的病情正在恶化。但和霍普金斯医院的医生给出的说法不同的是,她认为这是可以治愈的,可以切除食管和胃,然后将肠子接到仅剩的食管上。这种手术死亡的概率是10%,导致终身残疾的概率是70%。于是,瑞·达利欧当场给霍普金斯医院的医生打了个电话,他发现两位医生的观点明显存在分歧。

次日,他见到了第三位医生。这位医生给出的观点和前两位都不同,他认为只要每三个月去医院做一次内窥镜检查,基本上不会有任何问题。就像皮肤里的皮肤癌,只要持续观察,一出现新的组织生长就切除,不使病情转移到血液循环里,就没事。简单来说,就是不会因为患上癌症而死亡。

后来,他又见了两位世界级的专家,他们表示,走这种检查程序不会有任何事。在之后的检查过程中,他们从达利欧的食管上切下了一些组织送到实验室检测。结果是，检查完这些组织后，专家们发现根本没有任何异常！

达利欧事后总结说，假如他没有努力征求其他意见的话，他的生活就会走上一条完全不同的道路。

不得不说，瑞·达利欧是幸运的。他有能力，同时也有意愿让自己听到更多的声音，让自己在解答问题时有更多的选择。

但对大多数人来说，他们没有能力，甚至都没有意愿争取更多的选择。于是，结果只剩下了一个：

"想开点，想吃点啥就吃点啥……"

阅读是主动认识世界的过程。看得多了、用得多了，自然"高"人一等。

同一道选择题，我比你多知道一个选项，从此人生的路可能就不一样。这就是认知差。

说个认知差的事吧。

我喜欢逛书店，每次去国外通常会留出一整天时间去淘书。人家是拖着一大箱子化妆品、奢侈品回国，我则是拖着一箱子书。国外的书比国内贵很多，在我眼里，反而是占便宜。有一件事让我印象特别深刻，我曾经买过一本书叫《商业模式新生代》，出去讲课、做咨询的时候偶尔会用到其中的知识模型，顺手画一下。人家觉得好，会请我专门讲讲。其实它只是个工具而已。几年以后国内才引进了这本书。在此期间，我因为这本书获得的收益，至少是原书价格的1000倍。

这事让我真真切切地感受到：阅读是这个世界上最占便宜的事，没有之一。

很多人离开学校之后，就没有输入了。在很多重要的人生节点，他们是在用10年前的经验，也就是在今天为10年后的明天做选择。有时候，我们通过学习收获的不仅仅是知识，更是一种观察这个世界的视角。

学习，更多的是学习这个领域的人，他们是如何看待世界的，以及他们思考问题的方式。

有一个词叫"当局者迷"，换个角度，看到的事物就会不一样。

有了这种认知，你就不会轻易做决定了。

巴菲特很早就已经通过股票获得了巨大的财富，然而他在 90 岁的时候，仍然在不断学习新知识，因为他知道过去让他赚钱的知识未必能让他在未来继续赚钱。他也会买比亚迪这种他"原本不熟悉"的股票。

你站在原地，就那么点视野。

往前多走两步，视线能够覆盖的区域就会大很多。

如何选书？

跟谁学习很重要。

读书消耗的是自己的时间。读得越多，消耗的时间越多。

食材不好，坏的是肚子；书选错了，坏的可是脑子。

我个人选书，首先会看作者，其次看出版社。一本好书总是会重印、再版。好的作者和出版社对自己是有要求的，对他们来说，做烂书的成本太高。

通过有态度的书店选书也不错，他们会提前帮你做个筛选。

闲暇时，我常去"万圣书园"（一家书店），它离北大、清华很近，经常能看到一些老师也出现在那里。看看他们买什么，翻一翻，适合自己的话就买上两本，这也是我经常使用的方法。

优秀的作者会在他们的著作里很坦诚地告诉你，在写作的过程中受到了哪些人的影响，或者干脆在附录部分列出一个长长的推荐阅读的书单和参考文献。

就像丹尼尔·卡尼曼在《思考，快与慢》的第一部分，明确地告诉你系统1、系统2来自心理学家基思·斯坦诺维奇和传播学家理查德·韦斯特。

李录在《文明、现代化、价值投资与中国》一书中提到，哥伦比亚大学本科的核心课程要求之一是所有学生都要把奠基西方几千年文明的100多本经典著作通读一遍，包括从希腊哲学戏剧、中古哲学到文艺复兴、启蒙运动、现代科学革命的所有经典著作。

我在《穷查理宝典》一书中发现了《向格雷厄姆学思考，向巴菲特学投资》一书。

这是很好的获取"食材"的地方。

如果一个领域不是特别需要天赋的话，快速进入的方法其实很简单：Fat=MV。M表示质量，V表示速度，MV代表的是成果。成果等于什么呢？F，专注；a，方向；t，时间。

你会发现，那些善于阅读的人总是一口气买很多同一类别的书。

我最早发现这个技巧恰恰是在万圣书园，看到很多清华的老师总是一小推车一小推车地购书，这引起了我的好奇。尝试之下，我发现单独读一本很难的书，不如把三五本书放在一起阅读（主题阅读），这样效果更好。

你可以把它理解为，攒个饭局，请几位"大佬"坐在一起，对同一件事各自发表观点和见解。

就像古代君王同时有很多老师。同一个主题，不同的老师从多个层面为你讲解。因为同属一个领域，必然有很多内容或者观点是重合的，既可以相互印证，又可以让你看到不同的角度，这样无论是阅读效率还是对知识的理解程度都会大大提高。

听不懂，就请他们再讲一遍。不想听的部分就跳过去。想快就快点，想慢就慢点，可以随时调整学习进度。这就是自学的好处。

过去所谓的学富五车，其实并没有几本书。如果对方有十车，我是不会说五车的，可见五车已经很多了。都是用竹简写的，一卷能放多少文字？

直到后来有了印刷术，知识普及的成本才变低了。互联网出现以后，进一步降低了获取知识的成本。

想想《西游记》里唐僧为取经付出的努力，现在的人实在是太幸福了。

阅读前的准备

阅读必须是主动的，你无法在双眼呆滞、头昏眼花的状态下阅读。当你感觉身体不适时，就应该去休息。

阅读之前，确保自己进入一个身心足够放松的状态。最好找一个舒适的环境，把手机调到静音状态（也许你并没有自己想象的那么忙）。静坐、冥想，或者做几次深呼吸，这些都可以帮助到你。

有一个著名的方法叫作"橘子集中法"：想象手掌中有一个橘子，感受它的重量、颜色以及味道，然后缓缓地将它放置在后脑勺上部15—20厘米的地方，让它安稳地悬停在那里。轻轻地闭上眼睛，放松两肩，保持平静，感觉自己进入了一个理想的学习状态。然后慢慢睁开眼睛，享受阅读。

一旦你选择阅读，那就说明你已经做好准备了。

很多人在阅读之前，并没有考虑清楚本次阅读的目的是什么，自然也谈不上收获。

消磨时光也是目的。

阅读一段文字能不能抓住它的要点，遇到问题是否可以自行寻找到答案，是区分会不会阅读的一个重要标准。

目的不同，阅读的方法也不同。

我阅读的目的，无外乎6种：

1. 习得一技之长，使其成为自身能力的一部分（比如编程）。这是普通人一开始获取收入的主要途径。
2. 作为素材，将其转化为一件作品（比如一篇文章、一条短视频）。
3. 作为知识碎片，融入某一领域、某一行业的知识体系（比如，行为金融学就是投资这个领域的一个知识节点）。
4. 开拓思路，扩展认知，获得新的感悟。
5. 暂时用不到，存储到自己的"素材库"里，以备将来快速调用。
6. 陶冶情操，打发时光。

阅读不是目的，是手段。

你的目标是什么呢？是一份 PPT，还是一份市场报告，又或是提升自己的阅读能力？都可以。它一定是具体的、可以量化的事物或行为。

不要为了阅读而阅读，泛泛的阅读很难找到关键点，即便找到了也不实用。

带着问题阅读容易聚焦，我要做什么事，遇到了什么问题，查攻略，寻找解决问题的思路。之后可以直接在生活中验证，这样的学习最有效。

快速了解一本书

我从不按顺序阅读，我更喜欢把主动权掌握在自己手里。

不是一个人的所有知识你都值得学。做任何事都是有成本的，读书也是一样。

弗兰西斯·培根曾经说过："有些书可以浅尝辄止，有些书是要生吞活剥的，只有少数的书要咀嚼与消化。"

你必须对自己即将阅读的书建立一个大概的了解：

1. 首先看书名，如果有序就先看序。如果有副标题的话，要特别注意一下副标题。它们会告诉你这是一本什么样的书，大概属于哪一个类别，是小说、历史书，还是科学论文。一定要知道自己在读的是哪一类的书，越早知道越好。

比如《用"图"说话：高效员工这样做》，从书名上看就知道这应该是一本实用技能类的书。实用类的书就应该多注重具体实操的方法，关键是习得。当阅读思想类的书（比如《思考，快与慢》）时，就应该经常停下来思考，尽可能地从书中获得新的感悟。

2. 看目录。目录是一本书基本架构的概括性说明。如果你要参加一个课程，最想看到的是什么？自然是课程大纲。目录就是这本书的课程大纲、全书的骨架，标注了你和作者在这次"旅程"中需要经过的"景点"。可以配合序言来看，那是作者竭尽全力想向你传达的信息。

3. 如果有书衣的话，不妨读一下。许多书的宣传方案都是出版机构竭力打动你的关键点。

4. 尝试挑几个看起来跟主题息息相关的篇章来看。东翻翻西翻翻，念上一两段，不要太多。一本书结尾的两三页不可忽视，很少有作者会拒绝这样的诱惑：他们会在结尾几页将自己认为重要的观点重新整理一遍。

读到这里，你差不多就知道这本书对于你的价值了。

感受一下作者在写这本书或者这篇文章时的意图，看他是如何一步一步展开的。

抓住那些关键点，梳理出一张简单的"地图"。具体用什么工具不重要，思维导图、便笺纸，或者仅仅是停留在脑海里，都可以，根据你自己的节奏来做。

"旅途"有哪些"风景"？哪些是你一定要去的，哪些即便错过了也不觉得可惜的？

做个衡量，哪些内容要认真品读，哪些内容快速扫一眼就好（这两种方法在后文有详细说明）。

记住，时间也是成本，甚至是最重要的成本。

要主动阅读，否则毫无价值。

过期的知识 & 版本

知识是会过期的，比如 BP 机的维修与保养知识。但和牛奶不一样的是，没有明确的标识说某年某月某日这条知识会过期。

你必须做到心里有数，当下学习的知识可能会在某一天不再有效，目前学术界对这个问题的认识是什么，未来可能就不是现今的说法了。

你不需要了解所有知识的技术细节，而是应该把精力放在那些重要学科的常识和关键概念上。除此之外，大概了解人们当下对这个问题的基本观点和立场，大概了解就算是知道了。

这可能会产生歧义，但很重要。你必须停下来好好理解这段话。

分辨出哪些是你必须学习的知识，就像 20 年前的你应该把更多的钱投入到房产上一样。学习知识也是一样的。每个人的精力都是有限的，需要确保它被投资到正确的位置。

遇到一本好书，我至少要读三遍。

第一遍，读不懂，因为单词量不够。就像一篇文章，里面全是生字，需要一边读一边查字典，哪有精力用来思考？所以第一遍通常就是下载，是从他人那儿获取知识。

第二遍，读得懂了，可以匀出一些精力用来思考。这个时候最好跳出手里正在看的这本书，多读几本与之有关联的或者主题相似的书。站在外面看，看看其他人是怎么说的（还记得吗？我之前说过，同一个主题，我们应该同时阅读更多人的书籍或材料）。

如果这个领域有一定的历史，你往往会萌生出一种十分难得的感受：眼睁睁地看着人类文明进步。

我在学习经济学的时候，这种感受十分明显。

一开始我学习的是以亚当·斯密、大卫·李嘉图为代表的古典经济学，然后开始关注以凯恩斯、弗里德曼、克鲁格曼为代表的宏观经济学，再到现在，每天研究的是以卡尼曼、塞勒为代表的行为经济学。初时我看到的是马尔萨斯人口陷阱，然后看着这个理论随着农业社会的终结，被熊彼特创造性破坏理论所代表的科技文明代替。

知识随着文明的进化不断更迭。每到这时，我都喜欢按编程时的习惯给它们标上不同的版本号：1.0、2.0、3.0……

第三遍，可以坐而论道了。你有了自己的想法和知识体系，然后在原有的版本上继续更新4.0，或者是3.1，如果尚未被证实，那就是3.1 beta。

你需要形成自己的知识体系，用你自己的理解整理它。

如何快速进入一个领域？

进入一个领域，首先要学习这个领域的常识和关键概念。

比如聊到香港娱乐圈，你得知道四大天王是谁，周星驰是谁，周润发是谁，不能一问三不知。

我曾经做过架构师。

搭建架构的过程不是等所有的事情都准备好了、完美了，再去运行，而是在一开始先完成一个极小的、可以运行的微核框架。它并不完美，但足够实用，具备最少且必要的功能。

记住这句话，"最少且必要"，我在后文会用到。

这就好比如果你准备开个饺子馆，首先应该会包饺子，能把饺子弄熟。它可能不好看，甚至不好吃，吃的时候多少还有点夹生，但它确实可以吃。之后的日子里，你可以逐步让它变得好吃并且好看。

憧憬未来，没问题。但首先，你需要迈出第一步。

这是我很早就明白的道理。

2011 年左右，我记不清具体时间了，我的一位朋友在中关村创业大街开了家咖啡店，在那里我认识了李笑来。他当时在学 Ruby，说是要做个什么网站。在我看来，他是在浪费时间，有那么多现成的程序员，何必自己开发呢？虽然语言本身并不难，但多少还是有些学习曲线的，尤其是跨学科学习。

这是我们的第一次见面。

第二次见面的时候，他的网站已经上线了，挂了一些好玩的、有趣的科技类产品，给我的感觉是这个人很聪明。

很多年后再"见到他"，他在"得到"App上开了一个名为"通往财富自由之路"的专栏，其中有段内容让我印象非常深刻，是关于"学习学习再学习"的。学习"学习"，再学习。学习很重要，既然学习这么重要，更应该抽出一些时间来学习怎么学习。

在讲到如何快速入门时，他提到了一个很有意思的概念——"最少必要知识"，并且还专门为它创造了一个词叫"MAKE"：Minimal Actionable Knowledge and Experience。

"需要获得某项技能的时候，一定要想办法在最快的时间里摸索清楚最少必要知识（MAKE）都有哪些，然后迅速地掌握它们。在那一瞬间，任何人都完成了'快速入门'。"

最少且必要！

这恰恰也是我在做软件架构时总结出来的经验。它既是我们快速入门的入口，同时也构成了我们搭建知识结构的基础。

房屋骨架结构

其实这就是"80/20法则"（又称"帕累托法则"），80%的结果来源于20%的行为。在开始学习一项新技能时，你需要将大部分精力集中在那些真正重要的20%上。

美国著名畅销书作家蒂莫西·费里斯挑战过一系列任务，目的是颠覆人们对成人学习的误解。因为人们通常认为，对一名成年人来说，学习或者掌握一项新技能是很困难的，需要很多年的实践。费里斯总共挑战了13项任务，包括学习一门外语、演奏乐器、驾驶赛车等。在不识谱、不懂节拍的情况下，费里斯给了自己5天时间，尝试在舞台上面对观众现场表演。他还试图在一周内学会在一人高的海浪上冲浪。认真观察他的学习方法，你会发现一个共同的特征：找到那些真正重要的20%的知识。比如大多数流行歌曲是由4—5个和弦构成的，先学习这些和弦而不是所有的音乐知识，可以帮助你在刚刚开始时就完成一些曲目，建立信心。

"80/20法则"是我们早就应该知道，但从来没有真正重视过的法则。先学习那些最小且必要的20%的知识，完成一些最简单的事，然后在这个基础上不断扩大比例：30%、40%、50%……

那么，在刚刚进入一个领域时，我们应该如何开始呢？我的建议是：

1. 阅读一本这个领域最流行的畅销书。

不要指望获得多少专业知识，这本书不是用来学习的。我们的目标是找到乐趣，快速进入这个世界，了解一些最基本的专业术语。

兴趣是最好的老师。就像那4—5个和弦一样，在你真正进入那个领域之前，凭借它们，你已经可以弹奏一些最简单的曲目出去"卖弄"了，这对你的信心很有帮助。远离那些总是喜欢打击别人的人，他们是"坏人"！面对那些"坏人"的方法是不要让他们知道，暗中积蓄自己的力量，等你再一次出现在他们面前时，惊掉他们的下巴！

2．有简史就读简史。

能够被记录到简史里的，一定是该领域极为重要的关键节点、人物和思想。阅读简史，有助于你快速了解该领域的知识以及脉络，知道出现了哪些重要的人，他们的贡献是什么，转折点在哪儿，时间线是什么样的，对历史造成影响的变量有哪些。

简史还有另一个好处，那就是它并不难，读起来就像故事一样。是不是真的懂了另算，先混个"脸熟"。终有一天你会明白，当你站在外面看一个领域的转折、更迭，眼睁睁地看着人类文明进步时，是一种怎样的感受。

3．阅读中外共通的教科书。

张一鸣曾经说，他最喜欢看两类书：一类是人物传记，一类是教科书。

看人物传记，是看那些取得过成绩的人在面对问题的时候是如何思考的，那才是我们真正要学习的知识。教科书的知识并不一定就是正确的，但它是当下人们认可的基本知识和概念，是你与他人沟通的基础，尤其是中外共通的教科书。掌握这些知识，有助于你理解别人在说什么。

教科书读起来通常没那么容易。你可以在网络上寻找他人的学习笔记，或者一些名牌院校的老师讲授的公开课程，这些课程通常都是讲给普通百姓的。但我不建议你按照顺序一课一课地学习，最好对着大纲梳理出一个骨架脉络，有针对性、有选择性地学习。

4．阅读一些高质量的精品文章。

只读教科书是不够的。教科书上教的多是一些固有理论和案例，并不能反映当下环境的最新状况。

一些高质量的精品文章（在一些优秀的刊物或者杂志中可以找到这些文章，比如《商业周刊》《经济学人》《财新周刊》）通常是对当下市场或者社会环境的分析，可以将你之前学到的很多知识串联起来，还会涉及一些你在书本中学不到的知识。

没必要把你遇到的每一个新概念都搞清楚，因为那些真正重要的知识一定会反复出现。

5．如果条件允许，最好请这个领域的"前辈""高人"或者"先行者"为你绘制一张"打怪升级"的地图，也许你需要为此支付一定的费用。

永远不要问别人那些你自己就可以查询到的知识，"高人"的价值不在于此。这样的行为很愚蠢，而且说明你这个人懒得出奇。不是所有人都喜欢"勤学好问"的人，因为那意味着对话很没有质量，约等于在浪费生命。"镰刀"除外，"镰刀"最喜欢的就是这一类人。一位获得了原本自己就可以查询但不想查询的知识，另一位获得了原本其他人就可以查询但非要付费给别人的收益，一个愿打，一个愿挨，完成了一次消费。像"镰刀"一样的人很多，用户量很大，复购率很高，很难找到比这更好的生意。

一开始不要太急，知识是需要积累的。积累得多了，相互之间就会产生作用，价值就会慢慢呈现出来。

记住那句话："天下没有白走的路，每一步都算数。"

在此之前，你最应该学习的是如何阅读。

第三章
快速阅读的方法

"请告诉我,我应该从这里往哪里走?"爱丽丝问。

"那可得取决于您想去哪里。"猫说道。

"去哪里我都无所谓……"爱丽丝说。

"那么您走哪条路都行。"猫说。

——路易斯·卡罗尔《爱丽丝漫游奇境》

不是所有书都值得坐下来认真研读，你需要掌握快速阅读的方法。这是一个挑选"食材"的过程。

> 如果食材不好，就丢弃；
> 如果是快餐，按需简单吃两口。

大脑的运作方式

快速阅读，顾名思义就是尽可能地在更短的时间内获取更多的信息输入。

我们说的是获取，而不是读完。那就意味着咱们不能囫囵吞枣、一目十行，必须是科学有效的阅读。

首先，我们要知道人类的阅读速度有两个瓶颈：一个是大脑接受信息的"带宽"，另一个是眼睛识别图像的速度。

人类大脑 1 秒钟可以处理多少信息呢？

根据今天脑科学和认知科学方面的研究，我们人类 1 秒钟能够接受的信息也就是 12—25 个汉字，这就是"带宽"。就像我们家里的网络带宽最高可达 100M，但实际使用时肯定达不到这个数值。

我们在阅读文字时看到的都是图像，大脑还要再做一次图像识别，才能将其转化为文字。你读过的书越多，图像识别的速度也就越快。但如果遇到一个不认识的字或者词，速度马上就会降下来。

这还仅仅是硬件（人脑）带来的限制。

这么说你可能很难理解，让我们做个实验。请尝试在 1 秒钟之内快速阅读完下面这句话：

身笔你魍看魑七纸

闭上眼睛，你看到了什么？

好吧，我承认这几个字是我乱敲的。这次正式一点，请尝试在 1 秒钟之内快速阅读完下面这句话：

钢笔春天牙膏大蒜

闭上眼睛，这次你看到了什么？是不是比刚才多了一点点？我说的不是字数，而是你获取的信息。

让我们再进一步，请尝试在 1 秒钟之内快速阅读完下面这句话：

这次看到信息多了

闭上眼睛，你看到了什么？

你从这三句话中获得的信息是不是有很大的不同？

现在我们按照最乐观的方式计算，你不会遇到生僻字，字面意思你都能理解，每秒 25 个字应该就是极限了。一本 10 万字的书其实并不厚，假设你开足马力，把所有时间都用来阅读，最理想的情况下，读完这本书你大概需要 66.6 分钟。

我们说的还只是读完，学习可不仅仅是读完这么简单。

你不可能用正常的方法快速阅读，要想加快速度，你必须尝试一些新方法。

和大家分享一下我自己的快速阅读方法，简单来说就是 4 步。

```
初识 ( );
提取骨架 ( );
扫读 ( );
制订行动计划 ( );
```

第一步：初识

歌德说："读一本好书，就是在和高尚的人谈话。"

一个人的作品基本上就是他对这个世界的认知，而书籍是这个认知的外部显化。

读书，就是你向作者学习，建立沟通、交流的一个过程。

首先你得知道这个人是谁吧，要不然聊什么呢？

在读一本书之前，简单地了解一下作者是谁、他在这本书里面都谈了什么，是非常必要的。

以页为单位，从头到尾保持匀速地简单翻阅，每页花上两三秒钟，偶尔在某一页多停留几秒钟也是可以的，这个过程不用太长。就像你第一次约人见面，大概有个简单的了解就好，至于她穿什么颜色的衣服，不必太在意。

为了说清楚这个问题，作者大概花了多少篇幅，分几部分阐述？用到图表了吗？有没有什么特别的地方？稍加留意，有一个大概的印象即可。

没兴趣就放到一边，去寻找其他适合自己阅读的书。它或许适合他人，但并不适合你。

这个过程最好在买书之前完成，省下来的钱可以用去投资。事实上，你节省的不只是钱，更重要的是你的时间。

如果要继续，回顾一下你对作者以及这本书的大体印象。

准备一张纸做笔记。在笔记页右侧差不多20%的位置，花费3—5分钟的时间，把这本书还有作者的信息，以及你觉得他为什么要写这本书、想和你说的话，标注在那里。

在笔记页剩余80%左右的部分，画两个从左下角开始的向上、向右的坐标轴。从坐标轴的左下角开始，向右上方随手画一条线，你可以把它理解为我们阅读的"行进地图"。

"行进地图"对我们来说具有特别的意义。很早以前的旅行家们会一边旅行，一边绘制地图，然后在酒馆、茶舍等人群聚集的地方，对照着地图给在座的人像讲故事一样讲述自己在旅途中的所见所闻。

我们现在要做的就是，一边阅读，一边绘制这张"行进地图"。

先不着急读目录。

目录是一个人的思维体系，一上来就读目录的话，很容易掉进作者的思维体系。一旦掉进别人的思维体系，再想跳出来就很难了。

在刚刚绘制的"行进地图"上随意找到五六个点，标注上自己的"专属符号"（比如一面小旗子），在每个"专属符号"下面预估一个对应的页码。比如这本书差不多300页，那这五六个点对应的页码差不多就是30、88、136、186、220、278，随机地标注即可。然后标上顺序，比如我准备先看88页，然后看186页，最后再看30页的内容。这就是你出发前的"行进目标"，你可以把它理解为"抽查"。

按照之前标注的顺序，翻到对应的那一页。用眼睛大致扫一眼，不用太认真，从里面提取一些你认为比较有感觉的词汇，即你看了以后觉得有必要进一步了解的词汇，把它们标注在对应的专属符号旁边。

这个时候你还没有真正地开始阅读，但已经有了一个大致的了解了。

通过这种方法阅读，假设有一天，你突然见到了作者本人，你知道要聊啥。

第二步：提取骨架

出门旅行，你得有张地图，这样才不至于迷失方向。

刚刚绘制的"行进地图"是你对这本书的理解，现在我们需要进一步了解作者本人的意图，也就是他的框架体系。

你应该有过在短视频平台（比如抖音、快手）看电视剧的经历。

一集电视剧差不多四五十分钟，被剪成两三段，每段 3—5 分钟。大部分剧情都被剪掉了，但并不影响你了解剧情。如果你觉得好看，可以再去看完整的剧情。

书也一样，真正有用的知识就占 30% 左右，可能还不到这个比例。大部分内容其实是案例、比喻,是用来辅助说明的。这对一部分读者来说很有用,但对另一部分读者来说,直接获取结果就可以了,没有必要从头到尾、一字不落地阅读。

最好一开始就把骨架提取出来。就像旅行时,不是地图上的所有地方都要去。那么具体怎么做呢?

首先读目录。目录是整本书的骨架,是用来串联所有知识的核心脉络。如果你看完一本书的大纲仍然不知道它要讲什么,那这本书不读也罢。

其次是小标题。简单看一下,你差不多就对整本书的知识体系有个大概的了解了。

然后把书的目录标在之前的"行进地图"上(最好用不同的颜色,和之前的标注区分开),不一定用原话,用你自己的话也可以。除了黑体字或者小标题,如果有些词你特别感兴趣,也可以标上。

标完以后,你差不多就可以看到作者在写这本书时的大概脉络了。

有了这个脉络之后,你的阅读是不是就更有目的性了?就像聊天的时候,你知道人家擅长什么,自然就知道最应该问的是什么。

一定要带着问题阅读。

我们的大脑在毫无目的的时候会一直保持"无所事事"的状态。一旦有了明确的目标,阅读的速度就会大幅提升。让我们一起做个小游戏来说明这一点。

闭上眼睛,回想一下:房间里总共有多少蓝色的物体?

睁开眼睛,用一分钟的时间环顾左右,搜寻一下房间里的蓝色物体。

再次闭上眼睛,回想一下:房间里总共有多少蓝色的物体?

带着目标搜寻的时候,你会更有目的性,获得的信息也会更加准确。

正式开始阅读前要做的第一件事是思考：**我为什么阅读这本书？我想从这一章里获得什么？**这非常重要。

直接从问题入手，对应"行进地图"的坐标，翻到相关的章节，开始阅读（完全没必要从第一章第一页开始读）。

第三步：扫读

第一次阅读时，尽量避免一个字一个字从左到右读的阅读习惯。

它很有效，但很慢。并不是所有的书都值得你这么做，尤其在你刚刚拿到一本新书，还无法确认它是不是值得你认真研读的时候更是如此。

初次阅读，适合以完整句子为单位速读。

我们的眼睛在看东西的时候有一个特点，就是必须盯住一个东西才能看清，时间大概是 1/4 秒。这有点像照相机，需要聚焦。一个字一个字地阅读需要不停地聚焦，然后将看到的信息通过意识输送到大脑中。如果以句子或者行为单位，就会减少聚焦的次数。我们眼睛聚焦的范围其实是一个圆形，当我们看到一个点的时候，周围上下左右的字可以通过余光看到。事实上，你不需要看得那么清楚，大脑具有一定的脑补能力。

举个例子，阅读下面一段话，看看你是否能够理解：

根据一所语英校学的研究，不论语词的序顺如何，只要字文完整，即使全混乱，你也能读懂。因为们我读阅时是不一字个一个地字去看，而是过

扫语词和句整话。

你不需要看清每一个字，大脑会自行脑补。

关于脑补，给大家补充一个小技巧。现在互联网这么发达，经常会有一些行业大咖的直播，尤其在你刚进入一个领域时，他们的观点对你非常有帮助。但是直播的时间会很长，有些知识点其实你很早就知道了，你要听的是那些你不知道的知识点和他思考问题的方式，一直坐在那里就会很浪费时间，这是直播的缺点。我个人常用的方法是，找一个能够自动识别、语音转文字的录音笔，把整场直播录下来，自己该干吗干吗去，直播结束以后直接看文字稿。根据我的经验，语音识别的成功率在70%—85%，我们恰恰需要这样的成功率。还记得吗？我们不需要看清每一个字，大脑会自行脑补。如果脑补得出来，就说明我们是知道的，可以快速略过；如果有些地方看不懂，这可能就是我们需要关注的新的知识点，可以听录音或者找到原视频专门学习。

在这个过程中你的学习是成块的，既节省了时间，又很容易看到整个直播的主体结构。这是我个人经常使用的一个小技巧。

接着回到如何扫读。

我们可以通过刻意练习一句话一句话或者一行一行地阅读，来提升阅读速度。刚开始的时候，可以借助手指引导眼球的移动。手指在每一行的文字下面快速地移动，眼睛就会自动跟着手指移动。

快速移动手指还有一个好处，就是可以帮助你集中注意力。一开始的时候你可能有点不习惯，可以适当地放慢速度，然后根据自己的接受能力加快速度。

如果遇到生字或者生僻的词汇，直接跳过去，不要被卡住，强迫自己继续往下看（除非到处都是生字，这说明你越级了，此时应该果断放弃这本书，找一本自己更容易理解的书阅读）。每一个新知识都是建立在旧知识的基础之上的。如果一本书中，对你而言新的、有难度的知识点或者颠覆性的认知超过 15.87%，阅读起来就会有点困难，但你仍然可以继续阅读；如果再高，难度就大了。

此时阅读的目的是从作者的文字中提取关键词，捕捉最重要的关键知识。

一篇文章或者一个章节往往是为了阐述一个最核心的东西，我们上学的时候把这个叫作中心思想。每一个大的段落可能由几个自然段组成，中间一定会有作者特别希望你关注的、他特别想和你说的内容，我叫它关键知识（关键词或者金句）。那才是知识的果实，其他的内容都是用来辅助说明或者润滑的。

很多作者会通过加粗或者高亮的方式将这些内容特别突显出来，你应该像提取骨架一样地把它们从章节或者段落中提取出来。

根据重要程度调整你的阅读速度。

重要的内容可以读得稍微慢一点，次要的内容读得稍微快一点。

不要逐字阅读和回读。我们现在还是在速读，并非精读，重点是识别关键知识点。

阅读完之后，将这些关键知识点更新到"行进地图"上。现在你有了一个基本的脉络了。此时，合上书，对着这个脉络简单回顾一下刚才阅读的章节。这一章的关键点是什么？作者想表达的是什么？他是怎么表达的？有哪些论点、论据？可以解决我们的问题吗？哪些地方值得借鉴？

带着问题去复盘。如果需要，翻到对应的章节补读。

此时你获取的知识还不是你的，你仅仅完成了下载，它们仍然是别人的。要想把它变成你的，一定要行动起来。

第四步：制订行动计划

学、思、习、行。有些知识知道就可以了（有的到扫读这一步就可以了，有的还需要进一步精读），有些知识必须想办法用起来，知道和会用是两回事。

你需要为真正有用的知识制订行动计划。结合你的实际情况，将学到的知识落实到你的练习或者行动计划中。

我通常会将计划分为短期、中期、长期三种。短期，我个人把它定为21天；中期一般是1—3个月；长期是半年到3年。

短期计划：

未来的21天，我准备就"怎么吸引用户的注意力""怎么讲故事"这两个关键知识点，结合同一领域的其他相关书籍大量精读，并想办法将学到的知识用在短视频制作里。未来的21天里，我就练这个。

中期计划：

后面的1—3个月，我准备把今天学到的4个知识点（好奇心缺口、金字塔原理、耐克模型、滑梯理论）和《影响力》里的知识相结合，尝试着把它们应用到我的短视频制作里。

练习一段时间后，差不多会有很多心得，然后我把心得逐一梳理成文章，发布到公众号上。

长期计划：

之后的1年里，我将自己做短视频和写作的心得，以实际案例的形式录

制成课程，通过直播和社群分享给大家。

我个人快速阅读的方法如上，简单来说就 4 步：

第一步，初识。读一本好书，就是在和高尚的人谈话。在与人交流之前，需要对图书和作者有一个大概的了解。

第二步，提取骨架。出门旅行得有张地图，不是所有的地方都要去。

第三步，扫读。从作者的文字中提取关键词，捕捉最重要的关键知识。

第四步，制订行动计划。知道和会用是两回事。真正有用的知识，必须落实到实践以及未来的行动中。

"行进地图"是阅读一本书的路线，而"行动计划"是通过阅读，自己要达成的目标。

补充说明

快速阅读当然和方法有关，方法很重要，但更重要的是阅读量：一个人的阅读量越大，他的词汇量就越多，阅读的速度就越快。

真正能够横空出世、提出一个全新观点和理论的人少之又少。大部分书都是站在前人的肩膀上的。

如果你之前阅读过《思考，快与慢》，再读其他行为金融学的东西就会快很多，因为很多基础知识根本不必看。如果你之前有其他的知识积累，很多章节是可以直接略过的。

每个领域都有那么几个关键的概念，其他书都是围绕这几个关键概念发散、深化、演绎。进入一个领域，先找到那几个关键概念，围绕那几个关键概念再展开大量阅读，速度就要快得多。

阅读是终身之事。要培养自己的阅读习惯，累积知识量。知识量越大，阅读的速度自然越快。

第四章
阅读与理解

读书而不理解，等于没读。

——夸美纽斯

单纯的阅读几乎没什么价值，重复阅读再多遍也一样。

让我们回到学习这个方法的算法部分：

```
阅读();
理解();
思考();
行动();
反思复盘();
重新理解();
```

"阅读""理解"是两个词。

阅读是下载别人的东西，理解是要把它转化为自己的东西。

单纯的阅读相当于在你完成这个动作之后就结束了，后面什么都没做。即便读了很多遍，画了很多线，记了很多笔记，那又怎么样呢？不理解就是不理解。饭吃了不少，咀嚼了很多遍，但消化系统没工作，营养吸收不了，照样面黄肌瘦。

这里说它几乎没什么价值的一个主要原因是，确实有那么一部分人在阅读的过程中自我感动了，你也不能说它完全没价值，毕竟他们完成了一次自我催眠："我努力过了，多少还是有点苦劳的吧。"于是他们进入了一个"我读过了，但没什么效果，可能是我阅读的量不够，继续阅读，继续没效果"的负循环。

你看，清晰地理解一个概念是多么重要。

我自己就被"差不多""大概""基本就是那个意思"欺骗了很多年，深受其害。这就是我想借用程序思维来写这本书的原因。因为程序会要求你将概念明确地定义出来，你无法使用"差不多""大概""基本就是这个意思"这样的表述帮助你蒙混过关。机器无法理解人那种类似"你懂得"的高级智慧，对它而言，1就是1，2就是2。于是，你是不是真正理解一个概念，一目了然。

马丁·福勒在《重构》一书中指出，当你无法给一个方法命名时，说明你并没有真正理解它。

理解应该是这样一个过程：将读到的东西用自己的"消化系统"转化为一种新的认知，然后把它融入自己的"思维框架"的过程。

假设你输入的信息是1，而你肚子里原本就有一个1，最终结果应该是1+1=2，或者1+1>2，即在你原有的知识和输入的知识之外，又产生了一个个新的知识。

很显然，你知道得越多，产生的连接就越多，就越可能产生更多新的知识。这样的场景无疑是令人兴奋的。

但如果你输入的是1，返回的还是1，甚至连1都返回不了，就说明你理解不了。这就是为什么我们一定要从数学、语文学起，它们是基础知识，即知识的知识。学了数学，你才能接着学物理、化学；学了语文，你才能接着学历史、地理。

基础知识→系统知识→应用知识，学习知识有一个递进的过程。

同样，阅读之前应该先学习"如何阅读"，思考之前应该先学习"如何思考"，这样不仅效率会提升，质量同样也会得到保证。

把书读薄

阅读之后是理解,理解读到的东西。
什么是"读到的东西"?

首先是知识点。要学会将关键概念与辅助信息分开。

早期我喜欢用思维导图,后来放弃了,感觉不够自由,有一定的形式限制,不能满足我在多个知识与知识之间建立连接的需求。但我仍然推荐初学者在早期时使用,因为有更多的学习材料,有更多的人可以交流,容易上手。

目前,我常使用的方法是"批注法"与"笔记流"。

阅读时,我喜欢直接在原书上用荧光笔和铅笔做批注,对于能够引发思考的书更是如此。荧光笔用来标注我认为极重要的、能够引发思考的关键概念。注意,关键概念非常重要,将这些关键概念连接起来,就能得到一篇文章或者整本书的框架结构。

我从不做大段大段的标注,在我看来那约等于没有标注。都是重点,和没重点有啥区别?

铅笔是用来做批注的:这段文字给我带来了哪些灵感,引发了我哪些思考,可以与原有的哪些知识建立连接。这样批注才有意义。

很多人在使用这个方法时有心理障碍,他们会把书看得太神圣,不舍得涂抹,这完全没必要。书只是个载体,是为我们服务的。对书的最大尊重应该是学以致用。

台湾有个作家在决定阅读一本书的时候,通常会买两本,一边读一边剪。要正面的部分就剪第一本，要反面的部分就剪第二本。等书读完了，两本书也被剪得不成样子了，只把精华部分留了下来，以后写文章找素材时可以直接拿过来用。

现在有了电子书，不需要这么麻烦，凡是标注的部分都会被留存下来，以后搜索也很方便。

标注的作用不是下载知识，你可以把它理解为探讨。比如荧光笔标注的部分代表"你说得好，给我带来了很多启发"，铅笔批注的部分代表"关于这一点，我有一些自己的心得体会"。

读书其实是和一位优秀的人交谈，要学会一边阅读一边思考。

"笔记流"是在阅读的同时写下自己识别的关键概念或者自己的观点，尽量用很短的词汇替换完整的句子，然后在概念之间画上一些箭头，表示两者的关联关系。不需要画得太好看，也不需要什么章法。好看会给自己带来一种愉悦感，但这种愉悦感与"深入理解、引发思考、解决问题"并没有什么必然的联系。

"笔记流"只关注两件事：

1. 提取关键概念。
2. 概念与概念之间的连接。

你可以简单地将这种连接理解为逻辑脉络，这其实是一种简单的结构。我特别喜欢在 iPad 上做这件事，可以随时涂改且有助于提取结构。

做好"笔记流"的一个关键能力是知道哪些知识是重点，是核心内容。要识别重点，就需要先理解它。你必须思考听到或者读到的内容，否则你就无法理解它背后的逻辑和它真正想要表达的意思。

如果只把重点放在记录上，很容易让你绕过"理解( )"这个环节。

其次是结构。

庖丁可以一眼看出牛的骨架结构，显然是因为他知道牛的骨架长什么样，可我们不知道。

同样一条知识，在有系统结构和没系统结构的人看来是不一样的。同样是奥密克戎（Omicron）病毒，都是第一次接触，真正的医护工作者会比我们更快地理解它是什么东西，更快地给出应对方案。

就像看电影，哪怕这部电影你没看过，看到一半的时候，你差不多也知道大概的结局了，因为你看出了它的模式。一旦你识别了模式，你的阅读速度就会加快，在更短的时间内阅读更多的内容，且比别人理解得更准确。对比一下《蝙蝠侠》和《超人》、《阿凡达》和《风中奇缘》，你就能看到它们其实拥有共同的结构。

这是一个把书读薄的过程。首先提取每一章的关键概念，其次是结构，也就是概念与概念之间的连接。一本书最简单的结构就是目录以及每一章的逻辑脉络。

结构、模型与思维框架

我在学习编程的时候，首先学习的是"数据结构"。这个结构指的是数据元素之间存在的关系。

如果把知识比喻成砖头，那么一堆砖头仅仅摞在那里是没用的。但是当你将它们和钢筋、水泥融合在一起，根据一定的结构搭建成房子时，它的作用就发挥出来了。

为什么有些书看起来就像天书一样，而有些书读起来却毫不费力？因为你的脑子里已经有了这个领域的知识结构。良好的知识结构就像是一张地图，包含这个领域最核心的概念，以及这些概念之间的连接。每学习一个新概念，都会与这个结构里原有的知识建立连接，你可以把它理解为词汇量和语法。你掌握的词汇量越多、语法越清晰，学习一个新的词汇时就越容易。

即便你没有掌握那么多的词汇量和语法，只要了解一些最基本的语法和词汇，就已经可以交流了。你不需要认识所有的单词，真正重要的知识一定会反复出现。

将知识转化为应用的一个重要概念叫<u>模型</u>。关于模型的解释有很多，我个人将模型简化为两类：

一类是静态模型，比如模具。我们可以用模具批量生产大量的实物。你在梳理商业模式时使用的商业模式画布，制作 PPT 时使用的 PPT 模板就是模具。

另一类是动态模型，比如模式。模式的官方定义是指从生产经验和生活经验中经过抽象和升华提炼出来的核心知识结构，它其实就是<u>解决某一类问题的方法论</u>。把解决某类问题的方法总结、归纳到理论的高度，就形成了模式。

举个例子，所有的故事都有层次。乔恩·富兰克林认为，故事就是年表：一件事情发生了，另一件事情也发生了，然后又是一件事情。我们所有的生活都是叙事。故事是从叙事中挑选精华的部分，把它们和其他材料分离，并把它们组织起来，形成意义。

这个组织往往有一个统一的结构。拿超人来说：

氪星快要爆炸了，氪星上的一位科学家和他的妻子把尚在襁褓中的孩子放进了一艘太空船上任其漂流。这艘太空船后来漂流到了地球，襁褓中的孩子被肯特夫妇收养了，他们将这个孩子当成自己的孩子抚养。孩子长大以后……

这个故事你很熟悉吧。

如果你去问犹太人，他们会告诉你这个人的名字其实叫摩西。

法老下令杀掉所有的男婴，只有女子才能存活下来。一对希伯来裔夫妇把襁褓中的孩子藏在了一个用柳条编织的小篮子里，放到尼罗河上任其漂流。这个篮子被埃及的一位公主捞起，她将婴儿当成自己的孩子抚养。孩子长大以后……

如果你读过《西游记》，你就会知道这个孩子的名字其实是唐三藏。

同样的事情还发生在詹姆斯·卡梅隆执导的《阿凡达》和迪士尼的《风中奇缘》中。

皮克斯公司总结了一个非常简单的故事线结构来制作他们所有的电影："从前……每天……有一天……因此……最后……"这就是讲述故事的模式。

几乎所有的领域都有模式。建筑模式、商业模式、架构模式、设计模式、实现模式……它们是我们快速进入一个领域的途径之一。你可以把模式理解为对于在什么情况（场景）下，怎么做，可以解决什么问题的经验总结。

模型是一种简化的结构（也就是说它是结构的一种），通过将一些核心概念联系在一起，将知识转化为应用的核心观念。既包含了概念与概念之间的连接，同时也说明了这些连接是怎么运行的。

如果你开始构建一个结构或者要在当前结构上添加内容，那么模型对你来说非常重要。

在学习编程时，对我帮助最大的就是模式（如前所述，模式是一种动态模型）。我总是从刻意地大量练习一些简单的模型开始，然后一步一步进入更复杂的模型。模型与模型一起应用，组合成一个更大的结构。

还有一种更大的结构叫作框架，如"多元思维模型"（这是我从查理·芒格那里获得的知识）。

有一个非常经典的案例来自行为经济学。"经济学正确地找到一只'无形的脚'（心理学），让它与亚当·斯密那只'无形的手'（经济学）并存。"（查理·芒格《穷查理宝典》）

还有一个更成功的案例来自查理·芒格本人，他把"多元思维模型"用在了对准备投资的公司进行的商业分析和评估上。在这个模型中，他借用并完美地糅合了许多来自各个传统学科的分析工具、方法和公式，这些学科包括历史、心理学、生理学、数学、工程学、生物学、物理学、化学、统计学、经济学等。

1994年，查理·芒格在南加州大学马歇尔商学院的演讲中说道："你们必须在头脑中拥有一些思维模型。你们必须依靠这些模型组成的框架来安排你的经验，包括间接的和直接的。你们也许已经注意到，有些学生试图死记硬背，以此来应付考试。他们在学校中是失败者，在生活中也是失败者。你必须把经验悬挂在头脑中的一个由许多思维模型组成的框架上。"

你必须拥有自己的由许多思维模型组成的框架。

这本书是我为你搭建的一个"多元思维框架"的示例。

重新理解

读书读什么？

首先是知识点，其次是结构。一本书也就那么几个知识点，"知识点 + 结构"就构成了一本书。

关键概念是知识的一个特例，就像中华田园犬之于犬一样。你不可能学习所有的知识，进入一个领域最快的方法是学习这个领域最少且必备的关键概念。

知识与知识相连接就构成了结构。模型和框架都属于结构。模型是一种简化的结构，通过将一些核心概念联系在一起，将知识转化为应用的核心观念；框架是结构的结构。

函数本身是一种知识的调用方式。学到大量的知识而不去调用，那么知识在你这里大体是无用的。所谓学以致用，就是将所学的知识点和结构函数化。

> 知识点 = 提取知识点 (读到的东西) ; // "批注法"
> 结构 = 提取结构 (读到的东西) ; // "笔记流"
> 知识点 + 结构 = 一本书 ; // 如 "卡片法" "笔记流"

一本书在讲一个知识点的时候，一定是有语境的。你可以把它简单地理解为一个案例，就是这个知识的使用场景。

知识点 + 语境 = 案例应用。

同一段文字在不同的语境里，代表的意义是不一样的。

比如看一部电视剧时，我们说："这个人实在是太坏了！"那他可能是真的坏。但是换一个语境，在情人节这一天，你和你的女朋友正在享用烛光晚餐，她突然和你说："你好坏！"她的意思大概是你还不够"坏"，你得"坏"给她看。

你看，同一个概念在不同的语境下是不一样的。

阅读就是与文章作者展开对话的过程，他和你分享的通常是某个概念在某个场景中的应用。

就如大卫·李嘉图 200 年前的"比较优势"（"比较优势"+"200 年前的国际贸易"）是这样的：

"假定英国生产一定数量的毛呢需要 100 人，葡萄酒需要 120 人；而葡萄牙生产相同数量的毛呢需要 90 人，葡萄酒需要 80 人。注意，无论生产毛呢还是生产葡萄酒，葡萄牙都比英国效率高；但相对而言，葡萄牙生产葡萄酒的优势高于生产毛呢的优势。所以两国的最佳方案应该是葡萄牙专心做葡萄酒，英国专心产毛呢，彼此交换导致双赢。"

简单来说，国际贸易的基础就是"比较优势"。每个国家有各自的优势，各个国家按照其相对成本优势进行国际分工生产和国际贸易，这会使得每个参与其中的国家都获益，社会福利都得到提升。

然而今天的世界贸易发生了改变，主导商品由毛呢、葡萄酒变成了能源、芯片。克鲁格曼将"比较优势"代入新的国际贸易的场景，获得了新的洞见——"规模报酬递增"。当国家间越来越相似，市场结构从完全竞争变为不完全竞争，规模报酬递增的时候，规模经济就取代资源要素的差异成为推动国际贸易的原因了。这实际上是"比较优势"在当今国际贸易（"比较优势"+"当下的国际贸易"）中的运用和延伸。

我们当然不会去处理国际贸易这样的问题，但我们仍然可以把"比较优势"代入我们的生活场景（"比较优势"+"我的生活场景"）。假设我讲一堂课的费用是 2000 元，同样时间内打扫房间的费用是 200 元。哪怕我比保洁阿姨更擅长打扫房间，从投入产出比的角度来说，我也应该请保洁阿姨打扫房间，然后用节省下来的时间讲课，从获取的报酬中抽取出一部分支付保洁阿姨的费用。

这样的例子在生活中比比皆是。为什么很多人会请助理呢？也是这个原因。

知识点 = 提取关键信息（读到的东西）；//"批注法"

提取场景 = 主题阅读（知识点）；

知识点 + 不同场景 = 重新理解；// 如"卡片法""笔记流"

我们从书籍或者文章中提取出来的观点或者概念并不属于我们，它只存在于那个特定的语境里。

对于一个重要的知识点，最好的学习方法是围绕这个知识点多读几本书，进行主题阅读，也就是看看一个知识点在多个场景中是怎么应用的。

从一个语境里面提取一个概念，放在不同的语境（"古今、中外、正反"——过去、现在，国内、国外，正面、反面的使用场景）中，有利于我们了解这个知识点（关键概念）是怎么应用的。

对关键概念建立一个清晰的认知是非常重要的。

当我们说某个人"脑子不清"的时候，指的是这个人的脑子里堆满了那些毫无必要、乱七八糟、模糊不清的概念，以至于稍微有点风吹草动就惶恐不安。比如看到一家公司利润率下降、市场大量抛售就坐不住了，根本不会去阅读财报，寻找利润下滑的原因（利润 = 营业收入 − 成本 − 管理费用，利润下滑很可能是人为增加管理费用造成的）。事实上他们中的大多数人也读不懂财报，只是看到利润率下降、市场大量抛售这样一个现象，就开始恐慌，也跟着一起抛售。这在投资领域非常常见。

清楚地了解一个领域的常识，不但意味着你有能力辨别，而且意味着你有能力规避愚蠢行为。

很多投资失败的人，根本就是连一些基本概念都搞不清楚的人。

验证自己的理解

你怎么知道自己清楚地理解了一个概念？

最好的方法就是测试。这是我从《测试驱动开发》的作者肯特·贝克那里学来的知识，他建议你在写一段代码之前先写测试。我理解为这是让你在阅读之前先想明白自己为什么要阅读这本书，然后在阅读之后，测试一下有没有达到自己预期的目标。

我用来测试自己是否掌握了一个知识最常用的方法是费曼学习法。

我曾经和很多人分享过费曼学习法。几乎在我刚一开口的时候，他们马上就能说出："这不就是费曼学习法吗？"并且几乎所有人都会告诉我："最好的学习就是教会别人。"但我进一步向他们了解一些具体的细节时，比如：谁是费曼？他到底是干啥的？曾经取得过怎样的成就？费曼学习法具体该怎么做？绝大多数人都回答不上来。

所以，你真的知道什么是费曼学习法吗？

这就是我们大多数人所面临的现状。你以为你知道了，而且你好像还能跟别人讲出来，但其实你不知道。

这位著名的物理学家、诺贝尔奖获得者，在一次对青年科学家的演讲中强调："原则是你不能欺骗自己，可你偏偏又是最容易被欺骗的人。"

看到我们以前见过的东西，会给我们一种已经理解它了的错觉。

让我们再强调一遍，阅读、摘抄、记忆并不代表你掌握了它。你只是完成了几个动作，并没有形成结果。

我曾经使用过一个和费曼学习法极为贴合的阅读方法，叫"录音强化法"。这个方法最早的灵感来自我们小时候背英语单词的那个复读机，后来我把它应用在了阅读上。它特别适合那些读一遍不行，可能要多读几遍的章节。

第一遍，找到对应的章节快速扫读一遍，目的是通过扫读，大概了解这一章在讲什么，核心关键点是什么。

第二遍，试着把它读出来。注意不是朗读，而是读给某一个人听。这个人可能因为某种原因（比如处于某种场合），不方便阅读，只能听，由你读给他听。带着这样的目的去阅读，读完以后把它存到手机上。很多录音笔都有这样的功能，当然你也可以用手机直接录制，在散步或者上下班的时候拿出来听。

此时，你眼睛过了一遍，嘴巴过了一遍，耳朵过了一遍；同时还要一边听，一边思考。听到某个点不明白，暂停一下，用手机记录下来：这个地方很可能是一个关键知识点，回头要补课。或者听到某个点，感觉这么读不合适，也把它记录下来，晚上的时候复盘。

接下来，你有几件事可以做：对应这个主题，结合你最新的理解，查阅大量的素材和相关资料，写一篇文章或者读后感，然后把这篇文章（或者读后感）上传到公众号或者朋友圈，获得反馈。你也可以基于自己最新的理解，重新读原文，并将其上传到音频网站上。或者再进一步，将其拍摄成视频，上传到短视频平台上。

这三种选择，任何一种都是一个完整的闭环。你可以把它理解为加强版的费曼学习法。

通过输出倒逼输入，形成反馈闭环，已经被反复证明是极有效果的学习方法。这非常符合 VARK（Visual、Aural、Read/Write、Kinesthetic 的首字母缩写）学习模型，除了动手实践，将视觉、听觉、读/写全部用到了，唯一的缺点就是有点耗时。

让我们再来看一下费曼学习法的操作流程：

第 1 步，选择要学习的概念，也就是你打算深入理解的概念。

第 2 步，设想你是一位老师，在努力让一名毫无这方面知识的学生听懂这个概念。

第 3 步，当你感到困惑时，回过头来重新阅读参考材料、听讲座或者找老师解答，直到你弄懂为止。

第 4 步，尽量用更简单直白的语言表述它。

```
理解 ( 关键概念 );
讲授 ( );   // 调用关键概念
获取反馈 ( );
重新理解 ( 关键概念 );
```

当我们试图将一个知识点讲给他人的时候，其本质是对该知识的调用，测试也能起到同样的效果。

讲给他人会帮助你获得反馈，它逼着你把一个概念从一个语境（场景）切换到另外一种语境。你能够直接获得反馈，它逼着你重新理解那些你并不理解的知识，而不是自欺欺人地认为自己大概、差不多理解了。

要知道，你不能欺骗自己。

可你偏偏又是最容易被欺骗的人。

第五章
简单思考

独立思考。做下棋的人，而不是棋子。

——沙拉夫·萨瑞尔

我们最应该学习的两类知识：

1."学习知识"的知识，比如阅读。

2."创造知识"的知识，比如思考。

哲学家康德把不成熟定义为在无他人指导时便无法运用自己理解力的状态。事实上，很多人对"干货"的理解恰恰是在别人的帮助下获得的不需要自己动脑子的知识，有人把那个过程理解为学习。

古往今来，从来都是"劳心者治人，劳力者治于人"。你把动脑子的事交给其他人去做，那你自己也就只能做点没脑子的事了。

时至今日，几乎所有我真正掌握的实用性知识都是通过自学获得的，我的大部分收入皆来自主动思考。

什么是思考？查阅百度百科会得到这样的解释：*思考是思维的一种探索活动，源于主体对意向信息的加工。任何思考的进行都是在联想。*

这个过程应该是这样的：

获取"意向信息"( )；

加工、联想( )；

创造产出( )；

获取"意向信息"

好的解决方案和决策一定要建立在大量优质信息的基础上，基于假财务报表做出的投资决策必然不会带来太好的结果。

做自媒体后，我经常会收到一些私信，多是一些通过简单搜索就能解决的问题。我这才意识到认知差造成的差距居然如此简单粗暴。

很多人从哪里获得信息都不知道。

收集数据，我更喜欢用Google、Bing；做产品和营销，和人性相关的，我更喜欢用百度。

普世信息，可以在知乎、微信读书、得到、豆瓣里搜索。

学术类的，可使用知网、万方、国家图书馆。

专业一点的，则需要知道一些领域内相对专业的数据库和媒体，比如万得、彭博（Bloomberg）、路透、《经济学人》《商业周刊》、虎嗅、财新，等等。

有了信息来源，再来看一下怎么搜索。

搜索关键词很重要，你可以在问题、结论和背景里寻找。经常阅读的话，"批注法"、思维导图、"笔记流"也可以帮你找到那个关键词。一个简单的方法是把一段话里的形容词和副词去掉，只留名词作为主干信息来搜索。

如果你搜索的内容同时包括两个或两个以上的关键词，可以用空格分开。比如，"经济工作会议 房地产"。

想搜索的内容只需包含多个关键词的任何一个，可以用"|"分隔。比如，"风电|光伏"。

如果你想让搜索的内容不包含某些关键词，可以用减号来避免干扰。比如，"姜胡说－抖音"。

如果你只想搜标题中含有这个关键词的网页，可以在关键词前面加一个"intitle"的搜索指令。比如，"intitle: 姜胡说"。

如果你只想在某个特定的网站上搜索信息，可以使用"site"指令。比如，"姜胡说 site:163.com"。

当你想快速找到包含该关键词的文件，可以使用"filetype"指令。比如，"茅台 filetype:pdf"。这个方法特别适合用来搜索一些上市公司的研报。

类似的技巧还有很多，其实就是一些通配符（如果你不理解这个概念，可以搜索一下）的使用，基本上掌握这几个就够用了。

"海燕哪，你可长点心吧"

很多人在获取信息之后就以为自己找到了答案，根本分辨不出，甚至就没想过分辨：哪些是有效信息？哪些是事实，哪些是观点？哪些信息夹带了私货？

每天有无数人试图通过各种渠道把对他们有利的观点装进你的脑袋，一定不能让他们得逞。

那句话是咋说的来着？"海燕哪，你可长点心吧"，别人家说啥，你就信啥！直接把"大门"敞开，任人在你的思想中写上"×××到此一游"，事后怪别人没素质，这显然没多大用处。

2021年下半年多地限电停工，消息刚出来时，有自媒体"大V"迅速提出了"大棋论"，大概意思是我们在下一盘大棋，"限电是为了限产""限电是为了争夺定价权""限电是为了让通胀输出"。

这只是他个人的观点，但因为很好地迎合了人们的情绪和"遇到问题需要一个解释"的心理，所以获得了大量的关注。之后很多自媒体跟进，其中不乏一些为了流量追热点的人，以至于同一时间你可以看到各种版本的"大棋论"。A专家这么说，B专家也这么说，C专家还这么说。无数把"锤子"往你的脑袋里钉同一根"钉子"，没有独立思考又希望知道"真相"的人就很容易被带偏。

在我站出来反对该观点时，还遭到了很多人的鄙视。直到《人民日报》发文和中央电视台发声，我的说法也得到了印证，这件事才告一段落。

这对很多人来说可能不过是一段插曲或者饭后谈资。但如果涉及一些重要的商业或投资决策、未来的发展方向，具体的投资标的、行业，以及婚姻对象的选择呢？

在婚姻观念极为保守的古代，有多少人可能就因为媒婆的"三寸不烂之舌"，不明不白、憋屈地把自己的下半生断送了。想想身边那些听信广告、传销而蒙受损失的人，他们不也是如此吗？

很多人在投资失败之后，会把问题的根源归结在"媒婆"身上，可当初恰恰是你自己上赶着求人家给你指条"明路"。

一个追求自由且具有独立人格的人必然是能独立思考的人，否则你只能向外求。

一个总是依赖他人的人怎么可能独立自主呢？在你经济独立之前，必须遵照父母对你的要求啊。很多人经常抱怨父母管得太多，一个很可能的原因是父母不管他们不行啊。

而最简单的独立思考也不过是从某处获悉一个观点时，不轻易下结论，批判性思考，自己动脑子重新推演一遍，看看论证过程有没有什么漏洞和不合理的地方、观点经不经得起推敲的过程而已。但即便如此，很多人还是做不到，于是他们的脑袋就成了别人思想的收纳盒，沦为他人思想的傀儡。

学习要做的第一件事，不是努力学习，而是学会分辨一个观点或者一段文字是不是有效的，是不是合理的。

不是所有的知识都要下载，要学会分辨和取舍。

对于很多学习投资决策的人，我建议他们做的第一个练习不是如何去判断一家公司的好坏，而是从小处练起：尝试判断一条点评（购物、书籍、电影、餐饮等）的真假，一本书的好、坏，一条短视频的质量……

时间久了，判断一个人的"投资"是否成功，大致扫一眼他手机里安装的应用程序，以及信息流媒体给他推送的信息，就可以判断一二了。毕竟识别一条评论、一本书、一条短视频的难度要比识别一家公司容易得多。

辨识事实 & 观点

获取一条信息后，要学会辨识什么是事实，什么是观点。

姚明的身高是 226 厘米，这是事实。

事实是客观存在的，有两种形式：事物和事件。事物是真实存在的实体，比如笔、墨、纸、砚；事件是由事物组成的，或者是由事物的表现形式组成的。

事物是比事件更基础的存在形式。

确认事实的存在，只需要实地考察就可以确认它的真实性，也可以通过其他方法间接证明，比如官方记录、照片、值得信赖的人的证实。

根据国家统计局的官方数据，2021年前8个月，火力发电占比71.9%[1]，这是事实。

根据海关总署数据显示，从2020年年末起，中国自澳大利亚进口煤炭数量归0，这是事实。

2019—2021年上半年分国别进口量情况表

	2019年1—6月（万吨）	2020年1—6月（万吨）	2021年1—6月（万吨）
印度尼西亚	7669	8428	8505
澳大利亚	3610	5588	0
俄罗斯	1652	1690	2502
蒙古	1755	866	983
菲律宾	464	309	462
加拿大	211	308	435
美国	37	67	387
南非	0	0	344
哥伦比亚	17	88	250

2021年3、4月，国内月度原煤产量分别为3.4亿吨、3.2亿吨，分别同比下降0.2%、1.8%，这是事实。

---

[1] 我国各类能源发电占比依次为：火力发电71.9%、水力发电14.1%、风力发电6.8%、核能发电5%、太阳能发电2.2%。火力发电是最主要的来源，煤是火力发电的主要原料。

2021年8月,水力发电增速下滑4.7%,这是事实。

2021年7、8月,电力消费分别达历史最高的7758亿千瓦时和次高的7607亿千瓦时,这是事实。

基于这些事实,我得出"我们真的缺电"这样的结论,这是观点。

"限电是为了限产""限电是为了争夺定价权""限电是为了让通胀输出",这些都是观点。

观点是对客观事物的主观表达,由三部分组成:

1. 客观存在的事物。
2. 大脑对事物的认知。
3. 为其创造的语言。

正确的观点应该是建立在客观事物的基础上,忠实地反映现实对象的客观情况的。与之相反,错误的观点则是对客观世界的歪曲表达。观点错误的原因可能有三种:

1. 并非建立在客观事物的基础上。
2. 对客观事物,包括对事物与事物之间关系的错误理解(认知错误)。
3. 表达错误,包括主动为之的表达错误(参见第十五章《影响他人的行为》)。

很多相声段子就是利用显而易见的逻辑漏洞创作包袱。比如岳云鹏有一个段子,说他在广播里得知沈腾得了冠军。他和沈腾的关系很好,所以托了好多人的关系找到了沈腾的电话……

"沈腾得了冠军"是事实,是可以被验证的。而"和沈腾的关系很好"与"托了很多人的关系才能找到沈腾的电话"这两条信息显然是矛盾的,这个矛盾是相声演员故意让人看到的,而实际生活中的很多观点却故意隐藏了这种矛盾。

在处理一条信息之前，能否清晰地分辨它是事实还是观点，直接决定了你的决策质量。

观点的产生

作为一名知识博主，我要针对一些时事新闻给出自己的观点。

作为一名投资人，我需要用真金白银为我的观点买单。

作为一名曾经的咨询顾问，我要对企业的未来以及当下遇到的问题给出自己的观点。为了让用户采纳，我提出的方案既要有完整的客观事实、足以让人采信的逻辑结构，还要让人容易接受。

做过知识博主的人比没做过知识博主的人更懂怎么辨别一个观点的合理性，写过书的人比没写过书的人更容易识别一本书的关键知识点和逻辑脉络。正因如此，我可以轻易地识别出哪些观点是有价值的，哪些观点是在煽动情绪，哪些观点缺乏足够的事实和逻辑支撑。

在辨识"事实 & 观点""观点是否合理"这件事上，我认为更好的练习反而是学习如何输出观点。

有一个可以帮助你快速入门逻辑思考、输出观点的方法：直接向那些做出过成绩的人或者公司学习。

我个人就在实际工作中，基于"金字塔原理"整理了一套适用于自己的做逻辑推理和投资决策的简单方法（通常咨询公司很难做大，不容易找到合适的。麦肯锡做得不错。这家公司有一套非常强大的知识库、方法论工具箱以及培训体系，刚进入公司的员工经过培训后，可以凭借这套知识库和方法论工具箱为众多企业提供咨询服务。你可以从那些"麦肯锡工作法"中获得一些快速入门的方法）。

《金字塔原理》来自芭芭拉·明托。当初也是因为麦肯锡认为她在写作和表达方面是一把好手，所以她被安排去帮助那些不善于表达自己观点的咨询师提升这方面的能力。在这个过程中，她逐步发展总结出了"金字塔原理"。

我在她的基础上做了一些改动，将得出结论的过程大概分成3步：

1. 尽可能地列举所有可以查询到的信息。

2. 根据MECE原则（Mutually Exclusive Collectively Exhaustive的缩写，意思是"相互独立，完全穷尽"，也常被称为"不重叠，不遗漏"），对现在的信息进行归纳整理，建立联系。

3. 推理、假设，得出结论。该结论可以被验证，经得起推敲。

以《金字塔原理》中的一个现有案例做个演示。

假设你是一家公司的负责人，一天早上，你的秘书给你汇报工作：

"张总来电话说他不能参加今天下午3点的会议了。"

"尹总说他不介意晚一点开会，明天开也可以，但明天上午10点半以前不行。"

"李总的秘书说，李总明天晚些时候才能从深圳赶回来。会议室明天已经有人预订了，但星期四还没有人预订。会议时间定在星期四上午11点似乎比较合适。您看行吗？"

这样的汇报很乱，并不容易被人接受，尤其在面对自己的老板时更是如此。他没有那么多时间关心细节，花钱请你来不是让你当复读机的。

你应该一开始就给出结论:"您看,今天的会议可以改在星期四上午 11 点开吗?"

在被问到一些细节的时候,你可以给出经得起验证的逻辑作为支撑:"这样对张总和尹总更方便,李总也能参加。而且本周只有这天会议室没有被预订。"

以下是推导过程:

第一步,列出所有可以获知的信息。

- 张总不能参加今天下午 3 点的会议。
- 尹总可以晚一点开会,但明天上午 10 点半以前不行。
- 李总明天晚些时候才能从深圳赶回来。
- 会议室明天已经被人预订,星期四还没有人预订。
- 这些信息很容易被验证,可以被当作事实使用。

第二步,对这些信息进行归纳梳理,建立联系。

这是一个梳理信息、建立连接的过程,可以把近几个工作日的时间(事实)罗列出来,将已经获知的信息(事实)标注在上面。

- 张总不能参加今天下午 3 点的会议,所以今天被排除了。
- 尹总在明天上午 10 点半以前不行,李总明天晚些时候才能回来,看起来明天应该可以。但明天的会议室已经被人预订了,所以明天也被排除了。
- 星期四还没有人预订。

第三步,得出结论,并验证该结果是否可行。

- 初步判断会议时间定在星期四比较合适。
- 分别与张总、尹总、李总确认(验证)后,得出周四上午 11 点可行

（结论）。

- 向老板汇报。

这是一个比较简单的逻辑推理过程，但基本上可以看到一个观点的生成和逻辑推理的大概过程。

事实（理由）+ 事实（理由）→ 观点（结论）。

一个论证由两个明显的部分——结论以及支撑它的理由构成。

结论 + 理由 = 论证。

两者当中有一个缺失，就意味着我们失去了客观评价这一论证的机会。

一个案例

一个很好的说明"如何进行逻辑推理"的案例来自布莱恩·格里瑟姆，他在《如何成为更聪明的人》一书中提到一起谋杀案：

近期的一桩谋杀案有6名涉案人：柯林斯、弗兰奇、古奇、黑格、莫兰和沃克。他们可能是受害人、凶手、证人、警察、法官和行刑人。

此案情况如下：受害人遭到近距离射击，当场身亡；证人没有看到案发过程，但他声称听到了争吵声和枪声。经审讯，法官宣布凶手有罪，判处死刑，判决得到执行。

根据下列事实推断出他们各自的身份：

- 莫兰认识受害人和凶手。

- 审判期间，法官要求柯林斯陈述枪击事件。
- 沃克是 6 人中最后一个见到弗兰奇还活着的人。
- 警察声称他在尸体附近看到过古奇。
- 黑格和沃克素未谋面。

怎么解决这个问题呢？分为 3 步：
1. 尽可能地列举所有已知的事实。
2. 根据 MECE 原则，对现在的信息进行归纳整理，建立联系。

莫兰认识受害人和凶手。 由此，我们可以得出结论：莫兰不可能是受害人和凶手。

审判期间，法官要求柯林斯陈述枪击事件。 推论：柯林斯可能是警察、证人或者凶手。

沃克是 6 人中最后一个见到弗兰奇还活着的人。 推论：沃克可能是凶手，也可能是行刑人。弗兰奇可能是受害人，也可能是凶手。

警察声称他在尸体附近看到过古奇。 推论：古奇可能是证人，也可能是凶手。

根据上述推论，可以得出下表内容：

	柯林斯	弗兰奇	古奇	黑格	莫兰	沃克
受害人	×		×		×	×
凶手					×	
证人		×				×
警察		×	×			×
法官	×	×	×			×
行刑人	×	×	×			
	可能是警察、证人或凶手。	可能是受害人或凶手。	可能是证人或凶手。		认识受害人和凶手。	最后一个见到弗兰奇还活着的人。

3. 推理、假设，得出结论。该结论可以被验证，经得起推敲。

在所有已知事实和结论的基础上，提出假设。

黑格和沃克素未谋面。

由于沃克要么是凶手，要么是行刑人；同时弗兰奇可能是受害人，也可能是凶手。假设：

如果沃克是凶手，那他一定见过每一个人，其中就包括黑格。所以沃克只可能是行刑人，而黑格只可能是受害人。

如果沃克是行刑人，那么黑格自然就是受害人，否则他们一定见过面。

因此，我们得出结论：沃克是行刑人，黑格是受害人。

根据结论填充表格，每个人只有一个身份。

沃克是行刑人，因此其他格都是"×"。黑格是受害人，其他格也都是"×"。

这时，我们发现：法官对应栏里只剩下莫兰，警察一栏里只剩下柯林斯，证人一栏里只剩下古奇，凶手一栏也只剩下弗兰奇。

如下表所示：

	柯林斯	弗兰奇	古奇	黑格	莫兰	沃克
受害人	×	×	×	√	×	×
凶手	×	√	×	×	×	×
证人	×	×	√	×	×	×
警察	√	×	×	×	×	×
法官	×	×	×	×	√	×
行刑人	×	×	×	×	×	√
	可能是警察、证人或凶手。	可能是受害人或凶手。	可能是证人或凶手。		认识受害人和凶手。	最后一个见到弗兰奇还活着的人。

这是一个极好的逻辑推理范例。

在实际应用中，我经常会使用这个方法来推断未来宏观经济的走向。

把所有已知的宏观经济数据——PPI、CPI、PMI、M1、M2，当前的准备金利率、国外经济环境、地缘政治、疫情等情况全部罗列出来。然后在此基础上，对现有的事实和信息进行归纳整理，建立联系。推导出可能发生的几种情况，计算概率。随着掌握的信息越来越多，不断调整概率。

和最终的结果对比，复盘时反思整个论证过程有没有什么漏洞和不合理的地方：哪些地方被遗漏了，哪些推理是错误的，哪些认知需要更新？和那些顶级的智库相比，他们是怎么推导的，有没有什么值得学习的地方？

批判性思维

所有结论都必须有支撑这个观点的理由和逻辑，否则不足以被采信。反过来，看一个结论是否合理，可以从两部分入手，一个是理由（论据），一个是论证过程（逻辑）。

我们要能够辨识什么是事实，什么是观点。

别人的观点可以作为参考，但你必须能够清晰地看到该观点的论题、结论以及理由是什么。如果决策的基础都是错的，那决策的结果就可想而知了。

论题就是我们要讨论、解决的问题。论题分为两种，一种是描述性论题，一种是规定性论题。

描述性论题是指对过去、现在或将来的各种描述的精确与否提出的问题，用来说明事情是怎么样的。比如：数学是不是学习逻辑思维的基础？北京大学的教学水平怎么样？现在的勒布朗·詹姆斯处在联盟的什么位置？

规定性论题通常和价值观有关，是指对什么该做什么不该做、什么是对什么是错、什么是好什么是坏所提出的问题。比如：学生应不应该捐款？大学生应不应该谈恋爱？

结论是人们针对该问题给出的观点。"数学是不是学习逻辑思维的基础？"是论题，"我认为数学是学习逻辑思维的基础"，是观点。

要成为一个会批判性思考的人，首先要学会辨识论题、结论、理由。

论题是问题，结论是给出的答案（解决方案）。

"结论＋理由"构成了结论，也就是该答案（决策、解决方案）的论证过程。断言某件事该做或者不该做，却没有相应的陈述支撑这一断言，显然是不足为信的。

"很多看起来很聪明的人却很难清晰地思考，他们的思维缠绕在一起，就像一盘意大利面。"（巴菲特）

明确地标识出论题、结论和理由，可以帮助我们更加清晰地辨识一个观点的合理性，并由此做决策。

举个例子："要下雨了，带上雨伞。"

结论：带上雨伞。

论题：应不应该带雨伞？

理由：要下雨了。

这个观点的支撑依据是要下雨了。

真的要下雨了吗？看一下外面的天气，查一下天气预报，情况可能有以下几种：

1. 打雷了，已经有一些小雨点了，这是事实。应该带上雨伞。

2. 艳阳高照，完全没有下雨的迹象；天气预报也没说要下雨。没必要带雨伞。

3. 有下雨的可能，根据降水的概率决定带不带雨伞。

辨识一个结论是否合理的最简单的方法，是直接辨识其理由的真假。先有理由，再有结论。

有一种观点，支撑它的理由是事实，但推理过程有问题。

举个例子："她是一位三个孩子的母亲。要不是这个女人受了天大的委屈，否则是不会这么做的……"这段文字截取自2021年年底某明星离婚，其前妻控诉该明星出轨时，一位网络"大V"视频文案的前半段。

这段话的结论是什么？"她之所以做这件事，是因为受了天大的委屈"，理由是："她是一位三个孩子的母亲"。

母亲都是爱孩子的，为了孩子的未来着想，一般不会控诉自己的前夫，因为这样对孩子不好。

这确实是一种可能。那么有没有其他的可能？

比如，虽然大多数母亲都非常爱自己的孩子，但这位母亲除外；或者这位母亲确实很爱自己的孩子，但同时她也很需要钱；或许她要钱恰恰是为了自己的孩子；又或者她仅仅是在那一刻头脑被愤怒占领了，暂时失去了理智；等等。

很显然这是一个理由，但不是必然的理由，没有绝对的因果关系。就像"我是一个男人，我一定会承担责任"一样，你是男人和承担责任并没有什么必然的因果关系。

但"她是一位三个孩子的母亲。要不是这个女人受了天大的委屈，否则是不会这么做的……"这样一个论证，很容易激发人们对弱者的同情心或者"我也是一位母亲，我能理解"的同理心，从而导致人们轻易站队的结果。

一个常用的影响他人认知或者引导他人行为的方法是隐藏重要信息。

比如我们阅读一些传记，经常会看到主人公的勤奋和努力，但你几乎看不到他的家世，于是我们经常会误认为他能够取得今天的成功是努力的结果。然而，实际上更重要的原因很可能是其他的。

这不是说他的努力不重要，这是一个很重要的因素，但还有一个更重要的因素被隐藏了。

水是由氢和氧构成的，只有氧是无法合成水的。事实上，即便你集齐了氢和氧，也无法合成水，因为还需要催化剂。但你只看到了氧。

这是部分自媒体经常使用的套路。

比如，有一天我看到雷军在朋友圈晒了张图片。这是事实，但我有意隐瞒了一些细节，其实我看到的是我朋友的朋友圈，我朋友在朋友圈晒了一张"雷军的朋友圈"，这才是全部真相。我故意隐瞒了这个细节，在你看来，很容易得出"我的朋友圈里有雷军"这样一个观点。

事实上，我也确实没有说谎，因为我真的看到了雷军的朋友圈，但你被成功地误导了。

一个论点产生的三个关键要素是：论题、结论和理由。

一个完整的论证过程由结论和理由共同组成，具有真实性的理由与逻辑推理得出了最终的结论。

判断一个观点是否合理，可以对造成观点错误的三个原因进行检查：

1. 理由是否建立在客观事实的基础上？
2. 对客观事物的理解是否正确？逻辑推理是否合理完备？
3. 是否存在表达错误，尤其是主动为之的表达错误？

尼尔·布朗和斯图尔特·基利在《学会提问》一书中，给出了在使用批判性思维时经常会用到的几个关键问题：

- 论题和结论是什么？
- 理由是什么？

- 哪些词语意思不明确？
- 什么是价值观假设和描述性假设？
- 推理过程中有没有谬误？
- 证据的效力如何？
- 有没有替代原因？
- 数据有没有欺骗性？
- 有什么重要信息被省略了？
- 能得出哪些合理的结论？

面对信息，首先你要能够辨识什么是事实、什么是观点，以及观点的合理性，只有这样你才能正确对待这条信息。

而最简单的独立思考也只不过是在从某处获悉一个观点时，不轻易下结论，批判性思考，自己动脑子重新推演一遍，看看论证过程有没有什么漏洞和不合理的地方、经不经得起推敲的过程而已。

第六章
阅读、理解与思考

　　我们需要思考我们的思考：去分析这些概念，揭示它们形成模式的方式，因为我们组织想法的方式就存在于这些模式之中。只有这样，我们才可能重新设计它们，创造新的概念，找到释放无尽想象力的新方法。

——布莱恩·格里瑟姆

脑力劳动者经常要思考两件事：

1. 问题是什么？
2. 问题的答案是什么？解决办法是什么？

再说阅读的方法

阅读不只是学习具体的知识点，更重要的是学习他人思考问题的方式。

阅读一本书，要思考它想表达什么，要解决什么问题，作者的观点是什么，理由有哪些，作者的逻辑脉络是怎样的。

2013 年、2014 年，我热衷于视觉绘画。不是素描，不需要表现出脸部的细节、褶皱、光线，等等。我没有什么绘画基础，画的都是一些很简单的简笔画。一开始就是画小人，火柴人。一个小圆圈代表脑袋，一条线代表身体，另外四条线分别代表四肢。然后在这个基础上开始演化，跑、跳、坐、卧，与人探讨问题。

后来我发现读书的方法也是如此，不应该上来就注重细节，这样很容易捡了芝麻丢了西瓜。

除了工具书，每一本书，作者都是有观点的。画个圆，代表脑袋，也就是这本书的作者的观点；画几条线，代表四肢，即支撑这个观点的论据；画一条线，代表躯干，即将这些论据串联在一起的逻辑脉络。这样阅读，可以很容易地抓到一本书的重点。

我经常用这个方法阅读宏观政策（阅读的方法可不仅仅是用来阅读书，还可以用来阅读一个政策文件、阅读人、阅读市场）。我没什么经济学基础，也没上过财经大学。一项政策出台，我根本看不懂，不明白什么意思，但肯定会有经济学家、顶级智库、前政府官员进行解读。全部搜索出来，用这个方法画出来：他们每个人的观点是什么？支撑这个观点的论据是什么？逻辑脉络是什么？

让大脑极度开放，尽可能地听到更多的声音。还记得瑞·达利欧的那个例子吗？假如他没有努力征求其他意见，仅仅听从了第一个医生的建议的话，他的生活就会走上一条完全不同的道路。做决策时，尽可能地列举所有可以查询到的信息。

为自己的大脑安装一个真相过滤器：如果你问过3个人，他们都持同一个观点，那就去寻找第4个人，直到出现不同的观点。一个真正厉害的人在做决策时，他的大脑里一定有两个或者两个以上截然相反的声音。

识别出哪些是论据，哪些是事实，哪些是观点。自己动脑子重新推演一遍，看看论证过程有没有什么漏洞和不合理的地方，经不经得起推敲。时间长了，你就知道了他们思考问题的方式。再遇到新政策出台，自己提前用他们的思维框架梳理一遍，然后和他们的观点相对应，就会发现你和他们的观点八九不离十。

这就是自学的好处。没有固定的老师，天下人都可以是我的老师。

读书也是如此。在正式阅读一本书之前，想清楚阅读这本书的目的是什么，是某一个具体问题的答案，还是作者的成功经验，又或者是思考问题的方法、思维框架？

问题的答案（方法、实践）

阅读最简单的目的就是直接获得问题的答案，即具体的实操方法和经验。

比如学习别人是怎么学习、写作、拍摄短视频的，这些方法通常都非常具体，你要从事这个行业，必须有一个刻意练习的过程。

我的抖音视频下面隔三岔五就会有人评论"正确的废话"，或者"我早就知道了，能不能说点我不知道的"。

有时候看到这样的评论，我觉得他们不懂我。

既然它是正确的，又怎么可能是废话呢？归根结底，是因为你并没有真正知道。只是你自以为知道了而已。

字面意义上的"知道"又有什么用呢？你把平衡和机械运动的原理都学通了，哪怕博士都毕业了，不上路，你仍然学不会骑车。甚至你都不需要了解原理，直接做就好。比如饭店的厨师，不需要太多的理论知识，手熟了自然厉害。

想都是问题，做才是答案。你不会，排除生理问题，只有一个原因，就是你懒。

而更多人其实只是见过那几个字组成的句子或者那几个句子组成的段落而已，离具体在实践中应用差着十万八千里呢！

解决问题的成功经验（模式）

很少有知识是凭空出现的，很多概念一开始并不存在。当你遇到了一个问题并且解决之后，这个问题和解决方案就一同变成了一条新的知识、新的概念，供他人下载学习。

每一次使用知识，我们都是从过去的经验中获得认知，以解决当下遇到的问题。知识积累得多了，就有了领域。

你完全没有必要自己从头开始，可以从前辈那里获取"经验"。

如果我家里的抽油烟机坏了，我会束手无策，不知道该怎么解决，毕竟这并非我熟悉的领域，于是我只能打求助电话。专业人士到场之后，问了几个简单问题，检查一下相应的机器构件，测试，排除各种假设，差不多就可以给出解决方案了。

很显然他知道一些我不知道的知识，而且他知道这些知识与知识之间的联系：知道什么东西坏了会产生什么样的结果，知道通常会有哪些问题以及怎么排除它们。

我们可以把这一类问题具体分为三部分：场景、问题、解决方案。在什么场景下，遇到什么问题，怎么解决。通过具体的场景和案例，来思考并解决问题。

这就是模式。

> 模式 = 场景 + 问题 + 解决方案；

软件开发里对模式是这么说的："模式不仅仅是一个可以用来复制粘贴的代码解决方案，更多的是提供了一个更好的实践经验、有用的抽象化表示或解决一类问题的模板。"

这其实是一个借用的概念，有据可查最早应该来源于建筑行业。美国建筑师克里斯托弗·亚历山大出版了《建筑模式语言》一书。亚历山大指出，人们的日常生活、衣食住行、喜怒哀乐、生老病死，那些频繁发生的事件在结果上总是相似的，这就是模式。

举个例子：

在《文明、现代化、价值投资与中国》一书中，有一篇是李录2006年在哥伦比亚大学商学院的一次讲座，讲到了他是怎么寻找到"添柏岚"这样一只股票的。

注：

1. 如果你能看到这个案例当然更好，如果看不到也并不影响你继续阅读，我和你分享的是我从阅读中获得思考的方法。

2. 建议和第五章《简单思考》搭配着看。如果中间产生了不想看的情绪，休息一下，启动"看见自己( )"（看见你自己就可以是一家公司）。进步这种事，就是一个不断突破舒适圈的过程。

第一步，看估值。用李录的话说，假如估值不合适，就不会再继续了。
他是怎么发现低估值的呢？
首先他发现 P/B（市净率）比较低，阅读财报发现：

公司3亿的账面资产，2.75亿的运营资本，其他的科目大致相抵，账上有1亿现金、1亿固定资产，再通过后续研究，你会发现固定资产其实是一栋大楼。所以你3亿买下这家公司，得到了2亿的流动资产，其中1亿是地产，这是很不错的保护了，下行空间有限。

然后他阅读现金流量表，发现：

公司的运营利润率大概是13%，8亿—8.5亿的收入，1亿—1.1亿息税

前利润。那投入的资本呢？2亿流动资产，其中1亿是固定资产。2亿的投入资本，1亿的利润，50%的资本回报率（ROCE）。

他确认这是桩不赖的生意，估值低了。

这是最典型的格雷厄姆的方法，从市净率入手，关注企业的运营业绩、净利润、净资产规模、资本回报率等财务指标，寻找资产价值能够算清楚的公司。

第二步，解决疑问：一笔好生意，为什么人们不愿意持有？

努力思考，尽可能地找到所有潜在的原因。比如，可能是亚洲金融危机导致这些有亚洲业务的品牌的业绩都发生了下滑，添柏岚的竞争对手诸如耐克、锐步等都是如此。

他想听听其他人的看法，发现没有人研究。为什么这样的公司没有人去研究？

1. 公司的盈利能力一直不错，对资本市场基本没有需求。
2. 家族控股企业。家族完全控制公司，几乎不受任何限制。

这里有一条线索：

过去公司一直提供相关盈利指引，但是现在不给了，这惹恼了一些股东，而公司为诉讼所扰，决定不再跟华尔街打交道，也不给什么指引了。所有者认为自己根本不需要其他人一分一毫，自己的生意本身就很好了。

疑团解开了。

第三步，真正地了解这家公司的管理层，判断公司管理层的表现如何。

去这些人的社区，拜访他们周围的人，把自己融入他们的家庭、朋友、邻居中。光靠打电话是不够的，你要实地考察，甚至不惜花上几个星期的时间。

投资者必须像调查记者一样，迅疾地思考和探究这些问题。我们发现这也是菲利普·费雪和彼得·林奇经常使用的方法。

第四步，买入。

阅读这一部分内容，梳理它的逻辑脉络，认真思考，结合主题阅读，可以抽取出一个简单的"低估值选股"的模式：

> 通过 P/B 寻找低估值股票 ( )；
> 阅读财报确认公司基本面 ( )；
> 探究低估值的原因 ( )；
> 验证公司管理团队 ( )；
> 买入 ( )；

尝试着在实践选股的过程中应用它，反思、复盘、迭代。

每一个领域都存在一套常规的模式、关键概念与"关键问题清单"，这些都是若干年积累下来的经验和教训。找到这些现有的模式与"关键问题清单"是学习当前领域和他人思考模式的极佳方式。

要想成为设计师，必须学会从设计师的角度思考问题；要想成为作家、产品经理、广告人、科学家或经济学家，同样如此。

思考问题的方法（思维模型）

问题是什么？解决的方法是什么？为什么这么解决？

我们关心的不只是具体的问题和具体的解决方案。你需要再进一步，让自己站在问题的外面观察问题本身以及解决问题的过程——思考思考的过程（很多人把这个叫"元认知"）。

一个著名的案例就是埃隆·马斯克对第一性原理的运用。

第一性原理也称第一原则，出自亚里士多德。亚里士多德认为，如果要获得必然正确的认知，似乎只有一种路径，那就是基于必然正确的前提，通过演绎法进行演绎推理。如果能找到这种必然正确的前提，那么这个结论一定是正确的。这是一种站在物理学的角度看待世界的思维方式，一层层剥开事物的表象，将事物归结为最基本的事实，然后以此为基础开始推论。

现在大家都知道特斯拉了，但当时很多人觉得电动车不可能做成，因为电池的成本降不下来。马斯克曾经请教过很多业内专家有关电力间断性供应以及由此产生的储能问题，得到的答案都是否定的："电池组真的很贵……它过去每千瓦时的成本是 600 美元，将来价格也不会好到哪里去。"马斯克的方法是不管现在的电池有多贵，回到问题的本质，从第一性原理出发：构成电池的原料是什么？真正的成本是什么？……电池是由镍、镉、锂、铝、碳这些基础材料构成的，剩下的成本都是在人类协作过程中产生的。那么，"如果我们去伦敦金属交易所买这些原料，要花多少钱"？

马斯克的另一个创业项目就是造火箭。一开始他并没有考虑进入太空产业，而是想计算购买一枚火箭所需要的成本。在与一群航空领域的企业高管交谈后，他发现这个成本高得惊人——6500 万美元。于是他再一次运用第一性原理，回到问题的本质：火箭是用什么造的？航空航天级别的铝合金，外加一些钛、铜和碳纤维。然后他在市场中查询这些商品的价格,发现一枚火箭的材料成本大约是其市场价格的2%,于是SpaceX诞生了。他放话说,可以把现在火箭的制造成本降低到只有现在的1/10。

从第一性原理出发,是刻意"从零开始",避开传统智慧存在的潜在陷阱,因为它们很可能是错的。

用埃隆·马斯克的话说:"运用第一性原理思维而不是比较思维去思考问题是非常重要的。我们在生活中总是倾向于比较——别人已经做过或者正在做这件事情,我们就也去做,这样的结果只能产生细小的迭代发展。"

比解决方案更重要的是问题本身——这个问题的本质是什么?然后才是解决问题的方法。

以求学为例,运用第一性原理,你不会盲目地听从他人的建议,因为那并不是你的最佳选择。你会思考自己为什么要去这所学校,自己真正想得到的是什么。

彼得·蒂尔是Paypal的联合创始人、《从0到1》的作者,他设立了泰尔奖学金,赞助10万美元给那些不想坐在教室里,总想尝试发明新事物的年轻人。他自己则是在斯坦福大学读的本科和法学研究生,面对指责,他说:

"并不是每个人都应当做同样的事情。如果一个社会中大多数有天赋的人都涌向同样的一流大学,最终学的都是同样的一些课程,从事的都是同样的一些职业,那这样的社会就不再有生命力了。这会让我觉得我们的思维缺乏多样性,认识不到人们可以从事多种职业,而这会极大地限制我们的社会以及那些学生的发展。如果让我回顾我在斯坦福大学上学的岁月,我当然会感到非常内疚。如果有可能,我希望能重新来过。如果我真的能重新来过,我会更谨慎地思考。我会问自己这样一些问题:我为什么会这样做?我之所以这样做仅仅是因为可以得到优秀的成绩和考试分数吗?是因为我觉得这是一所名校吗?还是因为我非常渴望当律师?对于这些问题,我有好的答案,也有不好的答案。现在我对自己的20岁时期所做的反思是，我当时太过沉迷于错误的答案了。"

著名经济学家张五常曾在《思考的方法》一文中，提到过这么一段经历：

"在大学念书时，我从不缺课的习惯就是为了学老师的思考方法。所有要考的试都考过了，我就转作旁听生。有一次，杰克·赫舒拉发在课后来问我：'你旁听了我六个学期，难道我所讲的经济学你还未学全吗？'我回答说：'你的经济学知识我早从你的著作中学会了，我听你的课与经济学无关——我要学的是你思考的方法。'"

很显然，张五常学的已经不是这个领域的知识了，他学习的是杰克·赫舒拉发思考问题的方式。

思考"思考的过程"，不仅要看到自己思考的过程，还要看到别人思考的过程。

我们仍然以李录在哥伦比亚大学的演讲为例。

如果我们能从这个案例中抽离出来，观察他是如何解决这个问题的，思考他是如何思考的，你就能更进一步。事实上，在演讲中，李录一直强调："投资者必须像调查记者一样，迅疾地思考和探究这些问题。"而不是简单地给出一个答案——"如何发现低估值的股票"。

买入"添柏岚"，显然是一个决策（先有观点，然后是决策、行动），结论（观点）有了。

还记得"简单思考"吗？要成为一个会批判性思考的人，首先要学会辨识论题、结论、理由。论题是问题，结论是给出的答案（解决方案）。

现在我们把这三个要素罗列出来。

论题："添柏岚"这只股票怎么样？

结论："添柏岚"是一只好股票，值得买入。

理由：

- 财务数据显示，这是一家不错的公司。
- 股价被低估了。
- 公司的管理层很优秀。

这三个理由也是结论，同样有论题和理由，比如"股价被低估了"本身就是一个论证。

论题：这只股票是被低估了吗？

结论：是的，这是一只被低估的股票。

理由：这只股票破净了，但它却是一桩不赖的生意（论证过程参考上文）。

论证 = 结论 + 理由（这是一个非常典型的估值方法，大家在阅读到第三部分《投资的方法》时可以翻回这一章，相互印证）。以此类推，你可以找到另外两个结论的推理过程，以此来分辨他的观点是否合理。

观察别人论证的过程，就是在观察别人的思考过程。这是我们最好的学习机会。

看到别人的思考过程很重要，尤其是那些在历史中"留下过痕迹"的人。

围绕同一个主题，格雷厄姆、费雪、巴菲特、芒格、彼得·林奇是怎么做的？他们的方式有何不同？你需要从具体的场景中抽离出来，不断追问背后更具普世性的智慧和原则。针对一个议题，不断地问自己：

1. 为什么？背后的本质是什么？（原理、原则）
2. 然后呢，接下来会发生什么？（模式、经验）
3. 怎么证明？有哪些案例？Who？When？Where？What？How？Why？（方法、工具、案例）

一个案例

对于一些比较重要的关键概念，最好找到它的原始出处，看看在没有这个概念的时候，作者是怎么创造、发现这个概念的。

从第一性原理出发，"弄清你使用的每个公式是怎么推导出来的"，能够帮助你更轻松地应对不熟悉的情况。DuckDuckGo 的创始人加布里埃尔·温伯格说："因为只有这样，你才能真正理解这些公式。能只用一张白纸就解决数学问题，和需要别人提供公式才能解题，两者之间存在着很大的区别。真正的大厨和一个只会按照菜谱做菜的厨子，两者同样截然不同。"

以《思考，快与慢》第 11 章为例，这一章讲的是"锚定效应"：人们在对某一未知量的特殊价值进行评估之前，总会事先对这个量进行一番考量，此时"锚定效应"就会发生。

我们可以看到丹尼尔·卡尼曼这位诺贝尔经济学奖获得者是如何创建"锚定效应"这个概念的。首先卡尼曼为我们展示了一个实验，他和阿莫斯临时赶制了一个幸运轮盘，上面有 100 个刻度。但是他俩做了手脚，指针只能停留在 10 或 65。两个人分别带了一组学生，转动幸运轮盘并让小组成员记下转盘停下时指向的数字。当然了，这些数字只可能是 10 或 65。然后他们问学生们：

"你认为非洲国家占联合国百分比的数字是大还是小？"

"你认为联合国中非洲国家所占的比例最有可能是多少？"

幸运轮盘根本不可能为任何事情提供有用的信息，即使没有经过改装的轮盘也不可能，学生们应该忽略它的影响，但他们没有做到这一点，答案明显受到了那两个数字的影响。那些看到 10 或 65 的人的平均估值分别为 25% 和 45%。

为什么会发生这样的事？**其背后的本质是什么？**这是不是一个偶然事件？还有什么事可以证明？它可以用在什么地方？

比如，如果有人问你，甘地死时的年龄是否大于114岁时，你在估测他的死亡年龄时会比锚定问题是35岁（死亡）时更高。

你在考量买房要花多少钱时，也会受到要价的影响。同样的房子，如果市场价格高，它就显得比市场价格低时更有价值，即使你决心抵制价格的影响也没有用。

像这样的案例，我数了一下，全章共有十余处。

这是一个完整的论证过程。

"锚定效应"就是结论，即人们在对某一未知量的特殊价值进行评估之前，总会事先对这个量进行一番考量，此时"锚定效应"就会发生。

但这个结论的论题是什么呢？"人们的决策通常会受到哪些因素的影响？"

理由呢？文中给出的十余处案例，并且文中给出了"锚定效应"这个概念在什么情况下适用、什么情况下不适用的限定条件。

论题、结论、理由是我们进行批判性思考的三个关键要素。

很多人和我反映《思考，快与慢》这本书太难理解，不容易读懂，其实是阅读的方法出了问题。试试如下方法会容易很多。

1. 找到那篇文章论述的（关键概念）是什么，也就是论题是什么。

2. 用不同颜色的笔（荧光笔和铅笔）分别为结论（观点）和理由（事实、案例）做标注。

3. 给相关理由编上序号。

4. 绘制"笔记流"，标明论题、结论、理由分别是什么。

这样既能看到结论，又能看到该结论的论证过程，没有比这（让一位诺贝尔经济学奖获得者亲自为你演示）更好的学习方式了。

知识的版本

书读得多了,你就会看到很多人对一个关键概念的理解——创建者对这个概念的理解,其他人对这个概念的理解。概念的创建者不一定就是对的,现有的知识通常是当下我们对这个世界的理解。

诺贝尔物理学奖获得者海森堡说过:"物理学并不描述自然,它只是反映了我们对自然的认识。"

人类对世界的认识和世界原有的真相并不是一回事。比如马尔萨斯陷阱在农耕社会是有效的,到了科技社会可能就失效了。因此,我们对知识的理解是要不断重构的。

针对同一个论题,我通常会画一条从左到右的直线。然后根据时间的顺序标识出解决方案的每一次变化:变更的原因、变化点、版本,每个版本适用的场景和前置条件。

```
回溯历史 ( );
标识历史变更 ( );
```

以阅读《滚雪球》为例,你能够看到沃伦·巴菲特的学习过程:

首先,他从他的父亲霍华德·巴菲特那里学习到了有关投资的方法和模式。

其次,他从本杰明·格雷厄姆的《聪明的投资者》那里获得了投资的思维模型。接着是费雪。

他和他的搭档查理·芒格学习并改进了这些思维模型和框架,在实践的过程中建立起了自己的思维模型和框架。

当我阅读这本书的时候，我看到的是问题、解决方案、由解决方案构成的思维模型框架，以及它们的版本。阅读会让你有一种很奇妙的机会看到人类文明的进步和每一次知识的更迭，你会由衷地向那些把自己的知识分享出来的人致敬，但不会让自己的思维局限在既有的知识里。

回想瑞·达利欧在《原则》中开篇的那段话：

"我很想知道阿尔伯特·爱因斯坦、史蒂夫·乔布斯、温斯顿·丘吉尔、列奥纳多·达·芬奇等人奉行的原则是什么，这样我就能弄明白他们追求的目标是什么，他们是如何实现目标的，并对他们的不同做法进行比较。"

如果有人把他们对这个世界的理解——原理、原则、模式、方法写出来了，你就不应该放过。

多数情况下，你并不需要自己去提取这些知识，因为很多人在自己的书籍和演讲中已经把它们分享给你了。格雷厄姆把自己的算法和模式整理成了《证券分析》《聪明的投资者》；有人把巴菲特和查理·芒格的算法和模式整理成了《滚雪球》和《穷查理宝典》；瑞·达利欧把自己的算法和模式整理成了《原则》……

书这个东西，人家写都写出来了，你连读都做不到吗？

第七章
每天写点什么

成功不是源于强大的意志力和克服阻力的能力,而是源于高明的工作环境事先避免了阻力。

——申克·阿伦斯

这本书我早就写完了，在我答应出书之前就已经写完了。书里的很多内容早就在抖音和公众号分享过，有的甚至分享过两遍。和很多人喜欢憋大招不同，我喜欢每天进步一点点，多读一段文字，多思考几分钟，多写点什么。

做事的方法

梭罗说："光忙是不够的，蚂蚁也很忙。我们必须自问，我们在忙什么。"

关于做事的方法，瑞·达利欧在《原则》一书中有过论述："用五步流程实现你的人生愿望。"

1. 有明确的目标。
2. 找到阻碍你实现这些目标的问题，并且不容忍问题。
3. 准确诊断问题，找到问题的根源。
4. 规划可以解决问题的方案。
5. 做一切必要的事来践行这些方案，实现成果。

每个领域都有类似的原则，软件行业称之为迭代，质量管理领域称之为PDCA。你看，底层的东西其实差不多。

在社群内部答疑的时候，曾有人认为这个方法太宏观，在实际工作中用不上。真正的原因是我们把目标定得太大，和实际工作脱节了，用这个方法反而能告诉我们每一步应该做什么。举个例子：

假设我想写一本书，这是一个明确的目标。

阻碍我实现这个目标的关键问题是什么？是没得可写。文化水平不高，写不出什么东西，就算写出来也没人看。很多人到这儿就结束了，得出的结论是"不行，这没法做"。然而，如果你真的想写一本书，就不能容忍这个问题存在。

诊断问题，找到问题的根源。归根结底是没文化，是没东西可写。

那么怎么解决这个问题呢？穷举所有方法，去考个大学、读个研究生，让自己有文化、有所建树，这样就有东西可写了。

这当然是方法之一。有没有别的方法？

很多人只是找到一个方法，觉得好像不可行，就放弃了。你需要思考、阅读、向他人请教，不断穷举，看有没有别的方法。比如：我能不能一边学一边写？我能不能对最后的结果没有那么大的欲求，一开始不需要那么多读者，不需要赚那么多钱，就是安安静静写本书？

在我看来写作的过程大抵是这样的：

1. 首先应该有东西可写。
2. 把这些东西组织成一个又一个段落。
3. 按照一定的结构组织这些段落。
4. 每过一段时间，重新梳理这些段落，理解那些段落的内容，重新组织它们。

于是，我每天都要求自己写点什么，写得好不好不重要，写；每天学点什么，学得深不深不重要，学。

我知道很多人都是这么干的。

霍华德·马克斯有写投资备忘录的习惯，就像巴菲特写给股东的信一样，里面分享了自己对投资的思考和感悟。巴菲特经常阅读霍华德·马克斯的投资备忘录,而且非常欣赏他的见解。他建议马克斯把这些投资备忘录整理成一本书,于是有了《投资最重要的事》,还有《周期》。

《穷查理宝典》严格来说算不上一本书,是查理·芒格在各种场合发表的演讲最终被人整理成了一本书。这是我阅读过的最棒的图书之一。

与我们普通人最贴近的一个代表是尼古拉斯·卢曼。他原本是德国的一个小公务员,喜欢在工作之余看书、做笔记。一天,他将自己的一些笔记、想法集结成册,寄给了当时一位非常有名望的社会学家。这位社会学家看到卢曼的作品后,建议他去新成立的一所大学里任教,前提是他必须拥有博士学位以及一篇足以让他成为教授的定职论文。结果卢曼仅仅用了一年时间就完成了博士论文和定职论文,成为德国比勒菲尔德大学的社会学教授。在之后的30年间,卢曼出版了58本学术专著,发表了数百篇论文。作品不仅数量惊人,质量也非常高,很多都是各自领域的经典之作,其中《社会的社会》一书更是在学术界引起了轰动。后来德国社会学家约翰·施密特做了大量相关研究,在卢曼的住所找到了9万多张他阅读、思考时写下的卡片。

每天学点什么、写点什么,每过一段时间把这些东西组织成一个又一个段落。每过一段时间,重新梳理这些段落,重新理解那些段落里的内容,重新组织它们。然后在某个合适的时间以书的形式出版就好了。

我就是这么干的。

我知道很多人都是这么干的。

先动起来

首先,你应该有东西可写,方法是:每天写点什么。

为什么叫写点什么,而不是写作?

叫"写作"的话,你会有压力,写点什么就容易多了。写得好不好不重要,先动起来,行动很重要。

很多事我们早就知道了。比如"早睡早起,精神百倍",你肯定知道,用你的话说"听得耳朵都快磨出茧子了"。可是你做了吗?没有。你只是耳朵里磨出了茧子,但手上并没有。

于是,我们知道了很多道理,但依然过不好这一生,因为完全没有行动啊。我把它称为"行动性无能"。

每天写点什么,压力没那么大,很容易实现。

先动起来,养成习惯,时间长了,多少会有点东西。

以我为例,作为一名知识主播,没知识可不行,我得逼着自己学习。每周我有两次直播,一次在抖音,一次在飞书。每次两个小时,不间断输出。

啥叫终身学习?在很多人那儿是目标、是愿望,但在我这儿是任务。你以为我不想偷懒吗?是不能,久而久之,也就认命了。

别管主动、被动,凡是可以做到的人,都不是一般人。

我一个好端端的中专生被硬生生逼成了一名知识分子。我也想低调,可实力它不允许呀。不信你试试,每天坚持输出,每周两次直播,坚持两年,你就知道我在说什么了。

而这一切的开始不过是 2020 年新冠肺炎疫情时期随手拍的一条抖音而已。

在很多人眼里，做个知识主播、"大 V"最大的收获就是有流量，可以通过流量赚很多钱。

低俗！

成为一名知识主播，会推着你不断学习、进步，逼着你严格要求自己，最终成为一个"高尚"的人，成为一个脱离了低级趣味的人，顺便赚点钱。

我身边也有一些想拍抖音的朋友，说是向我请教，但见面的第一句话通常是："这么多人看，遇到黑粉怎么办？以前的朋友、同事看到后会怎样？"

这就是典型的想得太多，做得太少。

等你真的开始上手，就会发现每天要考虑的问题反而是："为什么我拍的抖音没有人看？"

趴着不动只是想想，和动起来以后遇到的问题是不一样的。

行动的一个很重要的关键点是先动起来，试着走到下一站，有了一点成绩之后你才有动力接着走向下一个站点。

先完成，再完美

一开始别想着要写多好，别给自己那么大压力。

"失败者有两种：一种是光想不做的人，另一种是光做不想的人。或许一开始做出来的东西不会太好，但只有先想办法做出一些东西，才有机会思考如何做出好东西。"（苏伦斯·彼得）

这一章的内容经历过三次大的改动。

第一遍就是讲怎么写作的。

第二遍，我增加了大量"你为什么要写作"的内容。如果意识不到写作的重要性，你是坚持不下去的。毕竟我们打小就开始写作了，可为什么后来不写了？

2017年那会儿我和身边的朋友说，写作很重要，每个人都应该有一个公众号。大家说"好"，很多人跟着我一块写公众号，写着写着有人掉队了，因为看不到成果呀，最后只剩下我一个。

2020年的时候，我和身边的朋友说，抖音是个好东西，每个人都应该拍抖音。大家说"好"，很多人跟着我一块拍抖音，做着做着又没人了。

你不应该劝别人坚持。

然后我又想，那为什么我坚持下来了？后来我想明白了。我不是坚持下来了，而是我一直有一个良好的习惯，那就是每天写点什么，最终从量变到质变。

第三遍，我把之前所有的内容全部删除了，重写了这一章，把标题改为《每天写点什么》。

对于一个初学者，你让他一上来就做饺子宴是不切实际的，压力很大。脱离压力最好的方法就是逃避。一开始可以先把着眼点放在如何把饺子做熟上，做熟能吃就行，然后是好吃，再然后是好看。

不要对自己要求那么高。只需要每天写点什么，就很好。不需要写本书，也不需要写论文，就是很简单地写点什么。每天看两页书，看看得到了什么样的启发，把它写出来就好。

一开始仅仅是完成。

我做事情喜欢分两步：

1. 完成。完成就好。

2. 想办法让这件事变得更好。

这是我做事的顺序。

很多人是倒着的，一定要一步到位，力求每一件事都很完美，于是他们中的大部分人连完成都做不到。

还有一些人做完就完了。他们觉得做好和做完没啥区别，又不会多发工资，差不多就行了，能力一直得不到提升。于是他们十几年或者几十年如一日地完成60分的东西，永远只能拿到60分该拿的薪水。

先完成，再完美。

学习一样东西的目的不是知道了、了解了，而是最终让自己产生气质性的改变。

尝试着把它用起来，哪怕用得不怎么样、漏洞百出，先用起来，用起来再说，然后再一步步优化。先拿到60分，然后是80分，再然后是81分、82分，逐渐形成竞争优势。

允许自己犯错，主动犯错，以此提升自己的"抗打击"能力。错误＋总结＝进步。

我的抖音和文章都是有记录的，我建议你们看一看我在2020年拍摄的抖音是什么样的，现在的抖音是什么样的。如果我一开始就追求完美，你们根本看不到这个账号。

事实上，我从来不是什么知识主播，我不过是每天找个地方，写点什么。至于所谓的网络"大V"，那不过是个副产品。

但很多人看不到这一点，他们总想"一夜暴富"，于是他们始终在"一夜暴富"的梦里坚定不移地贫穷着。

保证每一段"可运行"

我在编程领域有一位"老师",他的名字叫肯特·贝克。我从他那里学到了如何利用单元测试和重构,将一个本应该很大的函数,拆分成了若干个安全可靠的小函数。

简单说一下单元测试。假设我们要砌一堵墙,怎么知道它直不直呢?我们需要事先拉一条线,每砌一块砖都和这条线比一比,等墙都砌完了再拉线、再去验证就晚了。那条"线"就是单元测试。

一口气完成上万行代码太难了,我写了十多年程序,从来没有做到过。完成十几行代码对我来说很容易,在这个基础上再完成一个由十几行代码组成的函数,利用"单元测试"和"重构"让每一个完成的函数都足够整洁,足够安全可靠。然后再像当初将十几行代码组装成一个函数一样,将十几个函数组装成一个更大的函数。

马克·吐温曾说:"取得领先的秘诀是先开始。而开始的秘诀,就是把复杂的事分割成一件件做得到的小事,然后从第一件开始。"

写作也同样如此。

"每天写点什么"就是那十几行代码组成的函数。每一个函数都是可单独运行的,每一段文字都是可单独拿出来使用的。

写不出来意味着我们并没有真正地理解。阅读容易给我们造成一个错觉,感觉自己学到了很多,但实际上并没有。就像你一天就完成了1000行代码,但实际上根本运行不起来一样。反复阅读和记忆并不能让我们真正学会一样东西,只是加深了我们的印象而已。毕竟读10遍由那几个字组成的句子也花不了几分钟。

你真正理解了吗?让我们"写段代码"运行一下!

"每天写点什么"是一个很简单的测试。我真正掌握了吗?来,写点什么,"调用"一下这个知识。你甚至可以做到"测试先行":我要做什么,所以我要学点什么。

不要为了学习而学习。把那些知识转化成具体的文字,"运行"出来。

合理的开发习惯应该是这样的:

确认要完成什么任务→先写个单元测试→写一个恰好让测试通过的函数→"运行"、验证→重构。

再写下一个单元测试→重复前面的步骤。

合理的学习习惯应该是这样的:

确认目标是什么→先准备一个具体的应用场景→学习恰好满足这个场景的知识→阅读→确认是否真正掌握了→写点什么,"运行"一下→发现问题→反思、复盘→归纳总结→重构。

看见自己( );
自学(x);
重构(x);

当然你也可以不输入,但很快就会坐吃山空,发现没东西可写了。要想做到每天写点什么,必须持续输入才行。

输出倒逼输入,你不需要设闹钟规定具体的学习时间。不,你不需要,你只需要每天学点什么。当你没什么东西可写的时候,就意味着你需要输入了,而且你的每一段输入都会转化为一段输出。写得好不好不重要,重要的是你已经开始了,且在持续改进的路上。

"走到你目之所及的最远处,当你到了那儿,便能看得更远。"(金融家约翰·皮尔庞特·摩根)

写点什么，随时随地

我经常听到很多人抱怨根本没有专门的学习时间，我也没有。我每天的"写点什么"通常是在地铁里、马桶上，或者吃饭的间隙完成的，可能是一句，也可能是两句，随便一个时段就可以写点什么。我有车，但很少开，除非是节假日要载着一家老小出门玩，否则一定是搭载公共交通工具或者打车，这样我就不会把时间浪费在驾驶上。

我喜欢在地铁和飞机上阅读，马桶上也不错，几乎都是碎片化的输入。我的输入大多来源于书，还可能是一条评论或一条信息。

不是每天一定要读多少书、花多长时间去学习，那都是形式。你不应让任何外在的形式束缚自己，任何时间、任何地点，你都可以读点什么。手机这么发达，看到什么，随手一拍做个标记，把它扔到你的资料库；突发灵感时，随便录一条语音，把当时的灵感记录下来，日后成为你的素材、洞见，或者"一会儿就删掉的条目"。我经常会把别人朋友圈里的一段话，或者抖音评论里的一段话，直接复制到我的素材库里。

每一个人都应该有一个属于自己的素材库。把那些你认为有用或者有趣的素材存放在那里，标注好出处，并分门别类地打上标签，加上一点感想。把阅读、理解、思考过程中的一些精华、洞见记录下来，在我们的大脑之外建立一个不断增长的思想库，这样我们大脑才能够腾出地方来思考问题。

大脑是用来思考，而不是用来完成存储的。

定期对素材库进行清理，丢掉那些没有价值的东西。那里是存放素材的地方，不要让它变成垃圾堆。

人的精力有限，不要让那些无关紧要的内容消耗我们的时间。

用雕塑家罗丹的话说："选一块大理石，然后切掉我不要的部分。"

为了能够写点什么，你需要在每次输入之后，都调用自己原有的知识框架对它进行整合、梳理，建立连接，把它转化为自己的语言，然后把它压缩为"尽量不超过一屏的文字"。在记录的时候，就要想为了某一天把它再调用出来，怎么做才能更方便。

"重点不是你从哪里取得点子，重点是要把它用在什么地方。"（尚卢·高达）

获得洞见

阅读，理解，思考，干点什么。

读一页书，把其中的一段文字发出来，这叫摘。

看了人家的一个视频，拿过来换了个说法发出来，这叫抄。

获得一段文字的逻辑脉络，把这段文字的亮点从原有的语境中提取出来，放到其他的语境中，与自己原有的知识体系建立一个连接，获得洞见，这是"写点什么"。

英国哲学家培根有一个很有意思的说法，他说有一种人像囤粮的蚂蚁，只懂得原封不动地将从外面获得的东西搬到自己的窝里储藏起来。另一种人则像蜜蜂，采集花粉，经过一番酿造，将其转化为蜂蜜。

写不出来，说明你根本就没理解，好像也没什么思考！出工不出力，把自己感动得够呛，却啥结果也没有。

要学会做蜜蜂，不要做蚂蚁。

我女儿最擅长两个游戏。

一个是拆东西，什么东西到她手里她都能拆了，装不装得上不重要，先拆了再说。

另一个是拼图游戏。一开始是一只猫的图案被分成两块，她来拼装在一起。之后是4块、6块、8块、二三十块，然后是乐高，她将越来越多的组块拼装在一起，拼装成她喜欢的东西。

读书也是这么一个过程。

先要把文章里的内容拆了，拆成若干个知识点和逻辑。就像把一个耳机拆分成耳塞、耳机线和接口一样，知道它由哪些组件组成，分别起到什么作用，是怎么连接在一起的。然后为这些理解写点什么。写的东西多了，相互之间就有了连接。耳塞就变成了"无线耳机"，接口变成了"转接头"，耳机线变成了"延长线"。

人的大脑就像是洞房。每天有大量的信息进来，交融并产生一些新鲜的、有趣的想法。有些仅仅是想法，有些不是。它们会成为洞见，转化成很酷的东西。

每一次"写点什么"都是一个"完成一件作品"的练习过程。再小的片段都可以是一个完整的作品。你看过《变形金刚》吗？录音机、机器狗这些都是单独的机器人，当它们组合在一起的时候，就变成了"巨无霸"。当然它也可能就是一段"素材"，像乐高里的积木一样，最终和其他积木一起组成各式各样有趣的东西。

毕加索是这么形容自己与脚踏车坐垫和把手结合成的知名雕塑作品《牛头》的："猜猜我是怎么产生这个念头的，某天我在一堆杂乱的物品里看到了一个脚踏车，坐垫旁边就是一个生锈的把手，突然灵机一动，脑海里下意识地把这两种东西结合起来，还没来得及思考就蹦出了'牛头'这个灵感。只要把两者焊在一起，这件作品就大功告成了。"

我们再看看乔布斯是怎么说的。他说，创意不外乎就是在两个看起来毫不相关的事物之间建立连接。

亨利·福特把芝加哥肉品包装业使用的机动化吊钩和面包店使用的工业输送带连接在一起，开创了汽车制造业。

鲍尔曼把松饼上的格子和鞋连接在一起，设计出了耐克松饼底跑鞋。

广告公司总裁詹姆斯·韦伯·扬在1960年写了一本《生产意念的技巧》，书里写道："灵感不过是旧元素的新组合，而以旧元素建构出新组合的能力，大多取决于发现关键的能力。"

没有想法，是因为你的素材太少，思考得太少。

有一种叫"头脑风暴"的创新方法，即很多人在一起针对一个问题提出更多的想法、观点和知识，于是你可以获得一些你不知道的知识，或者不同的角度。这些知识和观点交织在一起，相互碰撞，产生新的想法。

然而根据我的亲身经历，很多公司内部的"头脑风暴"其实并没有什么价值，因为他们的思维是受限的，提出的点子、知识也不够多样化。既然如此，我为什么不去和那些更厉害的人进行"头脑风暴"呢？于是我选择了阅读书籍。在我看来，主题阅读实际上是一种和更多优秀的人一起"头脑风暴"的手段。

伟大的创意、成就通常不是一个单一的连接，而是成千上万个连接与迷你的"顿悟时刻"（Aha moment，很多发明者在找到一个新的灵感时都会发出"Aha"这个声音）累积所产生的结果。

还记得"头脑风暴"的准则吗？
1. 不要着急做出决定。

2. 以量取胜。

3. 产生联想。

4. 寻找新奇点子。

这件事还可以这么搞：

1. 不要着急做出决定，把时间拉长。

2. 以量取胜。大量阅读，每天写点什么。

3. 产生联想，和原有的（写下的、记下的）知识和框架建立连接。

4. 寻找新奇点子，看看是否可以获得新的洞见。

把时间拉长。这是一个很大的"会议室"，你在和这个世界上最优秀的一群人进行"头脑风暴"。

坚持这样做，你会看到不一样的结果。

真正的写点什么，不是你的书上多了几条线，不是你的本上多了几句话；而是你的脑袋里多了一些关键且重要的概念，多了一些思考问题的方法，多了更多的连接，获得了某种洞见。是你发生了什么改变，而不是其他的什么物体（书或者本子）发生了什么改变。

咦？这个概念我曾经在那儿见过，它当时的应用场景是什么？和现在有什么不同？还可以被用到什么地方？

咦？我发现这几个案例有一些共同的特点，把它们抽取出来，看看还可以用在哪儿。

为了以后更好地找到这些素材，我应该给它们建立一个什么样的索引？它们和之前的那个概念有什么连接吗？

每生成一条内容，都是在和以前的内容建立连接。

于是，洞见就产生了。于是我把"火柴人"的画法应用在了阅读与思考上，我把乐高积木的玩法应用到了写作上。

为了说明"所有的知识都是应该被用起来的"这一概念，我尝试了好几种表达方式。直到有一天,我在写代码时想到了"函数",用它来代表"可以被应用出来的知识"再恰当不过了。

如果是搭建自己的知识框架呢?我想到了"Ruby on Rails"——一位丹麦的程序员设计的开发框架。先为你提供一个默认的"最小且必备"的知识框架,等你进入正轨后,就可以自己"重构"它,设计自己的操作系统了。

$$(1+0.01)^{365} \approx 37.78$$

我每天都会写点什么。哪怕再晚,我每天都会更新一条视频,或者更新一篇文章。这和每天健身是一个道理。每天抽出点时间用来健脑,提升大脑肌肉的强度,不断增加负重。

这是一个闭环,它要求你不断完成以下动作:输入→处理→输出。

通过广泛阅读,把自己培养成一个终身自学者、思考者、行动者。我们每天都在学习前人的经验,从他们那里学习——对!仅仅是学习,然后照着做,就能生活得很好。这一点都不复杂。

如果有人因此取得过成功,并且大量的案例证明了这件事。那你需要做的就是找到那个最简单朴素的方法,照着做、大量做、持续做就好。

有时候我会天马行空,有时候我会在同一个时间段重复讲述同一个话题,这其实是一种重构,运用更深的理解和视角对原有知识进行的一种重构。当我和其他领域的知识建立连接时，就会产生新的洞见。

你可以把它理解为刻意练习。我每天都在刻意练习。

"持续学习（ ）""看到自己（ ）""重构（ ）"。

把学到的东西先用起来，先完成再做好，逐渐形成竞争优势。

$(1+0.01)^{365} \approx 37.78$。

没有比这更简单的事了。

但仍然有很多人习惯性地认为，一个人要取得巨大的成就，必须付出艰辛的努力，或者遇到一个让自己发生巨变的奇遇。

每天努力使自己聪明一点点，一年就是"十万八千里"。

很多人把这个叫"鸡汤"。可不是鸡汤吗？我都补了好多年了，这一整本书都是"每天写点什么"的成果。

为什么在别人看来不过是轻而易举的事，在你眼里却成了"鸡汤"、大道理？本质上还是因为你"行动性无能"，优秀的人不过是有一些优秀的习惯罢了。

人们总是在 1 年内高估自己的目标，却又总是在 10 年内低估自己的目标。

当一些你习以为常的事情被别人称为"鸡汤"的时候，你就知道，你进化了，你和他们不一样了。

延伸阅读

以下为本书在第一部分《学习的方法》中涉及的部分重要书籍，如有兴趣，可进行延伸阅读。

1.《投资最重要的事》《周期》
作者：霍华德·马克斯
作者标签：
美国投资大师，美国橡树资本管理有限公司创始人。

2.《巴菲特致股东的信》
作者：沃伦·E.巴菲特
作者标签：
美国著名的投资家，经济学硕士，现任伯克希尔·哈撒韦公司董事长和首席执行官。

3.《纳瓦尔宝典》
作者：埃里克·乔根森
作者标签：
产品策略师、作家。

4.《国富论》
作者：亚当·斯密（1723—1790）
作者标签：

英国经济学家、哲学家、作家，经济学的主要创立者。强调自由市场、自由贸易以及劳动分工，被誉为"古典经济学之父""现代经济学之父"。

5.《影响力》

作者：罗伯特·B.西奥迪尼

作者标签：

知名的说服术与影响力研究权威专家，亚利桑那州立大学心理学名誉教授。其著作《影响力》已被翻译成 26 种语言，并被《财富》杂志评选的 75 本必读的最睿智的图书之一。

6.《稀缺》

作者：塞德希尔·穆来纳森

作者标签：

哈佛大学经济学教授、"麦克阿瑟天才奖"获得者。

7.《商业模式新生代》

作者：亚历山大·奥斯特瓦德

作者标签：

企业家、演讲师，在宾夕法尼亚大学沃顿商学院、斯坦福大学、加利福尼亚大学伯克利分校、西班牙纳瓦拉大学、瑞士洛桑国际管理发展学院（IMD）等著名高校担任过客座教授。

8.《向格雷厄姆学思考，向巴菲特学投资》

作者：劳伦斯·A.坎宁安

作者标签：

价值投资领域的专家,畅销书《巴菲特致股东的信》的编者,同时还是一位经验丰富的财会、金融领域的教授与学者。

9.《思考,快与慢》

作者:丹尼尔·卡尼曼

作者标签:

心理学家,2002年荣获诺贝尔经济学奖。

10.《政治经济学及赋税原理》

作者:大卫·李嘉图(1772—1823)

作者标签:

英国古典政治经济学的主要代表之一,也是英国古典政治经济学理论的完成者。

11.《货币论》

作者:约翰·梅纳德·凯恩斯(1883—1946)

作者标签:

英国经济学家,现代经济学最有影响的经济学家之一,他创立的宏观经济学与弗洛伊德所创的精神分析法、爱因斯坦发现的相对论一起并称为20世纪人类知识界的三大革命。代表作有《就业、利息和货币通论》《货币改革论》和《货币论》。凯恩斯因开创了经济学的"凯恩斯革命"而著称于世,被后人称为"宏观经济学之父"。

12.《克鲁格曼的经济学讲义》

作者:保罗·克鲁格曼

作者标签:

美国著名经济学家，2008年诺贝尔经济学奖得主。先后于耶鲁大学、麻省理工学院、斯坦福大学担任教授。主要研究领域包括国际贸易、国际金融、货币危机与汇率变化理论。其创建的新国际贸易理论，分析解释了收入增长和不完全竞争对国际贸易的影响。

13.《助推》《"错误"的行为》

作者：理查德·塞勒

作者标签：

心理学家，2017年诺贝尔经济学奖获得者，芝加哥大学教授，系行为经济学和行为金融学领域的重要代表人物。

14.《人口论》

作者：托马斯·马尔萨斯（1766—1834）

作者标签：

英国牧师、经济学家，以其人口理论闻名于世。

15.《重构：改善既有代码的设计》

作者：马丁·福勒

作者标签：

演说家、ThoughtWorks公司首席科学家，被称为"软件开发教父"。

16.《测试驱动开发》

作者：肯特·贝克

作者标签：

美国著名软件工程师与作家，最早研究软件开发的模式和重构的人之一，敏捷开发的开创者之一，极限编程和测试驱动开发的创始人，

Smalltalk 和 JUnit 的开发者。

17.《金字塔原理》

作者：芭芭拉·明托

作者标签：

毕业于哈佛商学院。被麦肯锡顾问公司（McKinsey & Company）聘为该公司有史以来第一位女性顾问。擅长写作，致力于向人们传授写作的金字塔原理。

18.《如何成为更聪明的人》

作者：布莱恩·格里瑟姆

作者标签：

学习方法、思维方式、工作技巧领域的资深导师。

19.《学会提问》

作者：尼尔·布朗、斯图尔特·基利

作者标签：

尼尔·布朗，博林格林州立大学经济学教授，曾获颁无数地方性的和全国性的教学奖。

斯图尔特·基利，美国伊利诺伊大学心理学博士，现为美国鲍灵格林州立大学心理学教授。

20.《建筑模式语言》

作者：克里斯托弗·亚历山大（1936—2022）

作者标签：

著名建筑设计师、城市规划师，美国 AIA 奖得主。

21.《从0到1》
作者：彼得·蒂尔
作者标签：
Paypal 的联合创始人之一。

22.《思维模型》
作者：加布里埃尔·温伯格
作者标签：
DuckDuckGo 的首席执行官及创始人。

23.《滚雪球》
作者：艾丽斯·施罗德
作者标签：
曾任摩根士丹利董事总经理。

24.《聪明的投资者》
作者：本杰明·格雷厄姆
作者标签：
投资人、证券分析师，享有"华尔街教父"的美誉。

25.《卡片笔记写作法》
作者：申克·阿伦斯
作者标签：
杜伊斯堡-埃森大学的教育哲学讲师。

26.《社会的社会》

作者：尼古拉斯·卢曼（1927—1998）

作者标签：

德国社会学家、法学家，出版了58本学术专著、数百篇论文。

27.《生产意念的技巧》

作者：詹姆斯·韦伯·扬（1866—1973）

作者标签：

堪称"通才"的广告大师，广告创意魔岛理论的集大成者。生前任智威汤逊广告公司资深顾问及总监，是美国当代影响力最深远的广告创意大师之一。

为什么要自学呢？因为自学是基本的技能，你可以用它学习其他任何东西，自然也包括如何过上幸福的生活。

到目前为止，我所有的生存技能，都是自学得来的。

学会独立思考。勤于动脑的人总是可以生活得很好。

2 做事的方法

第八章
回归本质

　　花半秒钟就看透事物本质的人，和花一辈子都看不清事物本质的人，注定是截然不同的命运。

——《教父》

如果我有机会对20岁的自己说一句话，我会对那时的我说：**真正重要的是如何有效利用你的时间。认真思考你真正的人生目标是什么，你该如何为此努力。**

别人让你做的，那是别人的方向。

如果你自己没有方向，那么你一生都在努力实现别人的方向，在做别人让你做的事，生活在别人的观点和价值观里，一直为别人而活。

我在30多岁的时候才明白这个道理。如今的我已经40多岁了，每过一段时间，我都会重新问自己一遍这个问题。

做正确的事

方向一定要正确。方向对了，努力才有结果。

做一件事之前，一定要花时间思考这件事的本质（也就是第一性原理）是什么，否则很容易走偏。

这是一个渐进的过程。并非所有人在一开始都能认清事物的本质，我们需要在行进的过程中不断地试错、复盘、调整，从而逐渐接近"事实真相"。

举个例子，很多人对钱的理解是有误区的。

我在30岁之前对钱是既渴望又鄙视的。说好的勤劳致富，凭什么他们比我多这么多钱？肯定是做了什么见不得人的事。"不义之财""钻法律空子，薅社会羊毛""土财主，没啥文化内涵"……

这其实是无知、妒忌、以偏概全、"吃不到葡萄说葡萄酸""身处一方，另外一方必然是邪恶"的狭隘心理在作祟。

这种情况下，你该如何与钱相处呢？你不喜欢它，它自然要离你远点。可是，明明你又离不开它。

钱不是目的，钱是我们必须掌握的技能；就像你必须吃饭，但吃饭不是目的一样。它本身没有善恶，有善恶的是人心。

我个人很欣赏芒格的财富观。他认为："富兰克林之所以能做出这么多贡献，是因为他财务自由。我常想做一个对人类有用的人，而不愿死得像一个守财奴一样。"

了解了钱的本质，才能真正做到与它和谐相处。正确地使用它，而不是让它成为你的困扰。只有如此，你才不会再为钱发愁，能专心做一些值得做的事。

钱究竟是什么？

钱是交易的媒介，它本质上是对"信用"的度量。

想要某样东西，拿同等价值的东西来交换。因为携带非货币物品（盐、贝壳、金银等）非常低效，所以几乎所有存在过的文明都发明了更便于携带的一般等价物——货币（下称"钱"）。

所有人都认同它的价值,因此可以用它来兑换想要的物品。

同时,它还是储藏财富的手段。但这种手段并不能让财富升值,甚至可能会让财富由于通货膨胀的原因贬值。所以,**更好地储藏财富的手段是将钱投到那些能够源源不断地产生现金流的地方。**

要想在社会上赚到钱,就要为社会提供有需求价值且相对稀缺的东西,比如文玩字画、黄金珠宝、房子、体力、时间、肉体、知识……

谁掌握了别人需要且稀缺的资源,谁就掌握了财富。

农耕时代为什么经常发生战争?

因为土地有限,粮食不够吃。因而真正富有的人都是拥有封地的人。离我们最近的就是地主。地主不一定就是坏人,但他们一定是掌握了稀缺资源的人。

到了近代,生产力提升了,限制农耕文明发展的天花板被打破。土地不再是关键的稀缺资源,稀缺资源变成了石油。所以你经常会看到因为石油而不是土地发动的战争。

理论上,交易应该是等价的。在没有外部力量胁迫下的每一次交易都会给双方增加新的价值。一个比较极端的例子是,一名科学家用手中的钞票购买一名乞丐的牙垢。这是我在中学时读到的某个科学家的故事,据说他为了获得乞丐的牙垢做实验,支付了一笔不低的费用。我一直怀疑这个故事的真实性,但它可以作为一个极端的例子来说明交易的特征。在这笔交易里,世界上的总物质没有增加,但交换前后每个人获得的价值都增加了。在无外力胁迫的情况下,交易双方在交易发生的那一刻都认为:交易来的那样东西的价值大于为此支付的代价。否则,他为什么要交易呢?

我们可以用一个很简洁的公式来表达这个逻辑:

$$(价值 > 成本) \rightarrow 交易$$

这个价值其实是主观价值，是由购买者或者使用者的主观评价定义的。比如，一件很普通的T恤有极大的概率会因为明星的亲笔签名而变得价值不菲。

著名的玩具大亨罗伯特曾经穷得连房租都交不起，如今已经是世界上最有钱的人之一。他销售的是一种由他自己创作的"软雕"玩具娃娃。和其他玩具娃娃不同，每一个娃娃都有自己的名字和"出生证明"，有"自己独立的人格和灵魂"。同时他要求这些"孩子"未来的"养父母"必须宣誓："做一名通情达理的父母，供给孩子所需的一切，用心爱护和养育他，培养教育他成长，成为孩子唯一的养父母。"

这让我想起了苹果公司创始人史蒂夫·乔布斯。他的养父母在领养他时，被要求做出同样的宣誓。

然而，正是这一举措引来越来越多的顾客光顾他的"医院"（没错，孩子当然要出生在医院），"收养"这里的"孩子"，结果销售额一下子激增到30亿美元。

人们购买的不仅仅是商品本身，更是其背后所代表的意义。

把一件商品卖出好价格的策略是为它赋予特殊意义。比如情人节的玫瑰花和Think Different的苹果公司。

成本包含什么？

首先是直接成本。购买这件东西需要支付多少钱？

其次是交易成本。参加一个外地的课程，除了课程本身的费用，可能还包括差旅和住宿的费用。这笔费用并不包含在课程之内，但你又必须支付。

最后是机会成本。在阅读本书时，你很可能错过了另外一本更有价值的书。只有10万块钱做投资，买了这只股票就买不了那只。可能你购买的那只股票确实帮你赚到了钱，但是你根本开心不起来，因为你错过了另外一只10倍收益的大牛股。

阅读文章或者观看视频同样是一场交易，这个成本就是时间。但收获了什么呢？如果什么都没有，你就会很不开心。

人们会去衡量自己获取的价值以及为此支付的成本。虽然他们不一定能意识到这是一场交易，但会感觉到自己的时间被浪费了。所以，每过一段时间，他们就会卸载一些在他们认为浪费时间的产品。

钱是什么？是交易的媒介。其本质是供需关系。

没有钱一样可以交易（比如以物换物）。两眼紧盯着钱，是赚不到钱的。钱提高了交易的效率，但不是赚到钱的那个因。

要想在社会上赚到钱，就要为社会提供有需求价值且相对稀缺的东西，关注交易是如何触发的以及供需关系是如何建立的。

"想要记分牌上的分数增加，要盯着球场，而不是记分牌。"

在人生这场游戏里，你唯一可以使用的资源就是时间，且每个人每天可以使用的时间都是 24 小时。如果你想获得某样东西，就要用时间去兑换——用时间去兑换钱，用时间去兑换感情，用时间去兑换一时的欢愉。

不是所有人都有文玩字画、黄金珠宝与人交换，但大多数人有时间。所以大多数人是通过出售自己的时间赚钱，按理说时间是每个人最稀缺的资源，但因为供给的人多，供大于求，所以在市场上反而最不值钱。

不要一直用时间换钱

不要一直用时间换钱！用时间换钱最不划算。

"任何一个还在为温饱而奋斗的人一定缺乏想象力。"（奥斯卡·王尔德）

大多数普通人都陷在两个死循环里：

1. 因为穷，必须花时间挣生活费，所以没有更多的时间提升自己；能力得不到提升，所以只能花更多的时间挣生活费。

2. 因为穷，视野和认知不够，所以没有更好的选择；视野和认知打不开，所以只能在原有的认知里做选择。

与此相对应的另外两个循环是：

1. 手里有点钱，所以不需要花那么多时间挣生活费，可以腾出很多时间用来提升自己；能力提升了，单位时间可以创造更高的价值，于是不需要花那么多的时间，甚至不需要花时间挣生活费。

2. 有一定的人脉和资源，所以有更多选择；因为有更多的选择，所以可以更快地进入下一个平台，从而获得更多的人脉和资源（参见第十三章《第二技能》）。

每一个普通人在进入这个"游戏"时，初始装备都差不多，没什么区别。要钱没钱，要人脉没人脉，要资源没资源，要能力没能力（不要把在学校里学到的那点东西当作能力）。唯一可以支配的只有时间，然后用时间去兑换钱、人脉、资源，还有能力。

破局点在于：在一开始，如何用更少的时间兑换生产工具。这里的生产工具是指不需要花费多少时间，甚至不花时间，就能帮助你生成现金流的东西，比如出版、某项专利、知识产权、可以用来出租的房子、某家蒸蒸日上的公司的股权（参见第一章《你自己就可以是一家公司》）。

或许你可以从降低自己的"欲望"开始。

也许一开始，你并不需要那么好的生活，一切恰好够用就可以了。一部普通的手机，一双普通的鞋子，有个能住的地方就行，没必要那么早就背上房贷。降低物欲，这样就不需要"用更多的时间去兑换金币"，而是提升自己单位时间创造的价值；或者节省下一部分钱，用钱生钱（见第三部分《投资的方法》）。

巴菲特、芒格都很节俭。我并不是鼓励你节俭，而是没必要浪费，这是一种生活状态。尤其在早期，拿自己的时间去兑换一些超出自己能力范围之外的，或许也算不上多好的东西，是极不划算的。

特别是，不要因为别人的眼光，去兑换那些超出自己能力范围的东西。通常来说，头脑越简单的人，越需要外在的东西来装点自己。

或许你可以从舍弃那些"无用的事"开始。

把更多的时间和精力放在那些真正重要的事上，尤其不要把精力放在那些和自己完全无关的事上。不要为别人操碎了心。判断一个人成功的概率非常简单，就是看看他把时间用在哪儿了。

"一个人能放弃的东西越多，他就越富有。"（亨利·戴维·梭罗）

奥巴马担任美国总统期间曾经说过："你会发现我只穿灰色或蓝色的西装，我试图减少在小事上的选择。"他为了保存充分的脑力去做一些关乎国家利益的大决定，通常会避免在日常选择上花费精力。

不只奥巴马，乔布斯也一直践行简化选项的原则：只穿黑色高领衫加牛仔裤。大前研一在他的《思考的技术》一书中也提到过这一点。通过把一些选择固化成习惯或规则，以减少做决定的次数和时间，即"次级决定"，确保将80%的时间和精力用在最重要的20%的事上，剩下的20%的时间去完成 80% 的事。

最重要的事只有一件！

做自己喜欢、擅长且复利的事。"不要试图同时追逐两只兔子，最后的结果只会是两手空空。"锁定一个目标。将它作为我们前进的方向。

每年问自己一个问题："今年我要做的最重要的一件事是什么？"

每个月问自己一个问题："这个月我要做的最重要的一件事是什么？"

每周问自己一个问题："这一周我要做的最重要的一件事是什么？"

每天问自己一个问题："今天我要做的最重要的一件事是什么？"

阳光只有汇聚在一点，才能燃起火焰。

每个人都是一样的：一天只有 24 个小时。除去一天 8 个小时的睡眠时间，还要拿出一定的时间去兑换生存材料，有人一天工作 8 个小时，有人工作 10 个小时，加上花在吃饭、穿衣、交通上的时间，统一按 12 个小时计算，那么每个人每天大概可以支配的时间只有 4 个小时。

差距就在这 4 个小时里。

一个对自己有要求的人一定是懂得"投资"自己的人。

我身边的很多人每天下班的常规操作是，躺在床上打游戏、看视频、上网购物，然后每过一段时间抱怨自己工作得不开心。

大多数人喜欢把问题归结于外部，很少从自己身上找原因，越"无能"的人越是如此。内因没解决，外因又很难发生改变，于是每天总是重复做同样的事，却又期待能够得到不一样的结果。这和那些烧香拜佛的人并没有什么本质上的区别。

那么多人拜佛，佛忙得过来吗？

大概是忙不过来的，拜"佛"（"大神""大牛"、大师）的人或许也知道。

可万一呢？要不要上炷香或者送个"火箭"得到一个单独"连麦"的机会？

学会为重要的事预留时间。

首先为自己预留出足够的休息时间，保持足够的睡眠。只有更好地放松，之后才会更高效。高效比高产更重要。每天我都会预留出一段固定的时间用来冥想。

每天问问自己，如果今天只做一件事，这件事是什么？找到它。拿出2—3个小时，专门处理这件事。其他所有事全部排在那2—3个小时之外。

集中一段时间用来做最重要的事。这段时间尽可能地不要被打扰，这有助于你拿出更好的表现。保持专注，深度工作。"高质量的1小时是'1×60'，而不是'4×15'。时间被切割成零碎的小段后，你很难高效地工作。大脑刚放下一件事，转而处理下一件事是需要时间的。"（贾森·弗里德、戴维·海涅迈尔·汉森）

我会把拍摄短视频和回复消息的时间集中到晚上的一个小时，把社群的问答集中到每周六的晚上，其他时间的问题一律无视。日常生活中，我是一个温文尔雅的人，但我会冲那些随意打断我的工作状态的人大发雷霆。这是一种策略，我想清晰地告诉他们：不要轻易打断我，否则，准备好迎接我的怒火吧！

你不一定用我的方法，但你必须清楚地知道：只有你开始尊重自己的时间，别人才有可能尊重它。

我坚决反对那些对自己的时间毫不尊重，一会儿看看视频，一会儿打打游戏，一会儿斜靠在沙发上睡大觉的人，因为别人不尊重他的时间而大发雷霆。他没有"资格"。"资格"的意思是，实力不允许。这很容易理解，一个把时间都用在看短视频、打游戏，经常让时间从自己指缝中溜走的人，是不可能有底气冲着别人大发雷霆的。

为你的时间明码标价。

你把时间用在哪儿,你的成就就在哪儿。

让自己保持高效的方法:每过一段时间(一周、一个月)就重新审视自己对时间的利用。再一次询问自己:"我要做的最重要的一件事是什么?"并以此重新制订自己的时间规划,每过一段时间就更新它。

如果你自己没有目标,那你每天实现的就是别人的目标。

学会使用杠杆

基于同样的逻辑,我们应该尽可能地把一些不那么重要的事交给别人去做。这样我们就可以腾出自己的时间来做一些更有价值的事。

有一个非常著名的例子,我还是程序员的时候就听说过。美国 Verizon 公司的一个工程师鲍勃私自把自己的工作"外包"给了一位在外国和他有同样水平的工程师,这种"外包"只花了他自己工资的五分之一,然后他每天的工作就是看看网站、看看视频,干一些自己想干的事。

我们暂时先不把问题的关注点放在这件事是不是合法上,它其实给我们提供了一个很不错的思路:把一些不那么重要的事,利用汇率差、认知差、收入差"外包"出去。

你之前已经"外包"了很多原本应该自己完成的事,比如外卖,比如打扫卫生。钱不多，但很节省时间。只可惜很多人把节省出来的时间又拿去浪费掉了。认真对待这个问题，列个清单，看看自己平时在哪些事情上花费的时间最多，而这些事情又是可以外包出去的，明确地标识出来。

标识出来的目的是告诉自己这段时间是花钱买来的，必须善加利用。每过一段时间进行反思，看看效果怎么样，怎样进一步改进。

有一点要特别强调，你真正应该"外包"的是那些耗费时间但对自己的成长并没有特别大帮助的事情，千万不要把脑子也"外包"出去，那无疑是非常愚蠢的。

有些人不聪明，他们居然把阅读、思考这样的事都"外包"出去了，还自以为那是学习。

这是最古老的、争夺最激烈的一种杠杆——劳动力杠杆，即购买别人的时间去工作，腾出自己更多的时间用来思考、做决策。

如果你给真正的大厨开出高工资，你就能留住他。你自己则可以腾出更多的时间和精力去开第二家饭馆，然后开第三家，形成品牌。当你越不需要用时间去赚钱的时候，你反而越有钱。

我的第一家公司就是这么开起来的。我做了差不多 10 年的"包工头"，"外包"别人的软件项目回来，交给不同的人去完成。只不过砌的不是砖，是代码。虽然听起来很高级，但本质没变。

我个人不是很喜欢这个方法。创业当老板的本质是管理人，而人是最难管理的。机器容易管理，且不需要休息，不用考虑节假日，在你睡着了以后可以继续为你工作，任劳任怨。

把你需要完成的工作用"机器语言"（代码）告诉机器，然后让它遵照执行就可以了（这意味着学习编程是一项很棒的投资）。

你也可以把这部分代码分享给其他人使用，从而收取一些费用。比如金山的 WPS、江民的杀毒软件、蔡旋的"超级兔子",以及梁肇新的"超级解霸"。使用的人越多,你单位时间创造的收益就越多。

我还依稀记得自己当初是怎么喜欢上编程的,因为我看到了一本杂志,它是这么描述微软的:"这家公司简直就是在抢钱,他们做了什么?他们不过是写了一些代码,然后把它们刻录到光盘上,销售给你。和你为它支付的费用相比,那点光盘的费用几乎可以忽略不计。"

我喜欢这样的生意!

互联网出现后,连光盘的费用都省了。在互联网时代,信息复制的成本几乎为 0。

福布斯富豪榜 400 强的榜单上的人,除了企业家之外,大多是从事 IT 行业的。这其中包括微软的创始人比尔·盖茨,甲骨文的创始人拉里·埃里森,脸书的创始人马克·扎克伯格,谷歌的创始人拉里·佩奇、谢尔盖·布林,以及亚马逊的创始人杰夫·贝佐斯。还有就是那些从事金融服务行业的人,例如对冲基金经理。这是我要和大家探讨的另一种形式的杠杆——资本杠杆,我准备把它放在"投资"那部分仔细讨论。

因为看到了他们的故事,所以我进入了编程领域。

我会 7 门编程语言,从前端打到后台,用当时流行的称谓叫"全栈工程师"。然而,我居然就那么"老老实实"地写了十几年的代码,却忽视了最重要的一点:不要用时间去换钱。

让财富的增长实现自动化!将你所掌握的资源(早期主要是时间)兑换成可以源源不断产生现金流的资产。让它们在你睡着的时候,仍然为你创造财富。

事实上,那些从事 IT 行业的商业巨头并不是通过写代码才变得富有的(学习编程是一项很棒的投资,但不是通过写代码给别人打工,而是将某一件有价值的事交给机器去完成)。

这就是我为什么一直反反复复和你强调，一定要做正确的事，思考一件事情的本质到底是什么。方向一定要正确，方向对了，努力才有结果。人家学编程，你也学编程，方向不一样，差距会非常大。

一定要思考，独立思考，不要想当然，或者从某处直接获得所谓的答案。你用于思考的时间越少，后面付出的代价也就越大。阅读的时候也要注意，思考的时间必须远远大于阅读的时间。很多书籍往往代表着一个人的观点，而他的观点不一定就是对的。比如你现在正在阅读的这本书。

你不可能一开始就看得那么明白，但必须学会一边行动一边思考，看到自己和那些真正优秀的人之间的距离。要听得见别人的声音，不断开拓自己的视野，抬头看天，千万不能故步自封。时刻警示自己：什么时候你觉得自己是个"Somebody"，那意味着你距离"下坡路"已经不远了。

我浪费了十多年，才真正明白这个道理。

多么痛的领悟！

在不当"包工头"的那段日子，我做过一段时间咨询，讲过课。给企业讲课通常是按天收费的，一天5位数。我讲课还算受欢迎，收入也算不错。

后来不做了。有人问我为什么不继续讲下去，因为我想明白了一个道理：不要用时间去换钱。

讲课咨询费用再高，都是用时间在换钱。而你的时间是有上限的，一年只有365天，一天只有24小时，你不应该给自己的财富设置上限。更重要的是，人生多么宝贵，怎么可以把这么宝贵的时间用在赚钱上？真是浪费时间。

我们应该学会不用时间或者少用时间去赚钱，然后把时间腾出来用在更有意义的事上。

你的收益 =（价格 - 成本）× 用户数 × 复购。

很多人忽略了后面的用户数和复购。这是因为大多数人终其一生只有一个用户，那就是他当前所在的公司。如果你只有一个用户，是没有定价权的。

最最重要的是你错过了互联网时代最应该把握且可以把握的红利：在互联网时代，信息复制的成本几乎为0。

有两类知识你一定不能错过。一类是那种延续了数百年、上千年，被无数人筛选、甄别，但依然留存下来的普适智慧；另一类则是最新的科学技术与艺术。商业的底层逻辑并不会发生改变，发生改变的是实现它的手段。

你曾经遇到过的问题，一定还有人会遇到；你知道的，也许别人并不知道。而我们需要做的就是找到他们。这就是我要和你分享的，也是我最喜欢的一种杠杆形式——利用互联网。

1. 将关注点放在那些边际成本为0的产品（类似软件、写作、自媒体都是很好的让知识得以变现的手段）上，快速推广和复制。

2. 利用知识（信息复制成本为0）引流，获得大量用户。

于是，我放弃了咨询行业，转战新媒体。

现在，讲同样的内容，我可以同时面对数千人甚至数万人，成本并没有什么变化。一个人2000块钱和一个人2块钱，收费差距很大。

2000块钱还有上涨空间吗？很小了。

1万人还有上涨空间吗？很大。

事实上可不止1万人，我已经有了几百万粉丝，不是吗？算下来，每个人连1分钱都不到。

一个是2000块钱，一个是1分钱不到。

同样的内容，用户体验真的差那么多吗？

一切的前提是，为用户提供真正的价值，然后利用互联网完成规模化。价值是前面那个1，规模是后面那些0。一定要做正确的事，任何时候，问题的本质不能变，否则就是作茧自缚。

以前做到这一点，你需要打广告，小一点的媒体都不行。过去电视台还有标王，很多家公司抢一个黄金时段。钱花出去了，能不能达到效果还不一定。

同样的钱，在电视上你只能租 30 秒的广告时间，但如果花在新媒体上，你可以吸引更多具有忠诚度的粉丝。只要你的故事足够好，不用支付任何额外的成本，你的内容就会一直流传下去，通过粉丝和追随者不断重复、分享，为你不断建立和强化良好的口碑。粉丝的每一次转发、分享、订阅、点赞和回复，都会降低单位成本。

相比借用别人的资源，倒不如拥有自主创造的推送内容，建立与顾客之间的直接联系。

2021 年年初，我在抖音平台上分享了几款软件，我是真的觉得好用，不过是随手做个分享，结果一夜之间给软件带来数十万的下载量。这条视频很快就被限流了，平台怀疑我在带货。

后来我真的带货了。

我把自己喜欢的、看过很多遍的书整理出来，找到对应的出版社谈了一个较低的折扣，挂到橱窗，也不推荐。每个月都有几万不等的书被买走。出版社也知道我的原则，每次有好书出来，内部先过滤一遍，然后把他们认为的好书推荐给我。我读了觉得好，自然会挂到橱窗上。有些没挂出来的，出版社也知道我的原则，大家心照不宣。

买书的钱省了，顺便还能赚点外快。每个月，即便什么都不做，我也有几万元进账。

根本的原因，不过是有很多人关注我而已。

一旦你获得了他人的信任，又能代表他们的价值观，他们想要买东西的时候就更倾向于选择你，而不是其他没有情感连接的品牌。

钱的另一个本质是对信用的度量。

用大脑赚钱

你完全可以一边学习一边赚钱。

刚进入社会那几年，我一直靠"认知差"赚钱。".net"出来的时候学".net"，敏捷出来的时候学敏捷，后来是产品、运营、投资、新媒体……总比别人快一步。

可以说我的前半生就是学习，学完了再教给别人。其实也是学习，不过是换了个"姿势"学习。一边学习一边赚钱，一边赚钱一边学习，两不耽误。

学习、思考是一门极好的生意。

越是不学习、不思考的人，越可能通过时间、身体去换钱；越是通过时间、身体换钱的人，越不愿意学习、思考。这是个负循环。

越是爱学习、爱思考的人，越不需要通过时间、身体去换钱，就越可以腾出更多的时间去学习、思考。这是个正循环。

用大脑赚钱，而不是用时间赚钱。

一个最简单的"认知变现"的方法是：

进入那些有付费门槛的社群，认真观察人们为什么愿意花钱进入这个社群，他们遇到的问题是什么。收集这些用户提出的问题，有针对性地学习、理解、思考这些问题，给出更有价值、更易于理解和实施的解决方案。然后你会发现越来越多的人开始关注你，而你拥有了更多更有价值、更有针对性的问题。

如果你还不能理解，那就换一个更简单的说法。

尽可能地搜索、穷举讨论某一类有共同话题的社群或论坛。找到针对某一问题的答案，认真学习、理解、思考、尝试、总结，根据自己的理解把它复述到仍然被该问题困扰，但没有答案的地方（社群或论坛）。

一个很美好又不是那么美好的事实是：大多数人是不学习、不思考的。

学习是最基础的元技能，你可以用它换取任何东西。

赚钱也是一种技能，也是可以学习的。

学习学习的方法，学习赚钱的方法，这两者并没有什么本质上的区别。你可以先学会怎么学习，再用学到的方法学习怎么赚钱。你也可以一边学习一边赚钱，甚至可以把赚钱当作一个课题进行研究。一套粗略版的"如何赚钱的方法论"的体系构建过程大概是这样的：

1. 找一款比较好的阅读工具，比如豆瓣、微信读书，在上面直接搜索"赚钱"这个关键词，能搜到很多书，从里面选择那些出版机构比较好，一版再版（可以参考前文《如何选书？》一节）、风评比较好、星级评分比较高的书。全网搜索，看看其他人的评价。买回来几本，一定要买正版的，用不了多少钱。

2. 没必要按顺序阅读。可能同样一个主题（比如"如何销售"），在这本书里是第五章，在另外一本书里是第八章，按主题阅读。不要着急读完，不要关注阅读的页数，不要关注阅读的时间。以获得洞见、获得灵感、获得启发为主，每天用自己的话写点什么。

3. 为每一个主题寻找大量的案例。国内国外的案例找上十个八个的，找到那些案例后，全网搜索关于案例更多的内容和细节。阅读、理解、思考、验证，写一篇长文，发表出来，结识更多的人，一起交流。

4. 每过一段时间，写一篇论文出来。不用考虑格式，按照论文的标准，针对研究的"课题"（关于"如何赚钱"这个课程），通过论据、论证、案例、实验数据，给出自己的解决方案。写完以后发表出来，看看别人的反馈，结识更多的人。

5. 把它当作你的研究课题，每过一段时间，重写这篇论文，更换更多有说服力的案例、论据、论证、实验数据，重新理解里面的关键概念。

用不了多久，你差不多就可以赚到钱了。

我就是这么干的。

一点都不复杂，对吧？几乎人人都可以做到。

但大多数人都干不了，因为这个世界上的大多数人是不学习的。按积极性划分，大致有三类人：

1. 不学习就浑身不自在的人。
2. 推一下动一下的人。
3. 拿鞭子抽都不动的人。

第一类人最少，属于稀有物种。

第三类人最多。

按理说不学习也没啥，可这个世界一直在进化。学如逆水行舟，不进则退。人家都进化到科技文明 3.0 了，你却还在农耕文明"躺平"。

人是平等的，没有层次之分，但有维度之分。人家脑袋比你多个维度，自然就有多一个维度的好处。

为啥地球上的主宰不是狮子、老虎了？是因为物种等级的压制。

谁都别怪，要怪就怪自己。落后就要挨打，这是自然规律。

一个喜欢抱怨、总是把问题归结到外部、缺乏成长思维的人，是很难做出改变的。赵本山在《乡村爱情》里有一段台词："自己没能力就说没能力，怎么你到哪儿，哪儿都大环境不好，你是破坏大环境的人啊？"

主动寻求改变，而不是被动地等着别人来改变你。这是大多数人至今都没有发生改变的主要原因。

电视剧《天道》中，丁元英有一个关于强势文化和弱势文化的定义：

"强势文化就是遵循事物发展规律的文化,弱势文化就是依赖强者的道德期望破格获取的文化,也是期望救世主的文化。"

探寻第一性原理,即"已知事物的第一基础":这件事情的本质是什么?就是遵循事物规律的文化。

只要你还处在"等、靠、要"这样一个思想认知里,你就不可能强大。

你会一直看别人的脸色行事。

第九章
做正确的事,正确地做事

应当经常问自己的一个问题:"你做的哪些选择使你成为现在的你?"

——卡尔·福斯曼

一、做正确的事，不做错误的、对自己有害的事。

二、正确地做事。

痛苦清单

查理·芒格在哈佛大学毕业典礼上的演讲被收录在了《穷查理宝典》中。演讲在约翰尼·卡森保证痛苦人生的三味药方的基础上，又添加了四味药。

1. 要反复无常，不要虔诚地做你正在做的事；

2. 不要从其他人的成功或失败的经验中广泛地吸取教训，不管他们是古人还是今人；

3. 遭遇失败时，请意志消沉，从此一蹶不振吧；

4. 请忽略朴素的智慧。

长期服用这几味药能让你如愿以偿地过上痛苦的生活。

每一个人都认真阅读几遍这4句话。知识的魅力不是你读过了，知道了，做过读书笔记，分享出来了，而是你真真正正地把它用起来了。

怎么说呢？人家"过来人"千叮咛万嘱咐的事，你可千万要当回事啊！

越是老生常谈，越要把它当作头等大事去做。

可又有几个人真正当回事呢？

自从做了"网红"，我几乎每天都能收到大量的求助信息。最常见也最无能为力的事就是因为赌博或者网贷欠了一屁股债,每过几天就能遇到一例。每次遇到这类问题,都如同扒了一层皮。因为除了要帮助他找到正常的努力方向,制订合理的计划之外,还要想办法帮助他从原来的那个大坑里爬出来。金额较小的也就罢了,有的数额巨大,且没有一技之长。不要说他本人,连我也有一种无力感。想帮,帮不上。

所以每过一段时间,我都会重复拍摄一遍类似的视频,提醒大家"一定不要让自己的生活陷入困境",没流量也要拍。最好的方法是,如果知道自己会在哪里掉坑,那就永远不去那个地方。掉到坑里,再想爬出来很难。

可惜,人啊!永远是在掉到坑里以后,才能真正明白那些老生常谈的道理。

既然知道自己在投资时可能会犯某些错误,我们完全可以在投资决策和行动之间设置检查点。巴菲特曾经透露过他的一个方法:在交易之前,他会写下所有购买的理由。

比如:"我今天要买入可口可乐,我的理由是……"

```
if( 准备买入 )
    写下购买的理由 ();
```

写不出来,那就不买了。

强迫自己主动思考,尽可能地减少情绪对决策的影响。

这个方法能帮你省下不少钱,但很少有人用。

80/20法则是一个几乎人人都知道,但又最容易被人忽视的法则。它来自维尔弗雷多·帕累托,又称"帕累托法则",即80%的产出来自20%的投入。

但很少有人认真思考:这个投入是什么?是时间和精力,还是产品和服务？是哪些产品和服务？是哪些时间和精力？到底是哪 20% 的原因带给我们 80% 的成果和快乐？到底是哪 20% 的原因造成了我们 80% 的问题和不快乐？

把它们从我们的生活中找出来，然后剔除掉。

"做得少得到得多的诀窍有两条：写一个待做事情的表单，写一个不需要做的事情的表单。"（蒂莫西·费里斯）然后问自己：如果每天只能工作 2 个小时，我会做什么？

这很简单。就因为它太简单，所以根本没有多少人会真的去做。人们总是误以为复杂的东西更高级。

完全靠自律是一件很难的事，有时候可以借助外力完成。

在《荷马史诗》里的《奥德赛》中，奥德修斯为了可以听到水妖塞壬的歌声，让同船的水手们把他绑到船的桅杆上，再让他们塞住自己的耳朵，摇桨前行。这样他们就听不到那迷倒众生的歌声，不会理会他们的领队让他们驶往那致命的礁石的恳求。

如果你知道哪些事让自己的生活陷入了困境，那就绑住自己的手脚，或者想办法远离它。

就如在我写程序的时候，造成系统崩溃的一个重要原因就是某个变量为 null。于是，最好的方法就是在有可能出现 null 的地方（出现错误的地方）加上一个判断，如果该对象为 null，立即退出后面将要执行的操作。

```
if(guard == null)// 找到那个（可能）让我陷入困境的原因
    return;// 远离它
```

"java.io.File" 中对 "guard==null" 的检查有 18 处之多。在程序界，我们称这样的用于检查的句子为"防卫子句"：我知道某个地方可能会出问题，那我就在有可能出问题的地方做检查，一旦发现苗头，立刻做出处理。

段永平在斯坦福大学与华人学生交流的时候专门提到了"Stop Doing List"（不为清单）。Stop Doing，停止做某事。

花点时间，识别出那些有可能让你的生活陷入困境的事。设置检查点，立起警示牌，一旦发现，立刻打断。

Stop Doing！

《我来教你变富》的作者拉米特·塞西曾经在 craigslist 网站发布过一条雇用一名"在他上脸书开小差时，扇他耳光"的女孩的广告：

> "我在寻找一名可以在指定地点（我家或者米申区的某家咖啡馆）在我身边工作的人，你能监督我在电脑屏幕前工作。我浪费时间的时候你要吼我，如果有必要的话，扇我耳光。你可以干自己的事。急需帮助，地点在米申区，靠近旧金山湾区捷运第 16 街米申街站。报酬：8 美元 / 小时，你可以同时在自己的电脑上做自己的事。"

拉米特声称这个方法让他的工作效率翻了两番。

你倒没必要像他一样雇用一名专门扇你耳光的人。但是借助外力在"海妖"最常出没的地方设置机关，邀请几名同行者共同穿越那片海域也是可行的。

或者像我一样，精心设计一件真正有用且值得做的事，将其养成习惯，比如"每天写点什么"或者"每天说点什么"。这样，每天就会有很多人监督你："今天的内容怎么还没有更新？""你怎么又胖了？"你看，这不但没有浪费我的时间，反而成为推动我每日前行的动力。

做自己喜欢、擅长且复利的事

做正确的事。

做自己喜欢、擅长且复利的事。只有如此，你才会充满热情、保持专注、"爱觉不累"，发挥自己的最大潜能。

怎样才能找到自己喜欢的事呢？

两个方法。一个是开阔视野，让自己看到，然后追上去（参见导言《看见》）。

另一个就是从自己当下从事的工作中去挖掘。记录下每一个让你充满干劲、带来心流体验的事。看看一直做哪些事，能给你带来很好的未来（从历史中寻找榜样）。如果找不到，那就去扩展自己的认知，接触更多的新事物。

为这件事制订计划：

1. 怎么做才能完成这个计划？
2. 如果该计划无法实施，退而求其次的计划是什么？
3. 如果你已经时间自由、财富自由了，最想做什么？

计划的目标是帮助你看清当下的问题，基于当下的理解为未来设计一个最优解（最优是相对的，我们的知识有限，因此计划不可能准确。所谓的最优是指在当下时段的最优）。

在此制订计划的不是为了未来遵照执行，而是找到为了达成该目标需要具备的能力。

如何做？

找一张纸，以左下角为原点，向上、向右画出两条坐标轴。从左下向右上画一条斜线。在线的尽头标上一个字母 O（Objective 的缩写），代表你的目标。可以给一个三年或者五年的目标。不要列具体的行动，比如我要看多少本书啥的，这些都不是目标。你要问自己为什么要读这么多书，找到那背后的原因，然后把它落实到一个具体的量化指标。比如，我想成为一名知识 IP，具体的量化指标是，在 3 年后拥有 100 万粉丝。把目标量化成具体的指标，有个大概就好，不需要准确。

然后将这条斜线分成三等份（如果是五年就五等份）。在第一个点标上你第一年的目标 O1，以及具体的量化指标。写完以后，拿这个量化指标和自己过去的成绩做对比。看看有没有实现的可能。我就见过有人把自己第一年的收入量化到 200 万，我问他过去几年的收入大概是多少，他说 10 万左右。我说对不起，你这不是做计划，你这是做梦。计划是建立在现实的基础上的，做梦不需要，只需要放开想就行。我们是做计划，不是做梦，你的量化指标必须建立在过去的基础上。比如年收入 15 万，或者成为一名拥有 30 万粉丝的视频主播。

确定好了之后，从 O1 点开始，向左到纵坐标画一条线，在与纵坐标交集的地方做个标记 P1（Person 的缩写）。P 代表你实现这个计划的过程中涉及的人。

比如你的用户。他们是谁？你能为他们提供什么价值？他们可以给你带来什么？

比如可以为这个计划提供帮助的人。谁可以给你带来帮助，合作伙伴、团队成员，以及外部的帮手？把他们清晰地标识出来。

接着从 O1 点开始，从上至下画一条线，在与横坐标交集的地方做个标记 A1（Action 的缩写），写下与 P1 相对应的每一件需要完成的任务。假设我的 O1 目标是成为一名视频博主，与 P1 相对应的任务就是拍摄短视频、学习写文案等具体任务，这些任务就是你要刻意练习的东西。

如果需要他人帮助，具体到任务就包括与人建立联系之类的任务。每一个 A1 下面标识的任务都是与 P1 和 O1 相对应的,这些任务应该可以直接执行。如果很复杂,那就把这个任务当作一个新的 O,重新梳理 OPA,继续拆分。

OPA:O 是目标,P 是谁能帮助我、我可以向谁请教,A 是具体应该做什么。

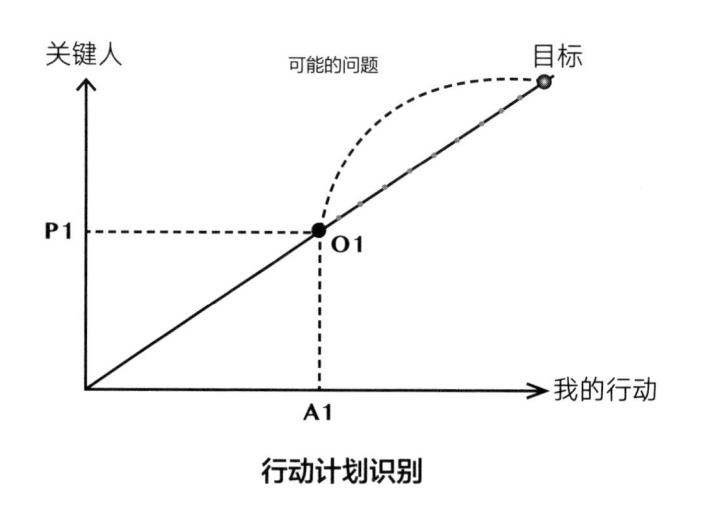

行动计划识别

审视这张图,看看为了完成某个目标,需要具备哪些能力。

依据第一性原理和剃刀法则,找到达成该目标所需要的最基本的能力。找到之后,向"前辈""过来人"请教,看看是不是如此,有没有什么方向或者具体实操的建议。

我们这么做的目的,不是做计划,更不是遵照执行。我们的目标是找到自己喜欢且能带来很好投资回报的事。看看为了完成此事,需要完成哪些任务,掌握什么样的技能。

模式改变

斯坦福大学的保罗·瓦茨拉维克教授在《改变》一书中提出过两个概念：第一序改变和第二序改变。

第一序改变会把关注点放在状态的改变上。"我在一个月里减掉了20斤。"通常说这话的人会采用一些快速的诸如节食之类的方法，短期内确实有效，但过上一段时间，还会胖回来。因为改变的是状态，而肥胖本身其实是由生活习惯决定的。

"治标不治本"。

第二序改变会把关注点放在生活或者工作的模式上。比如早睡早起，合理饮食，锻炼身体，增加身体的代谢。

模式改变了，那就真的瘦下来了。

关注"体系"，而不是"目标"。

选择对你有用的技能或者习惯，即使在外人看来这些项目可能会"失败"，但它能够让你最终获得"成功"，因为你一直在积累能够用于之后项目的资源。斯科特·亚当斯在《咸鱼也有翻身日》中，对此有过详细描述：

"在刚开始写博客的时候，我的未婚妻经常问我，我的目标是什么。写博客似乎让我的工作量增加了一倍，而因此增加的5%的收入并没有给我的生活产生任何实质性的影响。这项工作看起来很没意义，似乎是在浪费时间。我曾经解释说写博客是在创建体系。

"写作是一种需要实践的技巧，因此我创建的体系的第一部分内容就是培养自己经常练习写作的习惯。我的体系中的第二部分内容是将写博客作为研究写作与得到的反馈之间关系的一种方法。我会撰写各种主题的文章，然后看一下哪些主题得到的反响最好。"

1．找到一件值得做的事（应该但不限于你喜欢且擅长的事）。

你怎么知道它值得做呢？很简单，已经有大量的人和事证明过了。比如健身，比如写作，比如演讲，比如投资。这并不难做，又不是让你当作家。只要你肯花时间打磨，很容易成为人群中那20%。

找到它，深刻认识到它的好处。这件事最好是复利的，生活中所有的现实利益都来自复利。

2．尽你所能，穷尽所有完成这件事的方法。不要看到一个方法就停下来。

亚伯拉罕·林肯说："如果我有8小时的时间砍一棵树，我会花费前6小时磨利自己的斧子。"

学习也是需要学习的，思考也是需要思考的，投资也是需要投资的。在互联网时代这不是什么难事，一个搜索就可以搞定（不知道怎么搜索，可以回顾第五章《简单思考》）。

大量进行主题阅读、理解、思考。向大师学习，向真正的高手学习，向现实生活中的"牛人"请教。

3．设计一套最简单有效的上手方法，将其转化为习惯。

运用"逆向工程 + 第一性原理 +KISS 原则"，为自己设计一套"模式改变"而非"状态改变"的机制。

将目标任务拆分成若干个小习惯，从最简单的习惯开始。

我才不要用两年写一本"书"（或者完成某个任务）呢，这样的工程太浩大了，很容易产生疲惫感，变成为了写书而写书。你可以把它拆分成一个"每天做点什么"的小习惯。

- 每天写点什么。
- 每天拍条视频。
- 每天做一个深呼吸。

- 每天做一次冥想。
- 每天解决一个小问题。
- 每天（每周）完成一次定投（我后面会提到）。

……

一开始，你每天只能写两三句话，然后是十几句话，再然后是几十句话；大概要花 6 个小时才能制作一条视频，然后是 1 个小时，再然后是 10 分钟。开始会很慢，看不到什么成效，但是到达了某个临界点，就会产生"基因突变"。

在美国职业棒球联盟创下一年最多安打纪录的铃木一郎说："获得惊人成绩唯一的途径，就是重复每一个小步骤。"

一开始，你的目标可能仅仅是写一本书。你可以把它转化成掌握写作这项技能，可以用它来写公众号、专栏、工作报告、论文、剧本，等等。

芒格有一句话叫："拥有一样东西的最好方法，是让自己配得上它。"

这话反过来说也成立。

你今天所遭受的一切，都是果。有因才有果。

人们总喜欢把心思和关注点放在结果上。但创造果实的其实是那棵树，是长出那棵树的种子和根。富有是一种结果；肥胖是一种结果；生病是一种结果。不改掉那个因，最终得到的还是那个果。

要过非凡的生活，最简单的方法就是养成非凡的习惯。

力学第一定律

牛顿第一定律：一切物体在没有受到力作用的情况下，运动状态不会发生改变。静止的物体将保持静止状态，运动的物体将保持匀速直线运动。

物体（包括你）保持运动状态不变的性质叫惯性。惯性越大，改变当前状态的力就越大。

就像公园里的旋转木马，要想让它转起来，需要花费很大的力气（从静止到运动）。可是一旦转起来，不用花费什么力气就能让它继续旋转下去（惯性）。

做出改变的方法不是一上来就转动大轮，而是转动那个小轮（参考山地车）；不要一上来就做 100 个俯卧撑（做个百万"大 V"，搞个价值上千万的公司……），而是只做 1 个俯卧撑（每天写点什么，每天卖出一个茶叶蛋）。

养成习惯，形成惯性，然后逐渐加量。5 个、10 个、30 个……

阅读就好，和读几页书无关；写作就好，和写多少字无关；健身就好，和做多少个俯卧撑无关。

模式改变的核心：养成做某件事的习惯。

《微习惯》的作者斯蒂芬·盖斯认为习惯养成的第一个阻力是没有动力开始你的习惯。

如果目标足够小，小得不可思议——比如每天只做一个俯卧撑，我们就不会害怕开始。

每天只需做一次练习专注度的深呼吸，一次就行了。全神贯注地吸气然后呼气，一天的任务就完成了，其他的一切都是你额外完成的。

第二个阻力是无法坚持下去。

如果你的目标定得不是那么高，稍微一做就能超出预期目标，一旦你开始了第一步，实现了小目标，就很想把这个战果扩大，多完成一些。

《当下的幸福》的作者陈一鸣说："如果你承诺的是每天做一次深呼吸，那你可以轻松地完成它，并且可以坚持练习。等到后来你觉得自己可以做得更多的时候，你也能够轻松加量。"

控制几件你能控制的事情。

"如果你每天早晨都整理床铺，那就意味着你每天都至少完成了一项工作。这会给你带来一丝自豪感，会鼓励你接下去做一件又一件工作。等到这一天结束时，完成一件工作就变成了完成多项工作。整理床铺这件事也凸显了这样一个事实——生活中的小事至关重要。"（海军上将威廉·麦克雷文）

一开始会很慢，但随着时间的积累会形成巨大的势能。

自动驾驶系统

每天做点什么，而不是寄希望于偶然干了某事，然后人生突然发生巨大改变。

把问题交给系统，而不是运气。

人的身体就是一套系统。所有生命体的最基本的本能就是活下去，传播基因。

这里面有两个很精妙的设计。

1. 为了传播基因，我们会做一些事情，比如吃饭、与孩子游戏、赢得他人尊重、获得声望，等等。完成这些事，就能获得快感。但这种快感并不能持续多长时间。因为如果我们只做一次，就能获得持续的、长久的快乐，那就没有动力去做第二次了。"快乐是短暂的"，也正因为如此，快乐才能够被当作诱饵，促使我们完成基因传播的目的。

2. 生命体的一切行动都需要消耗能量。能量来之不易，尤其在人类生命进化的早期；因此，在能够节省能量的地方要尽量节省。在这个过程中，逐渐形成了一些快捷方式。

就像你看到蛇会下意识地躲避一样，一种动物进入另一种动物的领地时，就会触发前者的战斗意识，这种现象的部分原因在于我们的**进化历史**（关于这一点，我强烈推荐大家读一读尤瓦尔·赫拉利的《人类简史》）。在很大程度上，这是人类能够幸存下来的关键。

这种情况并非人类独有的，动物行为学家已经确认了大量物种盲目而机械的规律性行为模式。

罗伯特·B.西奥迪尼在《影响力》一书中，记录了一则关于雌火鸡的故事：雌火鸡和所有的母亲一样，非常爱护自己的宝宝。它们会花很多时间照料小火鸡，做好保暖和清洁工作。只要小火鸡发出"叽叽"声，雌火鸡就会把孩子们收拢在自己的羽翼之下。如果这个时候出现一个臭鼬模样的充气玩具，雌火鸡就会咯咯大叫地冲上去，用嘴啄它，用爪子抓它。如果在这个玩具里装上一个小型录音机，播放火鸡宝宝发出的"叽叽"声，雌火鸡不仅会接受臭鼬玩具，还会把它收拢到自己的羽翼下。

西奥迪尼称其为"按一下就播放"。

另一则故事来自罗伯特·波西格在他的畅销书《禅与摩托车维修艺术》（这是乔布斯极力推荐的一本书）中描述过的古南印度的"捕猴陷阱"：

把一个椰子掏空，拴在木桩上。椰子上有个小洞，里面放上米饭。猴子可以通过这个小洞把手伸进去抓饭吃。猴子的手伸进去是没有问题的，但是抓住饭以后想拿出来却不行，除非把紧握米饭的拳头松开。但猴子看到米饭以后，抓住就再也不放手了。

自然选择造就了我们的行为模式。在大多数情况下，我们做出决定不是靠冷静的思考、分析和反思，而是靠从大量已经发生的事件中学习经验、总结教训。根据相应特征对事情进行分类，建立应对，在遇到同类的事情发生时自动触发。这是一种下意识的"快捷方式"。

2011 年，诺贝尔奖获得者丹尼尔·卡尼曼出版了一本极为重要的著作——《思考，快与慢》。我将该书列为"姜胡说"社群必读的书目之一。

他在那本书的第 1、2、3 章，再一次提到了斯坦诺维奇的系统 1 和系统 2 两个概念。

他说，系统 1 的运行是无意识且快速的，不怎么费脑力，没有感觉，完全处于自主控制状态。系统 2 则将注意力转移到需要费脑力的大脑活动上来，例如复杂的运算。

比如，问你"1+1 等于几"，你完全不需要停下来思考；但如果我问你"587668×8545 等于多少"时，你恐怕就要停下来想一想了。

对于前者你用的是系统 1，而对于后者使用的是系统 2。

人类之所以能活在世上，首先依靠的就是系统 1 的功能，在残酷的生存竞争中对外界环境的变化快速做出反应。

很多时候，它不仅有效，而且必要。

大脑也不过是我们肉体凡胎的一部分，一个普通器官。它需要能量来维持运转，会受到有限资源的限制，有固定的能量预算。问题越复杂，需要消耗的能量越多。不断转换任务和提高大脑运转速度从本质上来说就是消耗，人们总是尽可能地避开这种情况。经过长时间的进化，我们的大脑也学会了节省能量，这就说明了为什么最省力法则能成为法则。英国著名哲学家阿尔弗雷德·诺思·怀特黑德就认为这是现代生活不可避免的一个特点，他断言："文明的进步，就是人们在不假思索中可以做的事情越来越多。"

然而，系统1的功能特征在设计上主要是为了满足远古人类的生存需求，而现如今人类生活的世界与远古时代已经发生了很大的变化。当初为了节省能量而产生"趋利避害"、下意识的"快捷方式"，在具有高度不确定性的今天，启发式的思考方式经常会导致判断失误。因为系统1的反应速度远高于系统2，在做决策时，我们通常会下意识地优先使用系统1，做出不准确、不严谨的判断，影响我们的决策质量。

做出改变的关键是元认知——人对自己认知过程的认知，来自系统2的反省心智。方法是把自己放在事件的中心，观察自己的行为和思考过程，有意识地进行自我反思和自我监控，并根据需要调整。把我们自己想象成一辆汽车：

系统1更像是一套自动驾驶系统。更省力且有效的方法是，将一些常规化的、大量重复出现的事（比如刷牙、洗脸、骑自行车），通过后天大量的刻意练习固化到系统1。

系统2更像是主动驾驶。第一，刻意练习一些常规化的、大量重复出现的技能，将其固化到系统1。第二，监控系统1的运行，不断升级该系统的算法。第三，一些比较重要的事，需要在反省心智的监控下，通过算法心智进行计算，做出最终决策；如有需要，将其固化到系统1。

如果我们把时间往前调，比如在你很小的时候，我问你"1+1等于几"，你也是需要思考的。不过现在不需要了。

你在一开始学车的时候，每个动作都需要小心翼翼。坡起、倒车入库、侧方位停车……开得久了，成了老司机，一切都变成了下意识的行为。

整个过程就像戴明环（PDCA循环）。

戴明是美国的一位质量管理大师，成名于日本。在他的帮助下，丰田公司获得了巨大的成功。丰田喜一郎说："戴明是我们管理的核心。"日本甚至为戴明设立了质量管理领域全国性的最高奖——戴明奖。

戴明认为,高质量,不是来自基于结果的产品检验,而是来自基于过程的不断改善。它同样适用于个人。

针对第二序改变,即模式改变:

1. 利用系统2制订计划(Plan),设计一套最简单有效的上手方法,将其转化为习惯;测试有效后,将其固化到系统1。

2. 行动(Do):遵照执行。早期只专注于一件事,把它养成习惯,使其成为一套持续运行的系统。

3. 利用系统2反省心智对该系统进行监控、检查(Check):站在更深的视角观察自己的系统是否合理,有没有什么值得改进的地方。

4. 总结、反思经验教训,处理(Act):利用系统2,针对有问题的地方重新设计,重构现有系统计划(Plan),并持续优化。

反省心智是一个极重要的工具。

我发现几乎所有优秀的人都有反思的习惯。牛顿、霍金、陀思妥耶夫斯基、弗吉尼亚·伍尔夫,无不如此。这是一种"元技能",可以用于提升其他一切技能的水平。通过自我反省,能够发现"当前系统"中存在的问题,并根据需要调整它。完成自我升级。

当你还需要用系统2做一件事时,说明你对这件事掌握得还不够。必须把它转化为下意识(系统1)的行为,这样我们才能把更多的精力释放出来,关注其他事物。

让习惯成为自然,继而成为潜意识。

一个卓越的人,不在于拥有很多知识,而在于拥有很多优秀的下意识的习惯。

精准努力，有针对性地练习

努力了，不一定会有结果。

首先，你要做正确的事，"精准努力"。

每天做 100 个俯卧撑，能让你身体变得强壮，但无法让你写出好文章。同理，每天看 20 条短视频，能增加你的谈资，但无法让你变得富有。

阅读（学习）是最重要的元技能，你可以用它换取其他所有东西。

写作本身就是思考的过程。经常写作的人不会太笨。我几乎每年都会学习一项新技能，并养成了一边学习一边输出的习惯。每当我掌握了一项新技能，我就掌握了一个错维打击的能力；同时我会利用写作将整个学习过程和心得整理成一本书，公开发行，无论是否收费，我都能获得巨大的收益。

换位思考让我总是能站在对方的角度思考。当你总是能让别人很舒服，那么别人也会让你很舒服。

推销能力是创造财富的关键。对于普通人来说，"演讲 + 新媒体"是你应该掌握的技能。无论你做什么，都可以通过传递知识来获取用户。你可以和用户一起创造你的产品，再把产品卖给他们，他们甚至还会发自内心地帮你销售，而这一切都是免费的。

再就是我下一部分要和你分享的投资。巴菲特曾说过："如果没有找到一个当你睡觉时还能赚钱的方法，你将一直工作到死。"

如果你觉得很迷茫，想做出改变，又不知道具体该干什么的时候，把上面这段话再阅读一遍。

找到一件值得做的事很重要，深刻认识到它的好处，只有如此，你才能真正地排除干扰，把更多的精力用在真正有用的地方。

"你对自己真正的目标了解得越多,其他人的行为对你的影响就越小。你越是看不清自己的道路,其他人的声音、生活中的干扰因素以及社交媒体的指责就越会凸显出来,威胁你的正常生活。"(阿兰·德波顿)

不是养成习惯,练习的时间足够长,能力就会变强。为什么有人做了一辈子饭,但做的饭仍然很难吃?为什么有人下了一辈子棋,可是棋艺一直没长进?因为他们一直在以完全相同的方式一而再,再而三地重复做一件事。

保罗·莱维斯克说:"如果你无法把某件事情做得很好,那就不要做,除非你真的想花时间来加以改善。时至今日,当我看到年轻人在拳击场搏斗时,我就会想,他那个动作做得不好,可他还是一直那样做。这是不对的。"

真正的练习不是为了完成运动量,练习的精髓是持续地做自己做不好的事,直到擅长为止。

没有正确的训练方法,很难取得优异的成绩。

在条件允许的情况下,邀请"过来人"有针对性地指导,告诉你什么是正确的、什么是错误的,当你的方法出现问题时帮你斧正。这非常划算。如果什么事都自己去摸索,会浪费很多时间。

没有合适的老师怎么办?找一个榜样,独立完成和他同样的事,然后做对比。

我是这样提升自己的编程技艺的:找到一个好的开源项目,认真阅读某一段代码。把代码合上,尝试自己独立完成,和源代码做对比,看看人家是怎么写的,他为什么会那么写,可以从中学到什么。找到出问题的地方,刻意练习。

本杰明·富兰克林早年受到的教育有限,能够写出通顺的句子已经很了不起了,但他又很想提高自己的写作能力。他找到了一本杂志,杂志中的文章质量很高,于是他开始模仿文章中的措辞,思考:如果他自己写会怎么写，先写什么，后写什么？作者是怎么写的，为什么会这么写，为什么会采用这样的顺序？不断地进行揣摩、研究。

刻意让自己不舒服

改变，一定伴随着不舒服。

既然是改变，那就意味着有一些事不是你熟悉的，是你要接受挑战的。

你原本就能做三个俯卧撑，每天仍然坚持不懈地做三个俯卧撑，进化从何谈起？

四星上将斯坦利·麦克克里斯托在被问及"老百姓可以采用军队所采取的哪些方法来帮助他们锻炼意志力"时，给出了三种方法：

1. 向自己施加超出自己想象的压力，这样做可以让你重新认识自己的能力。

2. 让自己置身于那些正在面临严峻困难与挑战的群体中，我们常常称之为"共患难"。你会发现在经历了这些艰难的困境之后，你能更加坚定地投入到自己的工作中去。

3. 制造出某种恐惧，然后让自己克服这种恐惧。

所有的方法都指向一点——脱离舒适区。

一旦养成习惯，接下来要做的事就是在每次练习中寻求进步。

我很少会因为有能力才去做某件事。恰恰相反，我通常是希望借助某件事提升我的能力。一旦能力达到某种程度，我就会把它交给"系统"，形成一套"模式"：把一个"大工程"拆分成若干个每天可以完成的小任务，养成习惯，让它自我运行，然后去寻找下一个在我能力范围之外的事。

在舒适区做事，叫生活；不舒服才会进步。

但尽量不要让自己进入恐慌区。刻意掌控意志和进行自我控制是很辛苦的，如果你强迫自己去做某件事，就会出现自我损耗。自我损耗过大，人们就会选择放弃，半途而废。

找到自己的舒适区，测试出自己能够承受的"疼痛程度"。太舒服了就加点力，力度太大，就放松一点，这和足疗有些相似。有点疼但又不那么疼，最合适。

不要因途中的小挫折妄自菲薄，要学会享受和欣赏这一过程。

取得成绩时当然要庆祝，但更重要的是要在遭遇失败时从中有所收获。

刻意练习，本质上是以错误和失败为中心的练习。事实上，如果你没有经常性地遭遇失败，那表明你的努力程度不够，可能还一直停留在舒适区。长期处于低水平的训练是对自己时间的不尊重，也无法取得优异的成绩。

"坐就是坐，走就是走，不要游移不定。"

保持专注，做好你当下正在做的事。

我有一个极好的习惯。昨天刚刚和你分享了一个概念，第二天我还会再去思考它，思考更简洁、更本质、更深层次的东西是什么。如果有所得，我还会再说一遍；有可能过两天，我还会再说一次。

这可能会让你很崩溃："他在干吗？这事不是说过了吗？""他怎么又说了一遍？'姜郎'才尽了吧？""天哪！他又说了一遍！！"

我才不关心你是不是听过呢，我只关心：我是不是真正理解了这件事？我是不是又一次更深层次地重新理解了这个概念？怎样才可以把这件事、这个概念的价值发挥到最大?

于是,到最后,我们都知道同样一件事或者同一个概念。甚至你知道的比我还要多一些,因为我会删掉那些我本来已经知道却没什么价值的东西。我的大脑有限,装不了那么多东西,但它给我带来的价值却是你的数倍。

我从不以数量取胜。帮助我获得胜利的,通常只是少量的几件事。

认真对待每一件小事,把小事做"大"、做"细"。

它反映出了更深层次的问题,即你做任何一件事情的方式就是你做所有事情的方式,那就是你的风格。

大多数人认为自己可以等大场面来临时再充分调动自己的积极性,但是如果你在小场面中不培养自己的能力,那么在大场面中,面对我这样的"职业选手",你毫无胜算。

延迟满足

不是所有的努力都一定会有结果,至少不是马上有结果。

"健身教练经常说的一句话是'慢慢来,坚持住',提醒学员某些动作需要数周或数月的持续刺激才能够适应。如果你操之过急,那你得到的就是伤病。"(克里斯托弗·萨默)

付出但没有取得进步所带来的暂时性挫折,是每一个精英必须学会面对的。如果成功唾手可得,那所有人都可以成功。事实上,对待挫折缺乏耐心是大多数人无法实现自己目标的主要原因。

几乎所有成功人士的身上，都有一个共同特征：延迟满足。

所谓延迟满足，就是暂时放弃某种喜欢的东西，以便之后获得更多此类东西的意愿。

在接受《财经》杂志采访时，张一鸣说，他最欣赏自身的特质是"延迟满足感"。他的微博有 13 条提到了"延迟满足"，他甚至认为跟延迟满足感程度不同的人无法有效讨论问题，因为他们愿意触探停留的深度不一样。

心理学发展史中有个很著名的实验，瓦特·米舍和他的学生将一些 4 岁大的孩子置于残酷的两难处境中，这些孩子可以自行选择，是随时拿走一个小奖励（一块奥利奥饼干），还是在充满考验的环境中苦等 15 分钟，然后得到更大的奖励（两块小甜饼）。

10 年或 15 年之后，那些忍住了诱惑和没忍住诱惑的孩子之间会出现很大差别。忍住了诱惑的孩子在认知任务，尤其是高效地重新分配注意力方面的控制力更强；当他们还年轻时，他们染上毒品的可能性更小。智力水平的巨大区别也随之出现：在 4 岁时表现出更强的自我控制能力的孩子在智力测验中得到了更高的分数。

如果能够确保一年后获得 15000 块钱，你更愿意现在就拿走 10000 块钱，还是等待一年？

这和"时间贴现"有关。如果有人认为他可以在一年内获得更高的投资回报率，就会选择现在拿走 10000 块钱。每个人的时间贴现不同，最终选择也不同。然而大多数人无法实现 50% 以上的投资回报，也就是说对于大多数人来说，15000 块钱是那个更好的选择。即便如此，并没有多少人能够真正等到一年后，在面对各种诱惑时更是如此。

如果你知道一件事的方向是对的，但又同时面对很多诱惑，最好的方法就是把它交给系统，利用"自动化"（习惯）的方式完成。你只负责设计系统，并在系统 2 的监控下持续对其升级。

  这个过程一开始会很慢，但伴随着大量的刻意重复和习惯的养成，那些常见的错误行为会在你身上慢慢消失，反而会转化成你自动系统的一部分。之后你就不需要再花费太多的精力去关注它，只需要在固定的时间内，通过反省心智持续复盘，不断升级它就好了。

  没那么复杂，但需要时间的积累。

  一般人做不到。做到了，你就不是一般人。

第十章
你的第一桶金

　　这种心态背后存在一个侥幸心理——我在等着一个神奇的点子从天上掉下来。然而创业并非这么回事。如果你想创业，点子需要靠你自己去找。这个点子并不一定是完美的，它只是很多点子中的一个。

——拉米特·塞西

所谓第一桶金，并不是一个具体的数字，比如多少钱算是第一桶金。

第一桶金的关键是那个"桶"，意味着从此以后掌握了一套获取财富的方法，可以用它去盛第二桶金、第三桶金。其本质是发现问题、解决问题：发现他人在生活中遇到的问题，通过帮助他人解决问题获取财富。

赚钱不是目的，赚钱的目的是不用再为赚钱发愁，可以腾出时间来做一些更有意义的事。如果每天活着仅仅是为了吃饭、睡觉、上班赚钱，那实在是太无趣了。

赚钱有模式

赚钱这事是有模式的，没必要自己从头摸索。

我最早接触模式，源于克里斯托弗·亚历山大。他在《建筑的永恒之道》里提到了许多伟大的建筑物，比如沙特尔大教堂、阿尔罕布拉宫、布鲁内莱斯基的穹顶。这些建筑并不是由某一位主建筑师独立创造出来的，而是由一群人共同构建的。

这群人对能将建筑物变为现实的设计有着深刻的共识，在遇到同类问题时（比如通风、采光、供排水等），已经根据过往经验就最佳实践方案达成了共识。不需要从0开始设计，完全可以复制前人已有的经验，在那个基础上不断改良、精进。

就如我们在阅读到某一本书的某一个段落时，总是会感叹："原来早就有人做过了,我要是早知道就好了。"

别人已经证明过了的事,没必要再证明一遍(或许你应该重新阅读一遍第六章《阅读、理解与思考》)。

做生意也是如此。

杜国楹,连续创立背背佳、好记星、E人E本、8848钛金手机、小罐茶……他肯定知道一些什么东西。

张一鸣,连续创立内涵段子、今日头条、抖音……他肯定也知道一些什么东西。

埃隆·马斯克,连续创立太空探索技术公司(SpaceX)、特斯拉(TESLA)、太阳城公司(Solar City)……他必然知道一些什么东西。

肯定有一些事是他们知道,而我们不知道的,或者是他们能做到,而我们做不到的。

纳瓦尔·拉威康特说:"假设有一天,我创业失败,身无分文,这时把我随意丢到任何一个说英语的国家的街道上,我相信自己会在5年或10年内重新变得富有,因为我已经掌握了'赚钱'这门技巧,而这门技巧人人都能学会。"

如果我能知道他们做事的模式和经验就好了。

就如瑞·达利欧在《原则》一书中说的:"我很想知道阿尔伯特·爱因斯坦、斯蒂夫·乔布斯、温斯顿·丘吉尔、列奥纳多·达·芬奇等人奉行的原则是什么,这样我就能弄明白他们追求的目标是什么,他们是如何实现目标的,并对他们的不同做法进行比较。"

建筑有模式,代码有模式,写作有模式,赚钱也有模式。

而如果你想成功,最好的方法是向那些已经获得成功且连续成功的人学习。看看人家是怎么做的,有哪些可以借鉴的,在现有模式的基础上继续前行。

这玩意可以学

我们很少遇到别人没做过的事,即便有也只是些许不同而已。

赚钱这事能有多难呢?

最简单的方法就是临摹:你看谁的字写得好,拿过来照着临摹;你看谁的文章写得好,拿过来照着临摹;你看谁的生意做得好,拿过来照着临摹。

很多高精尖的事,比如人造卫星、高端芯片,这样的事咱们普通人做不来。可有些事是可以学的,比如厨师,花几年工夫,稍微用点心,就可以做得很好。

我小时候上学,家里没钱,母亲没什么文化,为了挣我的学费,想办法从人家那儿搞了个做豆腐脑的方子,每天很早爬起来推个破三轮车沿街叫卖。虽然没有大富大贵,但我上学的钱总算是解决了。

我把这个事讲给一些生活陷入困境的人听,他们的第一反应居然是:"你母亲还会做豆腐脑。现在的人谁愿意教你啊?"

如果我是你,才没有时间去抱怨社会呢。我会去想,原来做豆腐脑这事可以赚钱,谁会做豆腐脑,我怎么才能把这门手艺学到手?还有什么能挣钱?蒸包子怎么样?谁蒸的包子好吃,我可以和谁学?

做豆腐脑是可以学的,蒸包子也是可以学的。组装电脑是可以学的,编程也是可以学的。

前两项是我妈学的,她小学文化。后两项是我学的,我中专文化。

2011—2018 年,我参加了很多场线下分享交流会。

一开始在车库咖啡,我见到过一些网红。当时微博刚刚兴起,杜子建写了本书叫《微力无边》。我和酒红冰蓝曾经在西门烤翅一起吃过烧烤，一同的还有好多人，乱哄哄的，聊了什么忘了，我很少插话，只是朦朦胧胧有个感觉：

草根＋新媒体＝有一定的可能成为网红。

你猜怎么着？后来我真的成了网红。

不要太介意自己的学历。很多行业，比如电商、直播带货，最初赚钱的那帮人的平均文化水平并不高，可能连本科都不到，大学毕业都算非常高的学历了。

我不是说学历不重要，我的意思是不要给自己设限。学历是你的起点，不是你的终点。

别把赚钱这事想得多么高深，很多钱就是这么赚的：你能找到问题，知道怎么找到解决方案，能把这件事搞定，做完整，就可以获得收入。

书中自有黄金屋

我总是喜欢从他人的经历和言谈中获得一些灵感。

纳瓦尔说："阅读是最重要的元技能，你可以用它换取其他所有事物。"

拉米特·塞西是一位创业者，《我来教你变富》的作者。目前他每周的收益有时能超过 500 万美元。他认为其实很多人已经有了赚钱的技能，只是自己不知道而已。如果你想要弄清楚自己有什么赚钱的技能，可以先问自己以下 4 个问题：

1．你花钱买过什么？在你花钱购买的服务里，有哪些是你自己就可以提供的？有没有一些可以拿到网络上去卖？

2．你有什么技能？有没有你特别擅长的？有没有人愿意花钱请你教他们？

3．你的朋友认为你擅长什么？别人或许更知道你擅长什么。

4．周末的时候你都在干什么？其他人还在睡懒觉的时候，你在干什么？找到那个你真正愿意花时间去做的事。

你花钱买过什么？这个服务恰好又是你可以提供的，你可以从那里入手。

玫琳凯·艾施·瓦格纳有一位做美容师的朋友，这位朋友经常会在家调制一些护肤品，提供给她的客户、亲人还有朋友们。瓦格纳非常喜欢她的配方，因为她的皮肤变得越来越好了。这位美容师过世后，刚刚失去丈夫的瓦格纳从美容师家人的手里买下了那个秘方，在达拉斯一个约 46 平方米的店面里创立了自己的公司。

她认为如果这个配方能够帮助她的皮肤变好，那也能帮助别人的皮肤变得更好。

德里克·希维尔斯的 CD Baby 也是这么做出来的。

他当时住在纽约州的伍德斯托克。当地有一家精致的小型唱片商店，为当地的音乐人销售 CD 唱片，生意看起来还不错。

一天他走进这家商店，问那里的工作人员："如果我想在这里销售自己的唱片该怎么办？"店员回答说："很简单，你自己定好唱片的价格，我们这里每销售一张唱片就会收取 4 美元的代理费用。然后你只需每周来一次，我们付给你去掉代理费的销售额。"

听到这个答案后，希维尔斯回到家中，当晚就登录了刚创办的网站，在上面写道：

"定好您的唱片价格，这里一张唱片的销售代理费是 4 美元。我们会每周付给您刨除代理费的销售额。"

随后他意识到，每次向网站中添加一个专辑条目大约需要 45 分钟的时间，所以他需要把专辑封面用扫描仪扫描、用 Photoshop 软件进行编辑加工、解决音乐人个人简历中的拼写错误等时间成本加进来，即"每 45 分钟的价值大约 25 美元"。

但很快，他又把这个价格改成了 35 美元。

"25 美元和 35 美元看起来差别不是太大——它们在人们的头脑中占据的是同样的价格空间。这样一来如果有人提出砍价，我可以随时给他们打折。假如有人对这个定价表达了不满，我就会说：'这样吧？我给你打个折！'人们喜欢打折。"

就这样，加盟费 35 美元，每张唱片的销售提成是 4 美元。

这就是希维尔斯的整个商业模式，在 5 分钟内确定下来的。这个项目后来卖了 2200 万美元。而他所做的只是走进当地的一家唱片商店，打听他们的做法，然后据此确定了自己的商业模式。

我太喜欢这个故事了。

它不需要你去上个 MBA，读一个商学院，加入一个私董会，了解多么复杂的商业模式。你要做的仅仅是看看自己花钱买过什么，或者别人花钱买过什么，而这个服务恰好你可以提供，然后你就可以去做了。

我的意思是，你，就可以去做了！

你不需要开个什么公司，写个几百页的 PPT，见什么投资人。你自己，就可以做！

或者，你有什么技能？有什么是你特别擅长的，别人需要而恰好你可以提供的？

蔡斯·贾维斯是创业者在线教育平台 CreatliveLive 的首席执行官。他的第一笔生意源于他对滑雪的爱好。

他从小就会滑雪，那是他的特长。在滑雪的过程中，他拍摄了许多运动员使用制造商即将推出的新滑雪设备的照片。制造商看到了他的作品，与他取得了联系，以一张肖像 500 美元外加一副滑雪板的价格获得了他的最终许可。

他只是和伙伴去滑了一两天雪就能赚 500 美元。于是他决定复制这一做法，反复出售照片使用权，并且每次都提高价格。

如果你想赚钱，那你应该在赚钱这件事上花点功夫。看看谁赚到了钱，他是怎么赚钱的，然后向他学习。在早期，我几乎所有的赚钱技能都是通过阅读和模仿获得的。

经常有人和我说，书上的东西要么太理论化，要么就是局限于当时的环境，而这个环境很难复制。你错了，所有事情的本质都是一样的。真正的问题在于你不愿意思考，懒得举一反三。

以 CD Baby 为例，CD 确实有点过时了，现在很少有人再听 CD，人们已经习惯了在线听音乐。但是，一定是 CD 吗？如果你把 CD 换成书怎么样？去看看我的抖音橱窗吧，那就是德里克·希维尔斯的网站。我会严格筛选出那些真正的好书，这其实是我的特长。

我擅长读书（我可不是天生就擅长这个），我知道什么样的书籍适合你。我把适合你的书挂在橱窗里，找出版社谈一个不错的价格，每销售一本自动抽取一定的代理费。就是这样，完成这件事大概花费了我 1 个小时（我打赌，当我写到这儿的时候，一定会有人说："那是因为你有粉丝。"告诉你个秘密：我也不是天生就有粉丝的）。

永远不要按图索骥，等着别人把饭掰开了、揉碎了喂给你吃。

记住那句话："如果他可以培训你，那么他同样也可以培训他人来取代你。"

等着别人喂饭吃的人是不可能赚到钱的，但你可以反过来赚他们的钱。懒惰是他们的刚需，不愿意思考是他们的底层需求。如果你能够理解这一点，你这辈子不会缺钱，因为你总是可以把一些东西"掰开了、揉碎了、嚼完了"以后，再喂给他们。

这个比喻虽然有点恶心，但这就是真相！

看看那些所谓的"成功学大师"，查一查他们真实的文化背景，你会大吃一惊的。不要误会，我对成功学没有任何意见，我甚至认为成功学是一个很有价值的学科，一直在阅读和成功学有关的书籍。那么，问题在哪儿？

问题在于刚需。

请记住，那些等你喂饭给他吃的人是这个世界上最好的客户，数量众多。

我不是让你去骗钱。熟知我的人都知道我有一个牢不可破的价值观，那就是利他。

有一个专业的术语可以描述某些人在缺少帮助的情况下难以取得进步的情况，叫作"习得性无助"。他们认为自己无法做到或学会某件事，比如写作、演讲或者掌握某种新技术。但是，如果有指导者适当地提供帮助，每个人都能强化自己的薄弱环节。这是一件双赢的事。

学习的方法有很多，并不是只有拜师一种。只要你看到有人靠自己的双手赚到钱了，你就可以向他学习，而不仅仅是读书。我有很多老师，可是他们大概并不知道有我这么一个徒弟。

观察，向行业内的人请教（现在有一些这样的软件，比如在行，但要注意分辨真伪），购买他们的东西，把整个流程记录下来，甚至是

"卧底"……

"卧底"你懂吗？我的意思是你可以利用这种方式，做个近距离观察的"学徒"。

你也可以参加一些媒体（比如虎嗅）举办的线下交流会。

我在 2016 年、2017 年、2018 年参加了很多这样的线下交流会，分享者大多是一些公司的创始人，有一些人的公司后来上市了。这种活动差不多每周都有，每次活动的参与者并不多，二三十人，很适合交流提问，其中不乏各个领域的精英。几年下来，我结识了不少人，从他们那里学习到了很多可以拿来借鉴的方法和模式。

比如，金星在 2018 年分享他们做新氧时如何完成冷启动的方法。那时候国内没有多少整形用户愿意主动分享自己的真实经历，这些内容比较难创造。他们采用了一个比较取巧的方法，在国内雇用了一批韩国留学生，让他们到韩国网站上把韩国人写的整形日记翻译成中文，复制到论坛里。因为韩国人对整形的观念比较开放，他们愿意分享，整形日记也都是图文并茂、连载的形式。通过这样的方式，他们在两个月里共发布了八千多篇整形日记。

你并不总是有机会参加那种高水平的线下活动，但我们仍然有办法从那些更优秀的人那里获取他们成功的模式。

很多人的社交媒体一直是对外开放的。你可以从网络上获取王兴、张一鸣、张小龙、马斯克、纳瓦尔、瑞·达利欧他们对一件事情的看法，按照时间流的顺序，将它们拼凑在一起，就是一本很不错的"战地日记"。与他们有关的采访、人物传记，对外公开的演讲也是不错的获取相关信息的渠道。

正如本杰明·富兰克林在《致富之道》一文中所写的："知识上的投资会带来最佳收益。"

别把赚钱这件事想得有多么高深，很多钱就是这么赚的：你能找到问题，知道怎么找到解决方案，能把这件事搞定，做完整，就可以获得收入。

逆向工程

"没必要重复发明轮子",你不大可能是世界上第一个遇到这件事的人。

最简单的方法是找到那些赚钱的事,逆向工程。

如果一件事已经成功了。倒过来,逆向推理,从最终的方案反向推理到我们现在的处境:这件事的底层需求是什么,用户是谁,是怎么营销、怎么交付的?

从一些已经成功的现有模式中学习。看看人家是怎么做的,解决了哪些群体的哪些问题,是如何解决的。

多看、多观察别人是怎么做的。我所有赚钱的手段都来自模仿,看看别人是怎么做的,照着临摹。别人的包做得不错,买回来拆了。把一些不必要的东西去掉,再装上,试试效果;拆了,加上自己的元素,试试效果;再拆了,打散重做,形成自己的风格。

做生意这事和做豆腐脑、蒸包子、组装电脑、编程一样,都是可以学的。

普通人一开始完全可以按这几步开始练习:

1. 找到一个不需要天赋也可以做起来的生意,看看人家是怎么做的。
2. 发现"商机",看看这些生意解决了哪一类人的哪些问题,为什么。
3. 想想这事如果换个地方、换个人群、换个方式、换个形式,行不行。

2016年,我在一场线下活动中认识了一位卖尾货的朋友。

有些大品牌、商场总有一些尾货要处理,价格通常很便宜:2—3折。于是,他就把这些信息整合起来,搞了一个公众号,专门打折出售这些尾货商品。2015年,他靠200万的营销费用卖了3个亿的销售额。

这其实并不是什么新鲜玩意，一、二线城市早就有了，奥特莱斯大家都听过吧。但那又怎么样呢？后来还不是又出现了唯品会，只是把线下的模式搬到了线上。

同样的逻辑，还是商场，还是大牌，化妆品也会搞一些线下促销，打折的力度很大。于是就有一些人通过各种渠道提前获知这些信息，制作信息流发布到小红书或者抖音上。如果有人购买，根据订单去现场代购，不挣差价，平进平出，赚的是信用卡、商场、品牌方的积分，这些积分可以用来兑换其他商品。有些高端化妆品品牌还会赠送一些小样，这些小样非常适合在校的学生群体，他们愿意花钱购买。

这不是什么新鲜事。

同一件商品在不同国家和地区因为定价、汇率、关税等原因，价格会不一样，我们出国旅行的时候通常会顺手带回一些免税的商品，还有一些人专门从事代购这个职业。很多海外的电商平台和网站也经常会有一些打折、返利的信息，考虑到关税和运费，仍然有一定的利润空间。

那些曾经在其他地方取得过成功的商业模式，值得换个地方（比如 Groupon 到美团，Uber 到滴滴）、换个人群、换个赛道、换个领域、换个样式重新再做一遍。这样的案例有很多，在知乎、小红书、抖音搜索相应的关键词，比如"小生意"，能搜到不少。还有一些付费的社群专门收集这样的信息。

或者打开"苹果应用商店"，找到那些比较受欢迎的应用软件，一定会有该软件的说明、历史版本、评论。以这个软件的名字为关键词，全网搜索，可以看到很多相关的拆解文章。我就经常看到很多把国外软件本土化到国内（俗称"Copy to China"模式）、把国内软件"出海"到国外的应用程序。

这些都是你学习他人"生意经"、练习"财商"的极好方法。多拆解一些案例，就像练字一样，养成习惯。

至少有两个选项以上的题目才叫选择，只有一个选项的题目叫判断。

看到别人的成功案例，逆向拆解。但不要寄希望于按图索骥，每一步都给你写清楚，照着做就能成功。每一件事情的成功都会有环境和运气的成分，你要分辨出哪些是变化的，哪些是不变的。

拆解、学习、模仿、尝试、总结、重新理解，在这个过程中不断提升自己的"武功"和"经验"。随着你的等级越来越高，你能做的事会越来越多。

赚钱这种事和其他技能差不多，是可以学的。

从身边的需求开始

刚刚起步时，你完全可以从自己或者自己身边的需求开始。

我一直不会开车，也没打算学。有了代驾和打车软件之后，更没什么动力学了。后来有了宝宝，老婆大人说："你去学个驾照吧，万一有什么事去医院，或者未来送孩子去学校用得到。"

我在网上查了些资料，根据攻略找到一位叫"mm"（谐音化名）的教练。在教学过程中，经常有人和他"抱怨"：某某教练特别没有耐心，什么地方特别不合理，等等。于是他专门针对抱怨搞了个"产品"，不过就是个报名群，你把身份信息给他，他帮你处理一些你经常抱怨或需要花时间和精力去做的事（比如告诉你哪位教练的性格更好）。

因为性格好、有耐心，很多人都会找他报名。驾校也会给他一些销售提成（200—300元），谁不喜欢能给自己带来业务的人呢。

他除了自己的公众号，还有数千人的QQ群和微信群，都是为报名学员服务的。

这是一款很不错的"产品"（不要认为产品就一定是实体的，或者一定是自己开发的什么东西），同时也是一笔不小的收入。

我开设公众号"姜胡说"的起因是我经常被一些公司邀请去做演讲，很多人想添加我的联系方式。这种连接并不强烈，可以看到我的一些言论，需要时可以找到我。而微信很快就加满了（一开始最多只能添加5000人），于是我开了公众号。从流量的角度看，"姜胡说"这个公众号的粉丝并不多，但几乎都是与我有过线下接触的人，是实打实的真实用户。

每到年底，找我聊天的人特别多，问的都是一些很琐碎、很细节的问题。比如：如何成为一名自由职业者？如何学习？怎么增加自己的溢价能力？如何跨界？怎么做自媒体（以前问公众号的多，现在问抖音的多）？如何变现？怎么获取第一批用户？怎么拉新？怎么推广？如何定价？哪里有资源？认不认识哪位老师？标题怎么起？有没有渠道？某个主题该怎么讲？如何克服紧张？某件事你怎么看？等等。

问的人越来越多，花费的时间也越来越多。后来我干脆就做了同名知识星球，固定时间回答问题，帮助大家培养习惯，把我的一些观点——一些产品的设计过程、对一些商业模式的拆解、正在阅读的书籍、对人们经常遇到的一些问题的解答、对一些事情的看法记录在上面。同时收取少量的费用，一年内随时可退费，感觉没价值随时可离开。

这同样是一款产品。有人问问题，说明他们遇到了麻烦，而我恰好可以帮助他们。这款产品不是由我们设计完成以后再推向市场的，恰恰相反，它是由市场反向推动形成的。

你看，特别简单。

找到那些你在日常生活中经常遇到的问题，然后解决掉它们。生意就来了。

DoorDash（一家美国跑腿公司）这家公司，是 Stanley 读大学的时候，发现周围有很多小商店，订单很多，但没有司机也没有人有时间给客户送货。于是他搞了一个功能特别简单的"产品"——DoorDash 替客户跑腿。他去学校附近的餐馆收集了菜单，整理到网页上，再加个服务电话，前前后后差不多只花了一个小时。公司成立后，生意很好。

Box 这款产品，是艾伦·列维在大学做资料管理兼职时的产物。因为学校给每个人分配的空间只有 50M，不够用，所以他就自己做了个在线存储空间。刚开始只是他和他的同学在用，后来使用的人越来越多，直到现在，有数十万家公司在使用他们的产品。

詹姆斯·戴森打扫房间时，家里唯一一台破旧的胡佛牌吸尘器也坏了——灰尘总是堵塞袋子里的气孔，阻断气流。为了解决这个问题，他发明了世界上第一个免纸袋涡卷式真空吸尘器。

想要成就一个伟大的产品或者服务，很简单：如果身上痒，那就挠挠。

从没什么成本的事开始

中专毕业时，我和几位同学凑在一块，一起琢磨搞点事。其中一位同学的话，我至今记忆犹新："我们本来什么都没有，失败了还是什么都没有，怕什么？"

每次要克服困难的时候，我都会想起这句话，对我帮助很大。

现在想来，我还真的是命大。本来什么都没有是真的，但失败了很可能就有了，多了一些债务，这些债务会压得人喘不过气来。

失败是常态。做一件事时，不要理所当然地想这事大概率会成功。恰恰相反，不出意外的话一定会出意外，你要做的事大概率会失败。失败才是正常的。因此，在一开始应该尽量选择那些成本小，甚至根本没什么成本的事。

相比需要你提前购买大量商品再往外销售，"橱窗带货"显然是更轻量级的商业模式。如果有人下单，商品由商家直接发货，你收取一定的佣金；如果没有完成销售，你不需要为此支付任何费用。

尽量做那些少花钱，甚至不花钱的事。

不要压货！不要压货！不要压货！

学会善用互联网。互联网是我们这个时代的红利。

为什么很多人认为抖音是个机会？做点小生意通常要考虑两件事：一件是怎么让人知道，另一件是怎么让人买到。对于普通人来说：1. 拍摄一条抖音几乎没什么成本（有人认为不花钱根本就没流量，我认为对于这个问题，你首先要反思为啥有人不花钱就有流量）。2. 你不需要压货，只需要把货品挂到橱窗即可，由商家直接发货。如果是大家认可的好东西，一定会有人购买（参考我的橱窗）。

每一次科技进步都会带来新的商品需求和欲望。为了满足这些欲望，提供产品和服务的能力也随之增长。这是我们普通人实现弯道超车的绝佳机会。

淘宝刚上线那会儿，无论是界面还是功能，简直惨不忍睹。很多传统商家根本看不上。反倒是一些小商家，他们在线下干不过大品牌，只能另辟蹊径。他们自己花时间研究店面装饰、设计图片、优化排名、提升成交率等，跟着淘宝一路成长。等淘宝发展起来了，很多当初不知名的小店一个个发展成为淘品牌。等其他商家准备加入时，已经错过了最佳时机。

比如：

互联网报纸 vs 报纸；

互联网酒店 vs 酒店；

互联网传呼机 vs 传呼机；

互联网义乌商城 vs 义乌商城。

每一次科技进步都至少可以带来 6 种获取财富的方式：

1. 科技进步带来的新市场。

比如 iPhone，它不仅是一台微型电脑、一部游戏机，还是一件人人都想要的欲望商品。它开创了一个智能手机的新行业。

互联网来了，移动互联网来了……

淘宝来了，微博来了，微信来了，抖音来了。每一次科技进步，都会带来一轮新的财富增长的机会。

就拿我个人来说吧，如果没有微信公众号，没有抖音，你们当中又有多少人知道我呢？

2. 快速跟进，赚时间差的钱。

微软当年准备推出一个新的开发平台——".net"。在我学习那会儿，它还是内部测试版。一年以后，微软发布正式版。很多人为了节省时间成本，向我付费学习。

是我水平高吗？不是，是我学得早。

以前的成长模式是读 4 年大学，拿到学位，然后找到一个好的专业领域一直深耕下去。现在不一样了，时代变化很快。你在学校学习的那点东西（专指实用性知识），在你离开学校时，甚至在你还没有离开学校时就已经落后了。你必须有能力快速进入一个领域，学习能力非常重要。有些领域的发展速度很快，可能只有短短几年的生命周期，然后就会过时。然而，就在这短短几年的时间里，你却可以借助它成就自己的事业。

3．配套供给。

iPhone 火了，与之配套的手机壳也火了。

抖音火了，带动了一系列的周边设备：耳麦、灯光、支架……很多人的商品卖不出去，你能帮助他们通过抖音卖出去。这就是供给。

很多人赚的是这个钱。

4．薄利多销。

同样做生意，我比你更便宜。

不要 6888，不要 688，只要 68 块 8 毛 8。我不赚那么多毛利，少挣点。只要人足够多，还是可以赚到钱。

5．提供更好的产品或服务。

同样的商品，我可以提供更好的服务。

同样是送货上门，我顺手帮你把垃圾倒了。

你在我这儿买了一箱水，我顺手帮你搬到车上去。

在满足功能的情况下，把产品和服务做得更细致。

6．投资。

找到那些更优秀的公司，买入它的一部分，让那些优秀的人或者公司帮你赚钱。

所有这些事都做过一遍，原有的领域必然内卷。新一轮的科技创新就会再一次打破原有的供需关系。如此反复。

一开始不要想做太大的事，可以从一些小事——前、后、上、下——做起。

前：过去、历史上发生过什么事。
后：未来可能会发生什么事。
上：这件事的本质是什么，真正的需求是什么。
下：具体落实到细节应该怎么做。

关注那些曾经因科技变革取得过成绩的事，找到其背后的真正需求，看看该需求是否依然存在，看看在新的事物出现之后，它是否值得再做一遍。

那些在互联网上成功过的商业模式，值得在移动互联网上再做一遍。

那些曾经在微博上成功过的商业模式，值得在公众号上再做一遍。

那些曾经在公众号上成功过的商业模式，值得在抖音上再做一遍。

一定要善用（移动）互联网，这是这个时代赋予我们的红利。

信息时代，获取信息和复制信息的成本几乎为0，那意味着你应该充分利用信息，且无论你做什么，都可以通过传递知识来获取用户，因为它的成本几乎为0。

让我说得再通俗一点，别管你做的是什么生意，信息不要钱！你发广告是要钱的，你做推广是要钱的，但信息不要钱！

所以，好好理解一下我第一部分的内容：没事看看书，每天写点什么。

一个极为具体的赚钱秘诀：好好学习，天天向上。

学习，学习，再学习；思考，思考，再思考。

不断地阅读、理解、思考、行动，把知识一遍遍地应用在生活中，再从生活中获得反馈，提炼总结，反思复盘。把自己的所得、所想通过"信息复制成本为0"的互联网分享给更多人。

当你能给他人提供价值时，你自然能够收获你想要的东西。

不要总等着别人告诉你该怎么做，从前、后、上、下思考、思考、思考。之前历史上发生过什么事，它背后的需求是什么？在互联网时代、移动互联网时代，这个需求还在吗？如果还在的话，那么未来应该是什么样的？具体应该怎么做？

说个具体的案例："姜胡说"。

我不过是把微博上发生的事，在公众号上做了一遍；然后把在公众号上做的事，在抖音上再做了一遍。

所有的花费加在一起不超过1000块钱。

第十一章
做有价值的事

我不是个发愤图强的企业家,我是艺术家。
我从不考虑钱的问题。美好的事物就能赚钱。

——杰弗里·比尼

做有价值的事。这样的事才持久、复利，不会遭受反噬。

"处于困境中的人往往只关注自己的问题，而解决问题的途径通常在于你如何解决别人的问题。"（苏世民《我的经验与教训》）

你的东西对人家没价值，人家自然就没兴趣。如果你能给对方想要的，通常就可以得到你想要的。你帮助的人越多，当更大的机会到来时，就会有更多的人愿意帮助你。

成事的方法很简单：做对他人有益的事。

利他（去做就好，养成一种下意识的习惯），就是极致的利己（这是大概率会产生的结果，但不要让它成为你做事的本因）。

学习理解"人"

你遇到的大多数问题，归根结底都是"人"的问题。你必须对"人"有足够深入的理解。

价值从来都是主观的，取决于人对这个世界的理解。

"我"认为有价值就有价值，没价值也有价值；"我"认为没价值就没价值，有价值也没价值。

所以两种人很厉害：一种是能够理解别人需求的人，另一种是能够改变

他人认知的人。他们分别对应着两种能力:

1. 换位思考的能力。
2. 影响他人的能力。

需求是核心驱动力。"需"是需要,"求"是欲求。一开始是"需"——生理的需要、安全的需要,然后逐渐过渡到"求"——社交需求、被尊重的需求、自我价值实现的需求。

只要你能够洞察一个人的需求,知道怎么满足他,你就知道如何创造价值。其本质是发现问题、解决问题。所谓的市场专家,就是对自己所在领域的人的理解足够深的人,他理解他们的世界观、习惯以及行为模式。

一个人的行为一定和他对这个世界的理解有关。如果我们能够知道他人是怎么看待这个世界的,就可以预判或者影响他人的行为。

换位思考是极重要的能力,甚至我认为它是一个想做事的人必须掌握的核心技能。

你越了解一个人,就越知晓他的行为模式。你知道怎么与他相处,知道在什么情况下,他会采取什么样的行为。

你可以和发小开各种玩笑,因为你知道他不会生气。因为你了解他,知道他的秉性,知道他的行为模式,知道哪里是他的边界。仅仅依靠一个人的简历和一张简单的用户画像,是无法做到这些的。

阅读、理解、思考、行动。

阅读的对象不一定就是书,可以是人,也可以是生活。你可以像读书一样去读人:随手记录一些生活场景,理解为什么会这样,思考背后的逻辑,绘制"笔记流"。

我喜欢把"需""求"从某一个具体的人身上单独抽出来,作为一个特定的标签去研究,顺手"写点什么":"#需""#求""#需/场景""#求/

场景"……

马斯洛有个5层需求理论，其中生理需求、安全需求和社交需求，我统称为"需"；被尊重的需求和自我价值实现的需求，我统称为"求"。

"需"和"求"是不太一样的。

字节跳动这家公司就很厉害，它会为用户建立众多碎片式的小标签，在我看来这就是"写点什么"——确定一个人的"行为流"。你喜欢看知识类、财经类的内容，但同时你也喜欢看美女；你可以很高雅，同时你也可以很庸俗。在某一个特定的场景下，一个社会精英和一个普通人并没有太大的区别。这些需求、爱好很难通过你的出生地、学历、长相推断出来，它们是随时变动的，但你的行为会告诉"我"你的喜好、欲望和诉求。

推送内容并不是基于你的简历，而是基于一个又一个这样的碎片式的标签。这些标签融合在一起，就形成了某一类场景下的用户需求，接着完成新一轮的验证、反馈、学习、调整闭环。它们会比你更了解你是一个怎样的人。

阅读、理解、随手"写点什么"、学习、行动、验证、获得反馈、"重构"、调整……不拘泥于形式，每一个碎片都是一个洞察：什么人在什么场景下的"需"和"求"。

有些是人类共同的"需"和"求"，有些是某一部分群体特定的"需"和"求"。

我曾经做过销售，应该是20多年前，在西安满大街推销广告。有位前辈和我们分享经验，说真正的营销高手可以把梳子卖给和尚。

真是太愚蠢了。把梳子卖给有头发的人不好吗？为什么要卖给和尚？！

不要向他人销售他根本不需要的产品。自己做了很多无用功不说，对他人也没有价值，还要承担因此带来的反噬。相反，找到用户的需求，做人们真正想要的东西，让产品和用户需求之间完美匹配（PMF, Product Market Fit）。然后你会发现，用户自己会主动找上门来。

当你发现一个商机时，快速用 MVP 去验证该产品或者商业模式是否可行，是否是市场、用户真正需要的。要知道你很可能是错的。如果一件事有可能出错，那就尽早在可控的范围内，用最小的成本试错。如果发现可行，那就根据用户反馈，持续"重构"自己对用户的理解。

有一句话特别像是在骂人，叫"用户不是人，是某一种应用场景下的需求的集合"，说的就是在这种阅读、理解、随手"写点什么"等之后，对人的重新理解与解构。

举个例子，同时阅读本书的会有很多人，每个人的世界观都不一样。但是在阅读这本书的时候，在当下的场景中，有一部分人的"需"和"求"是一致的。这个需求可以被单独抽取出来，形成一张"用户画像"。它不是某一个具体的人，而是其中一部分人，在某一特定场景下的"需"和"求"的合集。

你关注了"我"，但你关注的并不是我，而是我身上的某一组特性、一组标签的组合。有一天你不关注我了，说你终于认清了我，可能就是因为你看到了我身上另外一部分的特性。可能它原本就存在，只是你之前没有看到而已。

理解了这个概念，我们就能明白，我们所说的用户不是某一个具体的人，不是简单的性别、年龄、城市、收入，而是一部分人在某一个具体应用场景下的"需"和"求"的集合。

理解"人"的方法

理解"人"的方法有很多,我个人最常用的无外乎以下几个:

1. 观察。

耳听为虚,眼见为实。最直接的方法就是进入具体的场景中观察。

我曾参与过某款零售产品的研发。差不多半个月,每天的工作就是窝在商场里观察各式各样的人,他们的购物习惯和路线。几十张"行军路线图"贴在一整面墙上,分析整理。

观察一个人阅读的过程,随着每一页的翻动,目光停留的位置,阅读时的表情,大体可以推断出那段文字写得好还是不好。

拍摄短视频也一样。抖音后台会提供一张数据分析图,这张图会告诉你大概在几分几秒,用户开始失去兴趣;在哪个时间点,点赞率最高;在哪个时间点,关注你的人最多。你可以根据这张图,对视频进行优化。

如果你真的想在某个领域有所得,就必须学会观察,了解你的用户在那些场景下的行为模式。

2. "沟通"。

沟通原本的意义是为了双方达成一致。

这里的沟通更多地代表那个动作,用"沟通"的方法去主动了解对方,但并不需要对方理解我们。

我刚来抖音时,有位著名的培训老师差不多有十几万粉丝;等我有 3 万粉丝的时候,他的粉丝数还是十几万;等我有超过 300 万粉丝的时候,他的粉丝数还是十几万。

有一次遇到了,他问我是怎么做的。其实方法很简单,就是不把自己当老师。视频发布后，我要做的就是倾听，"这是我的观点，我想听听你的观点"，而不是"我已经讲完了，你去消化吧"。我会尽量回复每一条视频下的每一条留言。人们会在那里告诉你他们想要什么，他们的观点是什么，他们是怎么理解这个世界的。

去主动了解他人，而不是让他人了解我（获得他人认可是人类的底层需求之一）。你越理解他人，就越知道怎样为他人创造价值。

但我发现他很少这么做，他只是在视频里不停地抱怨用户无法识别什么是真正的好内容。

我在飞书有一个社群，固定每周六通过视频会议的形式回答"老伙计"们的一些问题。很少有人这么做，在他们看来这是在浪费时间。但我会做。

发现问题，解决问题。如果你能给对方想要的，通常就可以得到你想要的。

这是多么朴素的道理。

3. 洞察。

我上学那会儿，班里很多人考计算机二级。我不知道它是干吗的，反正别人都考，那我也考吧。

这是我知道的最没用的证书之一，甚至连用人单位都不知道它是干吗的。

大多数人在问问题的时候，有一个共同特征：更关心"怎么"，就是解决问题的具体方法、工具。很少有人会认真思考问题背后的本质是什么，人们更喜欢看别人是怎么做的，随大溜。于是，人们总会遇到这样的问题：大学快毕业了，我是该考研还是该参加工作？

你问他：为什么考研？因为他的同学都考研。

你问他：为什么这么早结婚？因为他的同龄人都结婚了。

你问他：为什么上 MBA？因为好多人都上 MBA。

你问他：为啥在这儿排队？不知道，看好多人都在这儿排队。

人们很少关注问题的本质，他们总是把问题的表象当作问题本身。

洞察是要透过事物表象，探究问题的本质。

"能清楚地陈述问题，问题就解决了一半。"（查尔斯·凯特灵）

考研是目的吗？考研从来不是目的，是手段。所以你不能轻易给他答案，你也没必要问他："你为什么要考研？"问他他也不知道。如果他知道，就不会问你了。

你应该问他："研究生毕业以后，准备干吗？"

凡事多问几个为什么，能够帮助你进一步接近答案。

换位思考

要学会站在别人的角度思考。

你在这方面积累得越多，你就越可能成为一个厉害的人。

是站在别人的角度，不是你认为的别人的角度。首先你要能看到自己，然后才能看到别人，再然后，才有可能站在对方的角度。

说起来容易，做起来难。

现实生活中我们经常会误解其他人的动机。因为我们每个人的生活经历不一样，看待同一个事物的角度不一样，我们认为别人应该表现得和自己一样，或是持有和自己一样的世界观和价值观。然而，这种假设通常是错的。

你的世界观和价值观将决定你如何与他人互动。拥有相同世界观和价值观的人才会相处融洽，否则就会不断产生误解和冲突。

择偶也一样，最好是选那些世界观和价值观与你相同或者相近的人，这样你们相处起来会非常舒服。退而求其次，这样双方都能够很好地理解或者接受对方的世界观和价值观不同。

想成就大事，就要求你不仅能够理解、接受别人的世界观和价值观，同时还能站在别人的角度换位思考。而不是反过来，让别人理解或者接受你的世界观。

两个人之间产生冲突，事后描述的事情原委通常都具有两面性。同一件事，每个人所站的角度决定了这个故事的最终版本。第三方视角有利于看到一件事情的全貌。

我曾经有一段时间想学习话剧。正赶上那年清明节假期，一位朋友打电话给我，说："从香港来了位老师，讲'一人一故事'，要不要来？"我并不知道"一人一故事"是什么，据说和戏剧有关，费用也不高，就去了。

其实这是一种心理戏剧。表演时大体是这样的：台下有 1 名领航员，台上有 4 名演员（大多是非专业的）。领航员会引导台下的人分享自己的故事，之后演员会即兴将这个故事表演出来。

讲述者会被倾听到，且得以从另一个角度看到这个故事。

它的英文名叫 Play Back，即情景再现。我更喜欢目前的这个中文翻译："一人一故事"。对于表演者来说，你要听得到对方的情绪、对方的诉求；表演时，放下自己内心的成见，尝试着站在对方的角度去理解、再现这个故事。

之后很长一段时间，大概有两年，我痴迷于各种"一人一故事"的演出，在这个过程中，看到很多人会因为我的表演欢笑、落泪。我知道那不是因为我表演得有多好，而是在那一刻，他们被触动了。

这让我养成了一个习惯：做事之前，先站在对方角度思考问题，让自己进入那个场景，去感受它。

这是一种很有用的技能。我之后的收入来源大半都和这段经历有关。

我不是想说你也应该去学习它。事实上，我给很多人分享过，但他们的感受和我并不一样。

那是我的路。

我们真正要学习的是尝试着换位思考，站在对方的角度思考问题。

"成功的秘诀，在于把自己的脚放入他人的鞋子里，从他人的角度来考虑事物。"（亨利·福特）

你对一类人了解得越深，你越知道他们是怎么思考问题的，他们的行为模式是什么，他们有怎样的需求，你如何才能更好地为他们提供价值。

给别人他想要的，通常能够得到你想要的。

利他就是极致的利己。

"观念头"

还有一个帮助我练习换位思考的方法，同时也是一个"看见自己"、提升自己"元认知"的方法：冥想。

首先，找个舒服的姿势：坐着或者躺着。如果是坐着，最好坐直，这样会端正一些，但无须苛求自己。

保持呼吸顺畅，微微沉肩，手臂自然下垂。轻轻闭上眼睛，让注意力回到当下，留心周围的环境和声音，做几次深呼吸，让自己慢慢放松下来。

在静坐中体验自然的呼吸，觉察它的节奏。不要试图去影响它，越自然越好。关注呼吸，什么都不想，把所有的注意力放到呼吸上。你甚至可以试着根据自己的呼吸数数。

但你很快就会走神，越是早期越会如此。当你意识到自己走神的时候，它就被打断了。继续把注意力带回到呼吸上来，尽量什么都不想。过一会儿就会有一个新的念头冒出来，然后又被打断，继续回到呼吸上来，如此往复。

这是很多冥想者早期经常使用的一套方法，叫作"观呼吸"。

还有一个与"观呼吸"相近的方法叫作"观心跳"，两者的差别仅仅是将注意力集中在呼吸上还是心跳上，其他并无二致。

呼吸并不是重点，觉察才是。

实际上，冥想是这样一个过程：不断觉察自己的"走神"，并在当下接纳它。"走神"是一件很自然的事，洞悉这一点，然后重新回到呼吸上。

在这个过程中，你可能会经历各种不适。你的耳朵、鼻子、肩膀、后背、肚子或者其他什么地方总是不那么舒服，紧张或者瘙痒，这些都是正常的。看到它们，然后试着接纳它们。

痒的时候不必急着去挠它，看到它就好。有人会给它做个标记："瘙痒"。不要和它搏斗，看到并理解它，看到就好。有时在冥想的过程中，经常会有一些声音，比如孩子的尖叫声，楼上房子装修的声音，这些都是正常的。不要和它们对抗，试着接纳它们，或者给它们打上一个标记，这是"孩子尖叫的声音",那是"装修时电锯的声音"……

听到它们,听到就好。

有时,你会看到自己的情绪,愤怒或者悲伤。如果你看到它们了,不要和它们对抗,也不要被它们带走,看到它们,**看到就好**。或者给它们打上一个标记:这是"愤怒",这是"悲伤",这是"恐惧"。

感知到,产生情绪,紧接着就是产生念头。"鼻子有点痒。""太难受了。""这是个小虫子吗?它会不会爬到我的鼻子里?"你很容易被念头带走。然后你觉察到它,再然后将注意力重新带回到呼吸上。接着产生下一个念头,被打断,重新回到呼吸上。

你总是会有新的念头,然后你会看到自己的念头,紧接着被打断。如此往复。

"知道有念,知道无念,知道就行。"(泰山禅院丁师)

贪嗔痴慢疑,这几乎是人生来就有的本性,人人都有。

我贪不贪婪呢?贪婪。

我好不好色呢?好色。

我妒不妒忌呢?妒忌。

但是有两个东西可以帮助我们。一是"每日三省吾身",大多数人是做不到三省的,那么可不可以每日一省,或者每周一省,又或者每个月一省?二是"观呼吸",在这个过程中,你会看到自己"走神",看到身体的不舒服,看到鼻子的瘙痒,看到自己的愤怒、悲伤,看到自己的贪婪。当你看到自己的贪婪时,它就被打断了。

举个例子,我多少也算是一个有百万粉丝的知识博主,信任我的人很多。我能不能利用这些信任挣一波快钱呢?当然可以。这样的案例比比皆是。我有没有起过贪财之心?起过。但是长期的"观呼吸、观念头"能够让我看到这个念头，觉察到它，这时它就被打断了。理智告诉我，不能挣这个快钱，因为它会影响我的信誉，而信誉才是长期获取财富的本质（参考第八章《回归本质》，在我写下这段话一年后，某"大V"被人民网点名批评，账号直接被注销，很好地验证了这个观点）。

"观念头"能让你在欲念和行动之间，有那么一个机会按下暂停键，让自己不被欲望控制。

时间久了就免疫了，连念头都懒得起。不是我道德高尚，是这样的"普通攻击"对我无效了，没有什么杀伤力。

我建议你在看完第三部分《投资的方法》后，翻回来重读这一章，你会发现，它居然能帮你赚钱。因为你总是可以在欲念和行动之间，有那么一个按下暂停键的机会，让自己不被欲望控制。

你总是可以看到自己的念头。当你看到它的时候，你就看到了自己的欲望，看到了自己的思考过程。

当你能看到自己的欲望时，通常也能看到别人的欲望。人的神经系统、情绪、底层需求、欲望大体上是相似的。

一个可以看到自己欲望的人，就有机会和自己的欲望和谐相处。

一个可以和自己欲望和谐相处的人，通常和别人的相处也会比较和谐。

一个可以看到别人欲望的人，也可以看到别人的需求。

一个可以看到别人需求的人，一定是一个非常厉害的人。

一个非常厉害的人，怎么可能会穷呢？

问题是什么？解决方案是什么？

当你能够为他人提供价值时，交易就产生了。

我建议你在这里停下来，认真阅读、理解、思考，反复练习。

"观念头"可以帮助你看见自己的想法，让你有能力看见思考的过程、思考思考的过程，并根据需要调整它。

这是一个非常强大的能力。

练习的方法

"精通"你的用户。

最重要的关键词其实就三个：换位思考、场景、深度思考。

想完成一桩生意，你要知道用户是谁，通过交易他可以获得什么，我们可以获得什么。只有对双方都有益，生意才可持续，否则只是一锤子买卖。

如果你能给对方想要的，通常你就可以得到你想要的。

丁元英在《天道》里有这么一段话："生存法则很简单，就是忍人所不忍，能人所不能。忍是一条线，能又是一条线，两者之间就是生存空间。"

别人想做但做不到，你能做，你就能赚到钱，挣的是能力的钱。

别人不愿意做，你做，也能赚到钱，挣的是辛苦钱。不想挣辛苦钱，就必须想办法提升自己的能力。

越是愿意学习、思考的人，越容易赚到钱，因为他会用脑。

不要相信那些教你快速致富的教程，那些教程只能帮助那些给你提供教程的人从你身上赚钱。想赚钱，要走"窄门"。

古往今来，从来都是有脑子的人挣钱。

别闷在家里，多"出去走走"。越是人们愿意花钱的地方，越容易发现赚钱的方法。因为那里是近距离观察别人如何"射门得分"的最佳场所。

不要误会，努力很重要。但与埋头苦干相比，更重要的是理解与思考。

问题是什么？解决方案是什么？有没有更好的解决方案？

当你想从市场中分得更多的用户时，用户是有比较的。

你给我带来的体验，和其他人给我带来的体验，哪个好？你家的产品很好，比我原来使用的产品好，好多少？这个好值不值得我丢弃之前的产品，转而使用你家的产品？这不只是习惯的问题，还包括迁移成本，甚至人情世故。

俞军曾经总结过一个公式：用户体验 = 新体验 − 旧体验 − 替换成本。

iPhone 每一次更新机型，都会默认提供从旧手机迁移到新手机的服务，也就十几分钟的事。如果你想改用新的安卓机，就会很麻烦，用户体系都不一样，很多你已经习惯使用的软件根本没办法迁移（如果是苹果全家套餐更是如此）。这其实也给了我们一个灵感，那就是如何留住我们的用户。

深入阅读，扫读、精读，深入理解、思考，"写点什么"，打上标签："# 人/吃穿住行""# 人/精神需求""# 人/贪婪""# 人/爱"……每过一段时间，就重新梳理一下自己对人的理解。

思考人们为什么愿意为此花钱，他们真正的"需"和"求"是什么，别人是怎么做的。

长期、可持续的赚钱方法是为这个社会和他人提供价值，它是可以临摹的。越是重复出现的事，越有规律可循。

人和动物的最大区别是，人会动脑子。说白了还是思考问题是什么、解决方案是什么，只不过我们把问题和解决方案聚焦到了人的需求上，即什么人在什么场景下遇到了什么问题，应该如何解决。

练习的方法也很简单。

去餐厅吃饭，发现手艺不错，但是顾客很少。我就会"阅读"这个场景，思考为什么会这样，哪里出了问题。顾客真正的"需"和"求"是什么？如果我是这个餐厅的老板，我该怎么做？给出我的改进方案，这个方案和之前的方案有什么不同？然后把方案无偿分享给餐厅老板，帮助他做出改进。过段时间回去看，看看进展如何，发现设计中的不足，严格地说，是我对这个领域的理解的不足。

住酒店的时候，我会默默把整个流程记下来，从进入酒店的第一步开始，一直到离开。将整个流程画出来，把自己喜欢的、不喜欢的地方全部标出来。哪里做得好，为什么？哪里不好，为什么？场景是怎样的？背后的"需"和"求"是什么？怎么改进？给出我的解决方案。比较这个方案和之前的方案有什么不同，把我的"理解"分享给酒店的管理层，从他们那里获取反馈。

我有车，但我很少开车。我喜欢坐在车里思考在生活中遇到的各种问题，然后把我的改进方案分享给他人。这样做的结果是，我在这个领域的"知识"增长了，很多人最终成了我的客户，或者我成了很多人的股东。

慢慢地，我养成了写"论文"的习惯。我没上过大学，从没被要求写一篇什么样的论文。这样的"论文"写出来，并不需要给谁看，不是作业，我不需要参与毕业答辩，也没有评职称的需求，一切都是自发的行为。

我的"课题"和"研究方向"其实就是我关心的问题。为了解决这个问题，我必须给出大量的论据、论证、案例和实验数据。每过一段时间，把这篇"论文"拿出来，看看有没有更好的方案，有没有进一步改进的空间，要不要重写。

我发现这是一个极好的提升自己思考能力的方法，且能够持续地为社会创造价值。至于财富，那不过是"必然"的副产品。

先从小事做起，从解决自己的问题和自己身边的问题开始。你遇到的问题，别人可能同样会遇到。问题是什么？需求是什么？场景是怎样的？可以怎么解决？比如我在做投资的时候，经常要计算一家公司的估值。每次从报表里抽取数据、分析、计算要花费很多功夫，我就顺手把它写成小程序，方便以后调用，不仅节省时间，对别人也有价值。

你用得到，别人可能也会用得到。

然后尝试从自己身边的人和某个用户群体开始，发现他们的问题。我每周都会专门抽出时间来回答社群小伙伴的问题，一方面可以帮助他人，另一方面我收集了大量的共通问题和一些零零散散的"需""求"、场景。每过一段时间重新整理，打散再组合，形成新的"用户画像"。

养成习惯。你为此投入的时间越多，观察的用户群体越广泛，你对人的理解就越深刻。

在我看来，做有价值的事没那么复杂，不过就是发现问题、解决问题的过程。

找到用户→识别"需"和"求"→发现问题→找到解决方案→提供价值。

创造美好，美好的事物自然能赚钱。

第十二章
行动的方法

　　"完美"是个动词，而非形容词。完美的过程是不存在的。做到你今天所能做的最好，为了明天能做得更好而努力，而不是等到完美才开始做。

——肯特·贝克

做事之前，先搞明白做这事的目的，以什么为标准，做到什么程度。60分，80分，100分，还是120分？

然后才是如何做。

以终为始

小时候读史，据说秦皇陵动用了70万人，挖穿了骊山，在里面修建了一座地下宫殿。修成之日，为防止皇陵的秘密泄露，修建这座宫殿的工匠最终都成了殉葬品。

我时常想，这些工匠在修建皇陵时，是否知道自己日后的结局呢？

念及此处，一丝悲凉涌上心头。我是不是也是如此？

叔本华对此的描述是："浑浑噩噩地忙碌于工作和娱乐，从不做任何反思，这就好比从人生的纺锤上随意撕扯棉花，根本不清楚生命的目的和意义是什么。"

好不容易搞了个做人的名额，却像个小白鼠似的，人家往哪儿指，你就往哪儿走，为了一口吃食虚度一生。

所以我养成了一个习惯，行事之前必先思考：为什么要做这件事？这对我有什么价值？

这并非危言耸听，你可以试着问问你身边的人：既然有想法，为什么不去尝试呢？

大部分人的回答是，人总是要吃饭的云云。

作为一名普通人，没有出众的天赋，没有满级装备，你唯一获胜的机会就是让自己变得更聪明。而变得聪明的方法就是不停地追问"为什么，为什么，为什么"。

塞氏公司的首席执行官兼大股东里卡多·塞姆勒一直坚持自问三次"为什么"，在反思自己的内在动机或者处理重大问题时尤其如此。

让自己倒过来想，然后直奔那个目标。以终为始。

我听过很多天才的故事，其中就包括高斯的。

1785年，高斯8岁，老师为了让这个"早熟"的孩子有事可做，给他安排了一道足以让他算上很久的题："从1加到100的结果是多少？"

然而，不久高斯就找到了答案：5050。他并没有按老师的设想将这些数字一个一个地相加，而是找到了一种逆向解法：1+100=101，2+99=101……

$$1+2+3+\cdots\cdots+98+99+100$$
$$100+99+98+\cdots\cdots+3+2+1$$

一个是正序，一个是倒序，上下垂直相加，都是101。加100次，等于10100。上下两行，也就是多加了一组，除以2，答案是5050。

高斯是个天才。他没有像我们普通人一样从1加到100，而是从原有的路径中跳出来，找到了自己的方法。

第一次读到这个故事时，我感觉太神奇了。他才多大？8岁。

后来再读到时，我已经认命了：人和人就是不一样的。他8岁，他9岁，他10岁……他们在很小的时候，就做到了我30岁都无法完成的事。那句话叫什么来着？输在了人生的起跑线上。

有一天，我阅读《穷查理宝典》看到一句话："反过来想，总是反过来想。"脑袋突然就开窍了：人生的关键在于终点，并非起点。

高斯生于 1777 年，卒于 1855 年，享年 78 岁。如果我能比他多活 22 年，活到 100 岁，那么从终点往回推，就相当于我在 30 岁的时候拥有和高斯 8 岁时一样的起点。而我又比他多活了 22 年，前提是，我得照顾好自己的身体。

带着这种思维，我总是可以很轻易地完成一些事情，且在极短的时间内完成得很好。

到目前为止，我遇到的大部分事情，别人差不多都已经做过了。我很少遇到别人没做过的事，顶多只是有些许不同而已。

几乎所有的问题都有答案！从一开始，我们就踩在前人的肩膀上前行。

如果一件事只需要做到 60 分，那么你的目标就是完成，只需要按照现有的解决方案做就好。

如果需要做到 80 分，那就需要投入更多的时间和精力，持续优化、持续打磨。

如果想做到 120 分，就必须学会质疑，跳出现有的思维模式，另辟蹊径。我们所受的教育只教会我们用同样的方式思考，而同样的思考方式是无法超越原有的解决方案的。

我们要做的不是按部就班地完成：第一步是什么，第二步是什么……而是像一个穿越者一样，找到那些已经被证明过的解决方案，思考：

1. 为什么要做这件事？
2. 已知的解决方案都有哪些？
3. 为什么他们会这么做？
4. 有没有更好的解决方案？

不是从起点开始，往目标规划；而是倒过来，从终点往回看，看看要想达成目标，必须满足什么条件，哪些是不必要的条件。

站在第一性原理的角度认真思考：为什么要做这件事？背后的本质是什

么？有怎样的价值和意义？你要知道自己为什么要去那里，到达那里之后你将会得到什么。这有助于你避开传统智慧存在的潜在陷阱，弄清如何推导出新的公式。即便最终采用的仍然是传统智慧，也是在有更深入了解的情况下进行选择的。

因为目标明确，在北大旁听时，我只学习我想学习的那部分课程，其他课程根本不会让我分心。

因为目标明确（只创业，不打工），我对行业证书毫无兴趣，我根本不需要那个东西来证明自己。我只关心学什么对自己真正有用。

驾照是个例外，没驾照就没法上路。因此，我去驾校学习的目标也很明确：考取驾照。并且我清楚地知道，参加驾校培训是考取驾照的常规手段，并非唯一手段。这样我就不会把学习的途径限制在驾校这一个地方。既然之前很多人已经考过了，必然有大量的知识可以被借鉴。

在去驾校之前，我就已经制定了一套考取驾照的方法，比如：

针对科目一，是不是要把所有的交规都看完？我认为不是。既然是交规，那就有一定的逻辑。我只要找到那个逻辑就好。我的选择是"刷题"，看到一道题，根据自己以为的逻辑去做判断，对了，说明这个逻辑是对的，按照这个逻辑就可以解决一系列相关的问题；错了，说明这个逻辑很可能是错的，那么正确的逻辑是什么？掌握了这些逻辑，就可以举一反三了。事实上，上路时所有可能发生的事都已经发生过，逻辑就那么多，很少有特殊情况，这些逻辑很容易被找到。

针对科目二，有哪些必考内容？倒车入库、侧方位停车、坡起。有没有成功经验？肯定有。进入一个领域，与其摸着石头过河，不如效仿他人成功的经验，尤其在这个经验几乎不太可能改变的情况下。直接去网上搜，看看别人总结的成功的经验。在脑子里过一遍，真正去驾校练习的时候你就知道：嗯，这个地方讲的都差不多，要诀大概就是这样了；这个地方教练在吹牛，有其他学员在，没必要揭穿他；这个地方不实操是接触不到的，应该重点练习。

考驾照根本不需要花费多大的精力，就可以一遍过且成绩优异。

一开始，不要把注意力放在现有的路径和解决方案上。倒过来想，直面问题的本质：为什么要做这件事？对我有什么价值？以什么为标准？60分、80分、100分，还是120分？

以终为始，然后才是怎么做。

问题明确了，方法就不难了。毕竟在大多数情况下，把人类送上火星这样的事不需要我们去解决。

从最简单处开始

第一性原理可以帮助我们接近问题的本质，KISS 原则能够帮助我们更好地行动。

我最早听说这个词是因为乔布斯。KISS = Keep It Simple，Stupid。好的产品一定要保证足够简单，连"傻瓜"都会用。它甚至成为一种符号、一种信仰，在苹果的文化里无处不在。

乔布斯的演讲风格也是如此：简约、智慧而有力的留白。

在很长一段时间里，我都在模仿乔布斯的演讲风格，我发现这真是太酷了：你不需要为那些细枝末节操心，你所有的注意力只需放在那些最重要的事情上即可。理解了这一点之后，我再也没用过 PowerPoint。一张空白的幻灯片，上面有两个文本框，一个写着"单击此处添加标题"，另一个写着"单击此处添加副标题"——乔布斯的幻灯片里从来没有这种格式的内容，也从来没有项目编号。我只需要把精力放在那一句话或者那一张图片上即可。

不需要多余的文字，用最少的字表达最多的意思，从一开始就把精力放在那最重要的事情上。

就像开会，没有例行公事的"我先简单地说两句，主要有三点"，而是直奔要点。没有废话，没有寒暄，没有三四五六项，我们今天讨论的就是这个——只有这一项。

谷歌的页面只有一个搜索框，除此之外一无所有。

"少就是多"。

审视你可能面对的情况，在自己力所能及的范围内列出若干基本假设，然后针对每个假设问自己：这个假设是不是真的有必要存在？有什么证据能证明我需要保留这个假设？

只考虑且不遗漏那些最必要的条件，从你能想到的最简单的假设入手。

"如无必要，勿增实体。"（奥卡姆剃刀法则）

如果我需要完成一项产品，它应该具有 A 功能、B 功能、C 功能，最好还应该具有 D 功能。那么哪个功能是最必不可少的？从那个功能开始。

一个有效的方法是，当你无法判断它是不是真的重要时，一律按不重要处理；当你不知道一段文字是否需要添加时，按不添加处理。时刻提醒自己：YAGNI（You aren't going to need it），也许你并不需要它，需要时可以随时补上。

如果你不知道怎样把一件事变得简单，把这件事交给一位"懒人"就可以了。

从最简单处开始。如若失败，你支付的是最小的代价；如果成功了，你可以在此基础上继续扩展。

先把骨架搭起来

有一个"把石头放进桶里"的寓言故事。

想象你有一个很大的玻璃瓶子，瓶子旁边有几块大石头、一小堆弹珠大小的鹅卵石和一堆沙子。如果你先放沙子和鹅卵石，会发生什么？大石头就放不进去了。

但如果先放大石头，然后放弹珠大小的鹅卵石，最后放沙子，那瓶子刚好能装满。

小事可以根据大事来调整，但大事不能根据小事来调整。

不重要的事可以根据重要的事来调整，但是重要的事不能根据不重要的事来调整。

你必须弄明白：哪件事才是关键所在。

在实际应用中，和 KISS 原则、80/20 法则密切相关的还有一个帕金森法则：任务的重要性和复杂度与所分配的完成任务的时间密切相关。啥意思呢？意思是你可以在两天，也可以在两周内写完一篇文章，这主要看你有多少时间。

我在中专那段时间内几乎是不学习的，我的大部分同学和我一样。我们的学习主要集中在距离考试还有两周左右的时间里。那会儿学校每晚10点半熄灯，很多人拿着手电坐在楼道里学习。遇到检查，等人走了趴在被窝里学习。一个学期的学习任务，往往是在最后两周突击完成的。

完成一件任务需要多少时间，取决于你给我多少时间。

中专四年，我有三年半是这么度过的，剩下半年是因为我刚到学校还比较"单纯"。根据我的观察，除了极少数、极个别的人可以做到"脱离群众"外，大部分人其实和我一样。

若干年后，我在回首这段往事时深刻地理解了一个道理：当你在行为上和大多数人站在一起时，那你一定会如愿成为"大多数人"。

感谢那段时间，让我学会了如何压缩时间，在更短的时间内完成任务，然后再考虑如何优化。在未知且充满变化的环境中尤其如此。

写文章时，我会更关注文章的框架和脉络。断掉一切网络，让自己进入"沉浸模式"。

如果需要查阅资料，比如我想引用某个人的一段话，但是只记得一个大概的意思，具体怎么说的忘了，这个时候我会顺着这个脉络继续往下写，用自己的话暂时代替："小伙子，好好干，干好了有肉吃。"然后在后面标注上"Mock"，意思是这不是人家的原话，仅仅是我个人添加的一个"替代品"。

这就像是那堆石头，你知道那儿有个缝，但不要紧，允许那个缝存在。

接着往下写。

等框架搭完了，回过头来搜索"Mock"，定位到那段话，找到那句话的真实版本，替换掉，把那个缝补上。继续搜索下一个"Mock"，就像按任务列表一个一个地完成任务一样。

先完成一件事情的骨架，把骨架搭起来，然后才是肌肉，最后才是皮肤。

这是我从"测试驱动开发"学到的技巧，肯特·贝克称它为"伪实现"（Fake it）。他说伪实现就像登山时在头的上方钉一个登山用的钢锥，实际上你还没有到达那儿。但是当你到达那儿时，你知道你是安全的。

得到"可运行状态"和得到"不可运行状态"的感觉截然不同。当状态是可运行时，你知道你所处的位置，你能从那儿充满自信地开始"重构"。同时，它能够使你免于过早地因无关紧要的担忧而困惑。因为聚焦于一点，你就能更好地解决直接的问题。

保持行动的方法

应该尽可能地把更多的时间和精力用在击打"甜蜜区"的球上，即把更多的时间和精力用在更重要的事上。关于这一点，我们已经说过无数遍了，不是所有的事都需要做到 120 分。

前提是，你有资格做选择。

大多数人是没有资格的。他们或止步于开始，或止步于完成。

很多人对做事的理解还仅仅停留在：我要、我想、我准备、如果这事成了……但少有人真的去做，且把它完成，更不要说持续优化了。

人和人的距离就此被拉开。想、做、做完、做好，结果自然是不一样的。

人们总喜欢把问题归于外部：条件不允许，还有家庭要照顾，你没有老婆孩子吗？每天加班到很晚，哪有时间？等等。但即便忙成这样，他们每天也不忘抽出一点时间给我留言向我诉苦，可见我在他们心中的分量。

很少有人能保持专注。

比尔·盖茨与沃伦·巴菲特第一次相识的时候，盖茨的父亲就分别给他们一人一张卡片，让他们在上面各写一个词，描述究竟是什么成就了自己。结果两个人的答案竟然一模一样：专注。

我玩游戏的时候最专注。只要不上卫生间，我可以一直坐在那里一动不动，完全不知疲惫。但在学习专业课程的时候，我却完全提不起兴趣，总是昏昏欲睡。

大部分人都有这样的经历。但这并非学习的问题。

我曾经在学习时做到过和打游戏时一样的专注度。

那段时间我正在北大旁听，租住在北大附近六郎庄的一处民房内。正值夏天，很热；房间很小，非常潮湿。我那天没去学校，一个人光着膀子背对着门看书。女朋友的父亲来看我，见我在阅读，没有打扰，安静地坐在门口等我。

我起身去卫生间时，才发现他坐在那里。他说差不多等了我1个小时。这件事在后来家人和朋友聚会时经常被提起，俨然等同于科比的那句"你见过洛杉矶凌晨4点钟的太阳吗？"，成了用来激励他人的案例。

但那仅仅是一个极为偶然的事件，发生的概率约等于你中大奖。然而，它就是那么实实在在地发生了。在之后的日子里，这逐渐成为我的常态。

有些事可能一辈子都不会发生，但发生了就有可能是无数次。

我知道自己完成了一件很多人都无法完成的事，这给我带来了极强的成就感。我很喜欢这种成就感，它大于游戏通关时给我带来的快乐。

这个链路大概是这样的：我完成了一件别人无法完成的事→获得成就感→这种感觉真是太好了→要不要再来一遍？

就如我喜欢奥数：这玩意有点难→好吧，它太难了，我好像搞不定→是谁这么变态，出这么难的题→我好像找到点门路了→我居然搞定了！→奥数当然要难一点，要不然有什么意思？→天哪，这玩意太难了……

关于游戏，科学的说法是，在玩游戏的时候，大脑会释放多巴胺和催产素，这两种"奖励性"化学物质会让人感觉身心愉悦。

1904年，巴甫洛夫对狗分泌唾液的研究使他获得了诺贝尔医学奖。他注意到有些狗一看见食物就分泌唾液，而有些狗甚至在看见食物前就会分泌唾液。他断定唾液是由狗认为与食物相关的信号触发的，比如食物的味道、下楼的脚步声和铃声，这些外部信号提示食物就在眼前。巴甫洛夫称之为"经典条件反射"，简单来说就是，提供某种刺激（食物的味道），再用一种信号（脚步）激发反应。

在这一点上，我认为人也有此现象，虽然这可能会打击一些人的自尊心。巴甫洛夫的经典条件反射理论奠定了传统奖励思维的基础：创造某种人们渴望得到奖励的环境，通常就可以得到想要的行为。

游戏就是这样一种环境，学习和工作场景同样可以如此搭建。为此，我专门对大量的游戏和娱乐场所进行过深入学习和研究，且帮助过一些知名品牌设计他们的销售服务流程，对进入该环境的用户的行为施加影响。

斯坦福大学的 B.J. 福格在 2009 年的时候发表了一篇论述"行为设计学"的模型，叫作福格行为模型（Fogg's Behavior Model）。简单来说就是一个公式：

$$B(Behavior) = M(Motivation) \times A(Ability) \times P(Prompt)$$

行为 = 动机 × 能力 × 提示

一个人的行为由这三个部分组成：动机、能力、提示。

动机通常有两种：一种是外部动机，另一种是内部动机。

外部动机包括获得奖励、成果或逃避惩罚。

当我希望女儿完成一件她本不想完成的事时，一块奶油蛋糕通常要比讲道理有用得多；被称赞的氛围也会提升人的干劲，脸书和微信朋友圈的点赞很能说明这一点；通过和他人约定，切断自己的后路，制造一个逼迫自己"不得不做"的环境。当初为了戒烟，我告诉身边的所有人，只要发现我抽烟，我就直接交纳 1000 元罚金。后来我真的再也没有抽过烟，因为我这个人非常"有毅力"。

内部动机会驱使人自发地去完成某件事，包括这件事所带来的价值、乐趣、提升，好奇心、激情、自主性、使命感、成就感和掌控感。

为什么我可以长时间坐在那里保持不动，是因为专注给我带来了持续成长和成就感。

在谷歌，工程师可以把 20% 的工作时间投入自己创建的项目，做自己想做的事。结果在创收最高的产品中，有一半是在这 20% 的时间里被开发出来的，比如互联网广告服务、Gmail、谷歌地图，等等。这其实就是对自主性的一种释放，可以激发人们向更高的目标前进。

相对来说，内部动机更持久。外人通常会认为这是一种毅力、恒心。丹尼尔·平克在《驱动力》一书中解释道："到目前为止，最强大的单一驱动力就是在有意义的工作中取得进步。"当然，如果不能取得进步，人就会变得很沮丧。这个时候不妨引入一些外部动机作为辅助。一旦养成习惯，这些外在的辅助就不再重要了。就像刷牙一样，你不会为了奖励、被人称赞、小小的仪式感刷牙，也不需要依赖意志或者毅力，它变成了一种下意识的行为。

什么是能力？

福格提出，可以通过两种方式提高一个人的能力：对其进行培训，使其掌握足够的技能；把目标行为变得比较容易做到。

自信心和胜任感可以帮助你减少阻力。你会认为：我能！而不是看不到希望。

我经常和身边的人开玩笑，为什么现在网红这么多，不只是人多的原因。比如你在直播间给一名女主播送礼物，如果倒退10年，你要付款，就必须打开电脑，插入U盾，输入用户名和密码，中间任何一个环节都能让你冷静下来。而用支付宝和微信支付，扫个码或者刷个脸就可以了，提升了你完成某种行为的能力。

提示就很容易理解了。一看到什么，或者一听到什么，就应该做某事。

比如易代驾，你经常会在饭店或者聚会的地方看到它。朋友聚会、商务宴请时喝多了，没法开车，烟灰缸上的一句广告就是一个很好的提示。

在早期还没有养成阅读和冥想习惯时，我通常会在房间里播放一些适合读书的轻音乐，点燃一两支沉香。每次进到这个房间，都会有一种无形的力量在提醒我：你该读书了。

结交有相同习惯的朋友，也可以起到大家互相监督、互相提示的作用。

加布里埃尔·厄廷根在《反惰性》一书中分享过一个很好的工具：WOOP（Wish, Outcome, Obstacle, Plan）。

找到一个自己要达成的目标、愿望（W）。比如，我要减肥。

想想看，达成这个愿望之后的结果（O）是什么，它是你前进的动力。比如，夏天的时候能穿上心爱的裙子，不用担心会露出自己的小肚腩。

然而，你总是会遇到障碍（O）。你太喜欢甜食了，你总是无法抵挡甜食的诱惑。

怎么办？方法是，专门为这个障碍准备一个执行计划（P）。当这个障碍出现时，就像程序中的设定一样："if……then……"

如果想吃甜食了，那么就去量量体重吧。把体重秤和镜子放在每天都要经过的地方。

如果想玩游戏了，那么就看看信用卡的账单吧。

如果想抽烟了，那么就准备好 1000 元的罚金吧。

说实在的，就行为驱动这一点来说，人类和动物并没有什么本质上的区别。因而，那些能够直面自身、做到"反人性的人"，都"不是人"！

别怕犯错，从失败中学习

别怕犯错。打败恐惧的最好方法是直面恐惧。

我在中学的时候遭遇过校园霸凌。那会儿我刚从别的学校转过来，总是有那么几个"小流氓"在我上学的途中拦截我。六一儿童节是所有孩子的节日，那一天却是我的噩梦，他们会在那一天抢走家长给我的零花钱。我经常会从噩梦中惊醒，害怕上学，我不想看到他们。可是，他们一定会出现，他们不会因为我的恐惧而放过我。

直到有一天，我决定让他们看到我强硬的一面。他们"看"到了，从此再也没有找过我的麻烦。

当我追着其中一个人满校园跑的时候，心中涌起了一种荒谬感：这样一个尿货怎么也能出来欺负人？答案只有一个：你比他还尿。

我并不是鼓励你以暴制暴，我只想和你分享一个实实在在的心得：别尿，打败恐惧最好的方法就是直面它。

把人生比喻成一场游戏，那么你遇到的每一个问题可能就是一道关卡。尽管一开始你可能体会不到它的价值，但过一段时间，回头看，你会发现你遇到的每一个问题都是一次机会，是你迈向成功的阶梯，每完成一个你距离目标就会更近一步。

要实现目标，就一定会遇到问题。

这是一个发现自己的过程，你总会遇到一些障碍，可能是因为你身上的某一个弱点，或者因为你欠缺某一项技能，或其他什么。每个人都有弱点，人们犯错误的类型通常能揭示他们的缺点在哪里。通往成功的第一步是知道你的弱点在哪儿，并应对这些弱点。

如何应对由此带来的痛苦，取决于你自己。

你可以躲避它。但只要你想达成那个目标，就一定会再次面对它。如果你接着躲避，你就会一直深陷那个循环，直到你彻底放弃。

你也可以直面那些问题，诊断问题，找到问题的根源，想尽一切办法搞定它。然后考察最终取得的成果，看看有哪些值得优化的地方。进入下一个循环。

假如你不具备做成某件事所需的条件，怎么办？

不要为此担心，因为所有人都这样。如果一件事任何人都能够轻松解决，那么这件事并不能给你带来竞争优势。

遇到问题，解决问题。

反思 + 学习改进 = 进化。

斯坦福大学的心理学家卡罗尔·德韦克扫描了那些处理高难度任务的人的大脑，发现固化思维者和成长型思维者的大脑存在着显著差异。

面对困难时，成长型思维者的大脑会出现强烈反应，非常活跃，并一直保持这种状态，最终带来优异的成果。而固化思维者的大脑并没有表现出什么异常，他们并不相信自己能够解决问题。

缺乏成长型思维的话，进化几乎是不可能的，还没开始就已经缴械投降了。

而成长型思维者遇到问题的惯常想法是我可以学，而不是我不会。

人生是一场无限游戏，赢得游戏的方法是持续进化。

小步快跑，快速迭代

做事之前，一定要花时间思考这件事的本质（也就是第一性原理）是什么，否则很容易走偏。

然而，除非你是上帝，否则不可能在一开始就认清事物的本质。

所有打过即时战略游戏的人都知道，面对"战争迷雾"（一开始你的视野几乎为0，除了自己，什么都看不到。现在你明白出身的重要性了吧），最好的方法是派个小兵去开图。运气好的话，小兵或许能活着回来，不过大概率会被敌军发现。但这个时候，你已经知道对方大概的部署了，可以有针对性地制定进攻策略。

犯错在所难免。

越是没做过事情的人，越喜欢花大量时间做规划。

大概二十年前，我接手了一个油田数据迁移的项目。在此之前，我几乎把所有能想到的风险全部想了一遍，结果开发时还是出现了大量意想不到的事，比如很多数据是以 T 计算的，不是 G 也不是 M。因为要决定在什么地方打井、打多深、在什么地方爆破，需要通过地震获取数量极为庞大的地层数据。

当我发现这个问题时，项目已经进行一段时间了，之前做好的策略必须重新规划。

一直站在"村口"，你是想象不到"城里"会发生什么情况的。先动起来，走到你目之所及的最远处，当你到了那儿，便能看得更远。

在行进的过程中，不断试错，开阔视野，学习、复盘、调整，逐渐接近事情的"真相"。

美国空军上校约翰·包以德提出了一种理论："包以德循环"（OODA Loop）。O（Observe），观察；O（Orient），调整；D（Decide），决策；A（Act），行动。

这个循环最早是为了帮助战斗机飞行员提升他们近距离空战的表现。每次行动之间的间隔很短，没有多少时间做分析，飞行员必须针对对手的行动和周遭环境迅速做出回应。

能够更快适应环境的飞行员通常能够取得胜利。他们通过观察（Observe）外界发生变化的情况，及时调整（Orient）评估，确定下一个行动方案（Decide），快速采取行动（Act）。紧接着，进入下一个循环。

在外部信息不明确的情况下，你在包以德循环中移动的速度越快，就越能快速整合外部信息，实现自己的目标。

一开始粗糙一点没关系，没必要一上来就想着把事情做得多完美。

完美是完成的最大障碍，"差不多就行"。

比如拍摄短视频，真的需要那么多装备吗？话筒、支架、打光灯？或许一部手机就够了，"差不多就行"。

比如创业，一开始真的需要那么好的办公环境吗？需要那么多人吗？需要那么多服务器吗？"差不多就行"。

一家理发店，也许不需要那么多服务，不需要提供洗发，没有饮料、没有头皮护理、没有按摩，不需要发型设计，提供最常见的几种款式供选择即可。就是简简单单理个发，只干这一件事。

一家航空公司，不需要那么多空乘，不提供接送、机上餐饮，就干一件事：以最低的价格把你安全地从 A 地带到 B 地。

去掉一切修饰，直奔结果。

第一性原理 + 剃刀法则，选择最简单不费力的解决办法。

遇到问题，如果暂时找不到解决方案，不要站在那儿不动，可以使用一些非常规手段，想办法绕过去（但必须能达到同样的目的）。

我曾经听说过一个很棒的例子，是关于酸奶公司的。他们专门生产水果酸奶，但是当水果和酸奶混在一起时更容易变质。有生活经验的人都知道，让水果快速腐烂的方法是，在它们中间放一个已经腐烂的水果。酸奶的保质期缩短会让他们面临大量退货、物流等问题。他们遇到的问题是，如何延长酸奶和水果混合在一起时的保质期？

这太难了。

但最终他们还是找到了方法。不是想办法延长水果酸奶的保质期，而是将酸奶和水果分开，然后告诉用户，这样他们就可以自己在酸奶中加入他们喜欢的水果了。

当你觉察到某个问题很难解决时，避开它，换个方式。

没必要在人家的优势上和人死磕，尤其当你还是个"菜鸟"的时候。正确的方法是避开他们的优势，换个角度重新切入。

当微软的Xbox360和索尼的Playstation3在比拼谁的画面更加精晰、逼真的时候，任天堂避开了性能竞争，他们发布了性能差一点，但更便宜、想象力更丰富、操作更具创新性的Wii。

当所有的手表都在向更精确、更准时进发时，一些高端手表居然把分针和秒针都拿掉了，只剩一个时针。"并不需要争分夺秒，我的时间就是用来消费的。"

目标只有一个，先把它做出来，最好是在不花费什么成本的情况下，快速把它做出来。

失败者想得多、计划多，但总有一些事情在我们的计划之外。这个世界，唯一不变的就是一直在变化。

纳西姆·尼古拉斯·塔勒布在《反脆弱》中给出了一个对抗脆弱的方法：用最小试错方法提高在不确定性事件发生时获益的概率。简单来说，就是不怕出错，主动拥抱不确定性，时刻挑战自我去应对新局面，用最小的成本试错，通过试错不断学习，增强肌肉，提升自身的抗击打能力。

我最早接触到这个概念是在2003年阅读肯得·贝克的《解析极限编程》，这本书的副标题叫"拥抱变化"。其中一个极重要的概念就是MVP（Minimum Viable Product，最简可行产品），即用一个极简的、成本最小的、可以真实运行的"产品"，去验证某个想法或者行动路线是否可行。

举个例子，我有一位发小，有一天突然路过北京来看我。我问他干吗来了，他说辞职了，准备回老家创业做鸭脖，门脸已经准备好了。

我问他："你验证过没？"

他说验证过了，做完了问过几位同事，大家都说好吃。

我说："坏了，你可能要缴学费。"

试想一下，你做完一顿饭，请几位同事品尝。他们会怎么说？一点都不好吃？稍微有点情商的人都不会这么干。即便真的好吃，他们的口味能代表大众吗？

正确的做法是，做一些鸭脖，和同事一起吃饭的时候打开，给每个人分点，就说是从网上买的。有没有同事问你是在哪儿买的？有人问，说明是真不错；没人问，说明也就那样，可有可无。

最好找几个摊位帮忙代销，把利益让出去。你的目的不是赚钱，而是验证这东西受不受欢迎，确认每天大概有多少用户量、有多少人会复购。如果供不应求，马上开店。如果没人买，太好了，我还没正式开始做呢，继续回去上班。

用最小的成本去试错。

保持简单（KISS 原则，Keep It Simple, Stupid），切忌规划过度。

一切以你的实力为准。

然而大多数人并不能坦诚面对自己的实力。通常来说，你过去取得的成绩比头脑中的你更接近自己的真实战力。一旦你给自己未来要做的事添加上一个"只要"，或者"就差"，比如："现在就差钱了""只要钱一到位"……基本上意味着除此之外，你别无他法。

不出意外的话，一定会出意外。

先把事情做到 60 分吧。不是说做到 60 分就可以了，而是做到 60 分，你才有资格讨论下一步。

在完成 100 个俯卧撑之前，先完成 10 个俯卧撑。有可能 10 个俯卧撑就够了。

有时候必须做到 100 个俯卧撑。但前提是，你要能先完成 10 个俯卧撑。

不是我不想一口气完成 100 个，而是我做不到。一个比较好的选择是，先完成 10 个，然后再想办法完成 20 个。

做!

只有做了,你才有可能把它做完,进而做好。

"完美"是个动词,而非形容词。完美的过程是不存在的。做到你今天所能做的最好,为了明天能做得更好而努力,而不是等到完美才开始做。

人们总是试图大踏步快速前进,快速获得结果。然而有些地方异常危险,到处都是"沼泽",必须小步摸索前行。偶尔停下来,反思,总结;观察,调整,重新做决策,快速行动。在适当的条件下,则可以迈出非常快的步伐,以至于看起来像是在跳跃。

不妨从一些小事做起

解决复杂问题的方法是:把看似复杂、麻烦的大事拆解成一件件可以逐一解决且你乐于解决的小事,"大事化小,小事化了"。

我曾经帮助一家银行改进信用卡申请环节。他们遇到的问题是很多潜在用户在填写信用卡申请表时,常常因为过多的必填项(行业要求)而放弃。

我给出的方案是:

1. 将这个"大工程"拆分成若干个小任务,每次只需要填很少的几项;从必填的数据开始,其他能省略就省略,交给日后"体检"时慢慢完善(你用过类似的安全软件吗?他们会给你的"爱机"进行体检,给出一个很低的分数,主要是因为安全方面的漏洞;要想补上这个漏洞,你必须安装他们家的另一款软件……)。

2. 每个小任务完成时，用户都会获得随机奖励，如同在游戏中消灭怪兽时随机掉落的宝物。

3. 添加进度条，让进展清晰可见。你收集过"七龙珠"吗？集齐七颗龙珠可以召唤"神龙"。

我最早做软件开发项目时，一个项目通常要持续两三年。每次项目开始时，动力十足；半年过去，能量差不多就耗尽了，团队非常疲惫。

为什么？

做了很多事，看不到结果。已经完成的事市场是否接受，有没有问题？会不会返工？完全没有成就感，同时还伴随着对未知的恐惧。

后来我们改变了策略，以周为单位，定时发布"产品"给用户使用（我们称之为迭代）。在使用的过程中直接获得用户反馈，哪里做得好，哪里做得不好，快速改进。这本身就是一种激励。如果是上周完成的任务，这周就还有印象，改起来也快。如果是几个月之后再发现问题，还需要重新找回做这件事时的状态，不但耗费时间，对团队士气也是一种打击。

同时我们有意在每次迭代前后增加"开始、结束"的仪式感。不管之前完成的情况如何，已经终结了。这是一次全新的开始。

建立起一种节奏，就像呼吸一样。

我们还使用便笺纸"绘制"了一张"行军地图"，每前进一步就在地图上做个标识：现在在这里，接下来将会进攻那里。每完成一个阶段性的任务，都会得到一份奖励。

反思、总结，"经验"和能力就会进一步得到提升，这种提升会直接作用在下一次迭代上。继续反思、总结。这也是我为什么能够在出席各种大会或者线下活动时，随时随地做到完全不用讲义就能侃侃而谈，因为都是我的亲身经历，根本不需要记忆。

你可以看到自己的进步。

把一个"大工程"拆分成若干个小任务；每个任务完成时，皆可获得随机奖励（实物、掌声、点赞、成就感、胜任感等）；在"地图"上添加进度条，让进度清晰可见。

不要用两年完成一本书（或者某个其他任务），这样的工程太浩大了，很容易产生疲惫感。改为若干个小任务：每天写点什么；每周做个梳理，完成一次输出；每个月对外发布一个新的版本，获得反馈。这样每天、每周、每月皆可获得一些随机奖励（更多的点赞、粉丝数，更多的付费用户）。

看！我又完成了一章。更重要的是，我好像又要升级了，我又重新理解了……

不妨从一些简单的小事做起。小事更容易完成，有始有终。不需要等待那么长时间就可以获得反馈，调整，激发成就感，产生心流，进入一个节奏。

就像刷牙一样，以天或者周为单位，把它变成一种习惯。

每个阶段性的完成都是一种终结，必要时可以增加一定的仪式感。

先滚出一个"雪球"，哪怕再小，它都是完整的。

首先要做"完"。很多人做事是不完整的。

我们身边经常会有这样一种人，说："我要减肥！"很长时间过去了，一看，根本没减。"我要发愤图强，好好学习！"过一段时间再看，他做出的最大努力就是买了几本书回来，现在还没看完。

摆脱"废物"标签最好的方法就是从小事做起。把一件事做完整，有始有终，不要总是半途而废，这是最基本的要求。千万不要让"废物"成为你的合作伙伴，因为你不知道他们什么时候会半路撂挑子。我们自己也不要成为这样的人。

其次要"整"。就像冰山，表面上看只有冰面上那一点，实际上冰层下面另有乾坤。一个能够把事情做完整的人，他对事情整体（包括人们看不到的那部分）的把握、知识的密度、耐力和其他人完全不一样。出于同样的原因，他们身边的资源和人脉也要比普通人优秀得多。

一开始，你可以从一些小事开始练习。

我曾读过两本书，一本叫《从煎蛋开始：改变生活的 48 项技能》，另一本叫《微精通》。书中提到了很多生活中的小技巧，比如：怎么点燃篝火，怎么搭建避难屋，怎么制作鱼饵，怎么装裱及悬挂艺术品，怎么种植番茄，怎么保养牛仔裤，怎么制作肥皂，怎么自制衬衫，怎么砌一堵砖墙，怎么钻木取火……

你可以从这些事情开始练习。完成一件小事，把它做完整。

然后，逐步扩展到：参加一次陌生人组织的线下活动，完成一次 15 分钟的演讲，写一篇 1000 字的文章。

再然后，逐步扩展到：组织一场线下活动，完成一次 60 分钟的演讲，写一篇 5000 字的长文。

再然后：组建一个社群，开设一个抖音账号，写一本书。

这些，都是我曾经做过的事。

第十三章
第二技能

不管你真正喜欢的领域是什么,你要努力在这个领域做到前25%。然后你最好再加一两个领域。

——斯科特·亚当斯

沙恩·斯诺在《出奇制胜》一书中做过一个统计：美国有43人当过总统，其中只有3位总统一级不落地经历了所有四级联邦公职选举：理查德·尼克松、安德鲁·约翰逊和约翰·泰勒。超过一半的美国总统根本没有当过国会议员。伍德罗·威尔逊此前的职业是大学校长，罗纳德·里根是演员，亚伯拉罕·林肯之前是土地测绘员，富兰克林·罗斯福是助理海军部长，西奥多·罗斯福是警长，约翰·肯尼迪是作家，托马斯·杰斐逊是律师，艾森豪威尔是盟军最高司令、大学校长。唐纳德·特朗普曾是一名房地产商人，你叫他"网红"也可以。

唯一一位"正统"——除了从政没有从事过其他行业的美国总统安德鲁·约翰逊，一路从市长、州众议员、州参议员、美国众议员、州长、美国参议员、副总统做到总统。他是美国历史上第一位被弹劾的总统。历史学家们把他放在了美国总统排行榜倒数第二的位置，历史学家詹姆斯·福特·罗德给他的评价是："墨守成规"。

跳出思维的牢笼

如前文所述，大多数普通人都陷在两个"死循环"里：

1. 因为穷，必须花时间挣生活费，所以没有更多的时间提升自己；能力得不到提升，所以只能花更多的时间挣生活费。

2. 因为穷，所以视野和认知不够；没有更好的选择，视野和认知打不开，所以只能在原有的认知里做选择。

破局的方法有两个。

一个是找到一种更高效的运用时间的方法，将收入与时间剥离。

另一个是跳出"现有规则"，另辟蹊径。所谓见路不走，在现有的规则下，作为一个普通人，你不可能是别人的对手。

说到跳出"现有规则"、另辟蹊径，有两个人对我的影响最深，一个是戴维·海涅迈尔·汉森，一个是蒂莫西·费里斯，他们都是学习能力超强又不按套路出牌的人。

费里斯曾经在非常艰苦的条件下学习13项非常困难的技能，包括花5天时间学习巴西柔术，然后参加一场擂台赛与世界冠军一决高下。他并不是什么武林高手，与你我相比，他或许强壮那么一点，但也就是一点而已。

与世界冠军一决高下，这看起来不可思议，甚至难以想象。然而事实是，他早在1999年就赢得了全美散打比赛的金牌。不过那一次他有整整4周的准备时间。

显然，他并没有按套路出牌。

根据比赛规则，比赛前一天要称体重，确定公斤级。他借用了一种脱水技术在18个小时内将自己的体重减到了165磅，之后又快速补水恢复到193磅。

以193磅的体重对165磅，中间差了三个重量级。

我特别能够理解"根本不是一个重量级的"这句话意味着什么。我年轻的时候喜欢打篮球，偶像是阿伦·艾弗森（76人队的后卫），平时做得最多的就是练习各种摆脱、胯下过人、挡拆，通过晃动创造出手空间。中专二年级后，身体长得特别快，从一米六一路长到一米八，体重也增加了。打法发生了巨大改变，面对之前的对手更喜欢直接用体重"碾压"。其实特别简单，只需要往后"坐"就好了，一路"坐"到篮下，高举高打，反正对手也够不着。

这种打法不好看，但异常实用。你体重没我重，所以我背打你；你身高没我高，所以我把球举高直接投篮。这就是"降维打击"。

然而即便如此，费里斯的问题仍然很大。他并没有真正练过，爆发力也不行，是无法 KO 对方的，尤其在戴着护具的情况下。他的技术也不行，点数上肯定不占优。结果他发现了比赛规则中的一个漏洞：如果一方在一个回合中跌落散打台三次，他的对手就会自动获胜。

于是，他的战术就变成了：充分利用自己的优势，想尽一切办法把对手推下台去。散打，用的不是打，而是推。这搞得所有人都很无语。

最后的结果是，他赢了，拿到了那一年全美散打比赛的金牌。

这样的打法并不是很容易让人接受，大家认为他不过是"投机取巧"，但这又在游戏规则的合理范围内。这让我想起了篮球赛场上的哈登与拳击场上的梅威瑟，他们总是巧妙地利用比赛规则打击对手，直至联盟修改规则。

约翰·梅纳德·凯恩斯说："介绍新观念倒不是很难，难的是清除那些旧观念。"

人们总是习惯性地站在自己的角度，以自己对世界的理解做决策。就如坐在一列开动的火车上，在你看来，列车是静止的，车内的物品也是静止的；但如果站在列车的外面，就是另外一番光景。

当一件事处于你的认知之外，尤其是根深蒂固的认知之外时，很容易被我们判定为歪理邪说。

然而，恰恰是那个牢笼限制了我们。

看看下面这道题：

不要离开纸面，请用一笔 4 条直线将这个框架内的 9 个点连起来。

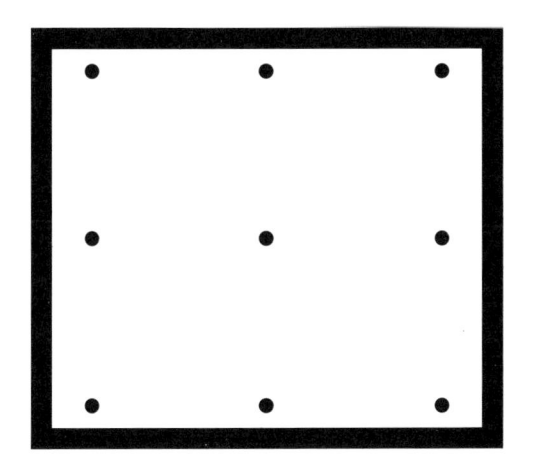

你很难寻找到答案，除非你能跳出这个框架。

詹姆斯·卡斯有一本小书《有限与无限的游戏》，我最早知道这本书是因为王兴的推荐。詹姆斯·卡斯将游戏分为两种：

一种是有边界的，即"有限游戏"。结局和玩家数量有限，每个人都要遵守既定的游戏规则，最终会有赢家和输家。比如国际象棋、跳棋。

另一种是无边界的，即"无限游戏"。没有明确的赢家和输家，没有确切的比赛周期，游戏的唯一目标就是让游戏延续下去。

人生是一种无限游戏。

游戏规则并不一定是绝对公平的，否则，你该如何解释"出生彩票"这样的事呢？更不要说天赋选手和氪金玩家了。

错维，单打

关于赢，宫本武藏在《五轮书》里是这样写的：

"在我个人的流派中，一个人可以使用长剑获胜，也可以使用短剑获胜。由于这种原因，剑的精确长度并不固定。我这一流派的方式具有这样的精髓：通过各种手段获得胜利……"

太刀可用于大部分场合。在战场上，长刀似乎不如长枪：长枪可以先发制人，如果水平相当，使用长枪更胜一筹。长枪和长刀受限于使用的空间，短刀适用于狭窄的空间或者贴身肉搏。

作为一名普通人，在毫无优势的情况下，该如何在与众多优秀选手的竞争中脱颖而出呢？

让库里（勇士队的小个后卫）杀到内线与奥尼尔（NBA历史上最强壮的中锋之一）抢篮板吗？击败对手更好的方法当然是投三分球。

在游戏规则允许范围内，你，一个普通人，面对一众天赋选手和氪金玩家，应该审时度势，利用周围一切可以利用的"机会"获得胜利，就像《越狱》的男主角迈克尔·斯科菲尔德做的那样。否则，你根本没有赢的可能。

什么叫作错位？小个子球员在面对奥尼尔时，就应该使用灵活的脚步战胜他；大个子球员在面对库里时，就应该利用身高、体重碾压他。

"降维打击"这个词来自刘慈欣的《三体》，说的是外星人使用"二向箔"将太阳系由三维空间降至二维空间的一种攻击方式。后来被用在了商业领域，主要用来形容拥有高端技术的群体进入低端技术群体的领域，对后者形成的碾压式打击。

历史上，几乎所有的胜利都是利用转瞬创造的"局部优势"，以大打小、以强胜弱完成的。

我刚到抖音时，几位"前辈"定义了我的上限："30万粉丝是你这个账号的天花板。"我没有被他们吓倒，并决定给这几个"不知道天高地厚的小青蛙"一点颜色看看：我找到了几个有一定粉丝量，但视频质量"马马虎虎"的账号，有针对性地制作了一批"好10倍"的高质量的短视频，特意投放给那些账号的粉丝。

我的方法是：

1. 在有"鱼"的地方钓鱼。
2. 杀鸡用牛刀。和真正的高手对练，专挑比自己弱的选手决斗。

我认为这是赢的方法。

很快，我的粉丝数就超过了30万。在我写这本书之前，粉丝量已经达到了300万。

在一些人的"游戏规则"里，我的粉丝数很难超过30万。但抱歉，我为什么在你的那口井里，按你的游戏规则玩？我喜欢和拿刀的人玩枪。

人类成为地球霸主，凭借的不是公平，是武器。而人类最强大的武器是头脑。

"善弈者谋势，不善弈者谋子。"

就如戴维·海涅迈尔·汉森，一开始只是利用闲暇时间玩GT4赛车，混迹在一群新手中完成比赛，成绩也不突出。在经过了六场比赛之后，虽然从未夺得过冠军，但他的排位足以获准晋级GT3比赛了。在GT3这一级，他以同样的原因晋级GTE。而其他车手仍依照传统方式，夺得联赛冠军后才晋级（通常需要一年的时间），此时DHH已经进入了更高级别的比赛。

几次下来，你还停留在"五环车神"，人家已经可以从更高的维度"降维打击"你了。

事实上，没有任何人规定你必须赢得冠军才能晋级。

先"赢"。赢了以后，你的资源、视野、认知都会不一样。

一个新人，发布一条视频的基础播放量大概是500。拥有一定粉丝之后，发布一条视频的基础播放量有可能是500万。发布视频的其实是同一个人。

不要抱怨，无能的人才抱怨。

强者寻找方法。

跨界，比别人多一个维度

让我们重新来看一下"降维打击"这个词的定义：使用"二向箔"将太阳系由三维空间降至二维空间的一种攻击方式。

这里有一个极重要的概念：维度。

由三维到二维，你要比别人多一个维度才行。"单细胞生物"是很难完成降维打击的。

我从事的领域比较多，经常被别人问到底是干吗的，大概意思就是我主要靠什么吃饭。这也是我们当下的现状，大多数人一辈子只从事一个职业，在做自我介绍时，经常会说："我是一名程序员""我是一名建筑师""我是一名咨询顾问""我是一名引导师""我是一名投资人""我是做自媒体的"……

如果你只有一条赛道，很难成为这条赛道的头部玩家。至少我不能，竞争太厉害了。这么多人从事一个职业，即便它不需要天赋，我差不多也只能做到这个领域的前 20%，当然还可能再往前一些，但成为行业头部的概率很小。在这种情况下，我们该如何形成降维打击呢？

曾经九次获得格莱美奖，获得奥斯卡最佳原创歌曲奖、提名奥斯卡最佳女主角，身为作曲家、编舞、美妆品牌创造者、时装设计师、演员、唱片制作人、慈善家的 Lady Gaga，在 2015 年美国非营利艺术教育奖颁奖宴会上的开场白是这么说的：

"我叫斯蒂芬妮·乔安妮·安吉丽娜·杰尔马诺塔，我是意大利裔美国人。如我妈妈所说，我不是生来就性感。这些年来，我读过很多书，看过很多电影，做过很多艺术，见过很多雕塑家、电影制作人、诗人、音乐家和街头艺术家，这些使我能创作出远比独自去做强大很多的东西。"

《枪炮、病菌与钢铁》《崩溃》的作者贾雷德·戴蒙德，在 1999 年获得了由克林顿总统颁发的美国国家科学奖章，以表彰他在进化生物学领域取得的突出贡献，以及利用达尔文理论在生理学、生态学等不同领域中取得的优秀成果。他原本是一名生物学家，现在是加利福尼亚大学洛杉矶分校的地理学教授。

"多元思维"一词来自查理·芒格，他在 1998 年哈佛法学院发表了《专业人士需要更多的跨学科技能》的演讲。

他说治疗"铁锤人倾向"的良方很简单，"铁锤人倾向"来自一句谚语："在只有铁锤的人看来，每个问题都非常像一颗钉子。"如果一个人拥有许多跨学科技能，那么根据定义，他就拥有了许多工具，因此能够尽可能地少犯"铁锤人倾向"引起的认知错误。此外，当他拥有足够多的跨学科知识，从实用心理学的角度，在一生中他必须与自己和其他人身上那两种倾向（"铁锤人倾向"与认知偏见）做斗争，那么他就在通往普世智慧的道路上迈出了有建设性的一步。

查理·芒格的偶像、精神导师富兰克林，就是一位典型的博学多才、涉猎广泛的跨越学科限制的人，他对物理学、天文学、植物学、气象学、海洋学和政治都有研究。在这个过程中，他最早构思了夏令时，绘制了墨西哥湾洋流图，还发明了很多有用的东西，比如避雷针、游泳脚蹼、医用导尿管、长臂（抓取器）、双光眼镜、"富兰克林炉"，等等。

埃隆·马斯克则是在电动汽车、火箭、超级铁路、太阳能电池板以及人工智能等多个领域来回穿梭。

《黑天鹅》《反脆弱》的作者纳西姆·塔勒布其实是一名期权交易员，他赚了很多钱，但人们更愿意把他当作一位哲学家。

达·芬奇是专业级的中提琴演奏家；量子力学奠基者沃纳·海森堡是一位技艺高超的钢琴家；诺贝尔物理学奖得主马克斯·普朗克写过歌曲和歌剧；"氢弹之父"爱德华·泰勒是一位出色的小提琴家；天才的化身爱因斯坦说，如果他没有成为物理学家，他会成为一名音乐家。

加州大学伯克利分校心理学家唐纳德·麦金农说："一些最具创造性的科学成就，是由那些在某个领域受过训练却进入另一个领域的人取得的。"

也许我们无法像他们一样优秀，但这并不妨碍我们将他们的经验转化为提高胜率的武器。

斯科特·亚当斯给年轻人的建议是，不管你真正喜欢的领域是什么，你要努力在这个领域做到前25%，然后你最好再加一两个领域。

作为一名普通人，我们很难成为一条赛道中前2%的人。这太难了。但你可以同时开辟第二条、第三条赛道。你可以轻易地越过及格线，取得60分，进而达到70分，然后与你的主赛道进行叠加。你并不是在主赛道上与你的对手展开竞争，而是将对手带入一个你（相对）更擅长的赛道，完成错维打击。

早期，我经常出席各种软件行业的大会，几乎每次都是最受欢迎的演讲嘉宾。是我的专业能力比他人更强吗？并非如此。事实上，每一位演讲嘉宾都是这个领域的佼佼者。我更受欢迎，仅仅是因为我具有：

1. 换位思考的能力。从头到尾，我都是一名自学者，专业自学 20 年。我知道作为学习者，他们更想听到什么，怎样讲他们更容易理解。

2. 写作的能力。我一直在持续不断地写作。每当我总结经验、获取灵感时，总会下意识地把它整理成长文。

3. 演讲的能力。我知道怎么演讲，我看过大量的 TED，认真分析过乔布斯所有的视频。虽然无法像他一样仅仅一个动作就能让场下掌声雷动，但相较那些几乎把所有精力都放在代码上的人，我更知道如何调动观众的情绪。"站在科技与人文的十字路口"，当其他演讲者还在使用 PPT 自带的项目符号时，经常出现在各种艺术展上的你，已经取得了压倒性的优势。

4. 影响力。做你自己。人们更喜欢与那些活出自我、与众不同的人交往。"生活太单调了"，我们需要给生活加点料。你听过"习得性无助"吗？它让某些人在缺少帮助的情况下难以取得进步。但是，如果此时有人能够提供适当的指导和帮助，没有人会拒绝让自己变得更加强大。比如，我来参加这个会议，是因为我想做出一些改变，变得更好。如果你可以，我不介意为你送上我的掌声。

其实还有一项被我忽略了。我从小就喜欢上美女老师的课，我发现几乎所有男生都和我一样。反过来，女生也一样。我的意思是我很帅。

任何一个作品的呈现，都不是单一维度的。如果你在单一维度很难再进化了，试试增加一个维度。

乔布斯在 2011 年说过：技术要真正出色，就必须与艺术结合。"只有技术是不够的，这是苹果公司的一大基因。正是科技与文科结合、科技与人文联姻，才产生了令人心动的结果。"

别误会，我的专业技能并不差，比很多人认为的还要好。但我为什么要拒绝让自己变得更加强大的方法呢？

"如果不能超越现有的模式、寻找应对挑战的新方法，认知固化就会限制问题的创造性解决。"（戴维·罗伯森）

让我们听听诺贝尔奖得主、小提琴家阿尔伯特·爱因斯坦是怎么说的吧。"每一位严肃的科学工作者都痛苦地意识到自己被迫进入不断缩窄的知识领域，从而剥夺了研究者的广阔视野，使其降低为机械师的层次。"

我有一个好主意

我有一个好主意，在主技能之外，学习一个第二技能。

二郎神和孙悟空的主技能都是八九玄功，但他比孙悟空多了一条狗。在孙悟空没进炼丹炉之前，二郎神还多一只眼睛。我是什么变的，你不知道；但你是什么变的，我一清二楚。

换位思考、写作、演讲、构建影响力（可以简化为善用新媒体的能力）皆是极好的可供选择的第二技能。强烈建议用系统2通过刻意练习将其固化到系统1内，形成习惯。像写作、影响力这样的技能不仅能够帮助你快速地从他人身上复制一份技能，增加自己的能力值；还能给你的合作伙伴加"蓝"，增加他的影响力。谁不希望多一个这样的"队友"呢？

分享一个帮你快速进入一个领域，并建立一定影响力的"捷径"，共 4 步：

1. 加入这个领域的一些社群。阅读这个领域的 3—5 本好书，一开始可以是畅销书。为每一本书撰写长文，对标"×××读书会"或者"×××听书"。

2. 想办法结识这个领域的"牛人"（提示：学会利用"错维"进行价值交换），约他们线下见面。在经济条件允许的情况下，可以适量付费。在正式见面之前做大量的准备工作，尝试从记者的角度而不是学习者的角度进行访谈。补齐知识框架，了解他人的成功经历。

3. 为本次采访撰写长文。在对外正式发表前，将长文发送给被访者，请他斧正。在得知该长文需要对外发表时，通常被访者都会认真对待（你的社会网络越强大，他越如此）。这样你就轻易得到了一个一对一的学习机会。如果文章写得好，还可以通过被访者的社会网络为你带来一定的关注度。

4. 尝试将你学到的知识对外免费分享，可以是演讲、直播，形式不限，逐渐扩大分享范围。

重复第 1 步到第 4 步，用不了多久，你就能积累一定的社会影响力。

"捷径"并非只是投机取巧的方法，其实是一个极佳的"打怪升级"的练习方法。

1. 阅读好书，并为其撰写长文。有输入，有输出。阅读→理解→思考→写作，一个完整的提升自学能力的闭环。

2. 从记者的角度提出问题，这要求你对问题本身有足够的了解和把控。你是一个思考者，而非索取者，是带着问题去学习的。你认为这个问题的答案是什么？对方给出的答案是什么？有什么不同？他的角度是怎样的？他的知识体系是怎样的？事实上，这才是正确的阅读方法。

3. 采访→整理→写作→反馈→重构。主动获得一位"前辈"或"高手"

手把手的"像素级指导"。在这个过程中你可以看到自己的不足,且有一定的可能加深"社会网络"关系,扩大影响力。

4. 知识产品化的过程即强化版的费曼学习法,在提升自己的同时,为社会提供价值。既是输出、反馈,又是验证产品、市场营销、扩大影响力的方法。

一个具有极强自学能力、思考能力、沟通能力、写作能力、演讲能力,且做事有结果(闭环)、有反馈、有反思习惯的人,怎么可能不成功呢?

我不过是提供了一个少走一些弯路、利用社会网络的方法罢了。

养成第二技能的方法也极为简单,不过是每天说点什么,每天写点什么,每天做一个深呼吸,每天尝试着帮助别人解决一个小问题,仅此而已。

更大或更好

"更大或更好"这个游戏起源于美国西部的杨百翰大学。学校位置偏僻,周围人烟稀少,而且规定不许饮酒。将数以万计的年轻人聚集在一个偏僻的小镇,又不允许他们饮酒,所以他们就会经常搞一些奇葩的活动,其中一个就是"更大或更好"。

初始道具是一件很小的,比如牙签或者曲别针之类的小物品。所有人分成若干个小组,半夜分头去敲周围邻居的门。每次主人开门,简单做个自我介绍，说明来意，大概意思就是我们想用手里的这个小东西和您交换一件更大或者更好的物品。

他们经常会被拒绝，但总有一些好脾气的邻居会答应他们的交易请求，与他们进行交换。一开始可能就是一块口香糖，然后是一支圆珠笔、一束鲜花、一本杂志、一顶旧帽子、一件T恤。刚开始的时候可能就是一些人们恰好要丢掉或者用不到的物品，但每次交易得到的必须比原来的那个更大或者更好。

游戏结束时，所有人回到学校，带回他们的"战利品"：一台收音机或者一套高尔夫球杆。

如果他们一开始就想用一根牙签或者曲别针交换到一台收音机或者一套高尔夫球杆，肯定做不到。但是在几次易手之后，他们往往可以收获意想不到的"礼物"。

这个游戏的启示在于：

1. 他们并不是用牙签去交换一个尺寸更大的木块，而是另一个种类的物品，比如一支笔或者一束花。

2. 他们并不只是和少数几个人交换，被拒绝后他们并没有停止行动，而是切换到下一个邻居。

3. 这需要一定的时间。如果一开始用来交换的物品不是牙签，而是一件更有价值的东西，将会缩短这个时间。

在同一个领域，你很难换到更大、更有价值的"商品"。可以尝试换一个领域，也就是我说的"错维打击"。

不要在被人拒绝之后就退缩，不要在一个人身上死缠烂打。调整心态，寻找下一个潜在交易者。

如果你一开始就能提供足够的价值，这将会大大减少你最后收获成功所用的时间。

学会"价值交换"。想想你能给别人带来什么，给别人他想要的，通常你就会得到你想要的。然而，我们之前说过，平等交易在物理上是不平等的，会受到主观因素的影响。如果你善加利用，就可以在交易过程中换取更多"更大或更好"的商品。

我还是一个程序员时，就已经开始帮助认识的很多小企业主，将他们的生意自动化、网络化了。对我来说，这不过是举手之劳，对他们来说这方面却完全是空白的。我顺便和他们"学习"了一些经商方面的知识，有些是在帮助他们完成网络化的过程中"自然学到"的，有些是他们主动告之的。

知识就是这样，它是可复制的。在帮助别人的过程中，自己的那份并没有丢失，同时还能获得他人的知识。我把从他们那里学到的知识用在我的领域，他们也同样如此，1+1=4，甚至大于4。

后来我开始接触视觉、戏剧。很多人的能力很强，但不会经营，我就把从小企业主那里学到的知识分享给他们，帮助他们将知识"技能化""产品化"，提高收入。我自然也会收获回报。在我的绘画能力尚处在三脚猫水平的阶段，我就作为联合创始人和身边的朋友一起创办了"VTC社群"，把视觉、戏剧、引导等元素应用到产品、演讲和培训中，提高客单价。

认识的人越多，资源也就越多。在企业咨询的过程中，我经常会随机拉来一些朋友，借用"他山之石可以攻玉"的原理，使用非常规手法解决很多用常规方法无法解决的问题，越来越具有创新性。而我自己知道，这些所谓的"创新"不过是别人不知道我从哪儿"抄"的而已。当一个领域的手法被跨界应用到另外一个领域，人们并不认为那是抄袭，反而会理解为创新。

你的人脉越广、资源越丰富、能力越强，能产生的组合也就越多，价值自然也就越高，就越不需要用时间去兑换生存材料。你会比他人有更多的时间学习、思考、做各种实验，有更多的时间发现问题、解决问题，创造更高的价值、更多的资源和人脉。

和埋头苦读的大多数人不同，中专毕业后，在我的众多同学还在自考大专时，我已经绕过原有传统的晋升体系（比如小学→初中→高中→大学→研究生），另辟蹊径。选择在北大旁听了本科的课程，自学了部分研究生的课程。

当很多人拿到自考大专的证书，等待用人单位的挑选时，我已经凭借实力和社交网络挑选用人单位了。

体制有体制的方法，我自有方法。

第十四章
提前准备好用户

如果你能够从你每个真正的粉丝那里每年赚取完整的 100 美元，那么你只需要 1000 个粉丝就可以每年赚取 10 万美元。对大部分人来说，这足以让他们生活下去了。

——凯文·凯利

销售是你必须掌握的创造财富的核心技能。

你要先促成交易，然后才能获取利润。

20年前，我在西安曾一家一家叩门推销广告。然而只有1%的人和我达成了交易，也仅仅是因为：

1. 他们原本就有推广的需求，而不是我说服了他们。
2. 我的价格便宜。

我必须想尽一切办法满足"甲方爸爸"所有合理、不合理的要求。因为一旦失去客户，我的生活马上就会陷入困境。

我再也不想回到从前的那段日子了，感觉就像被人施舍。现在的我已经没有了这样的烦恼。任何时候，我都敢于对客户说"不"。

我找到了另外一条路，甚至都不需要销售，人们就会自发地购买你的产品。方法很简单——让客户来找你，而不是你主动上门去寻找客户。

他们有粉丝

2005年，一位艺术交易商的合伙人以不到1万美元的价格，买下了达·芬奇一位弟子的作品——《救世主》。然而在2017年的拍卖中，这幅画的最终成交价达到了4.5亿美元。

因为这幅画在2011年被鉴定为达·芬奇的作品。

伦勃朗在艺术史上和达·芬奇齐名。

《戴金盔的男子》曾经被认为是伦勃朗的作品，价值连城。在各种艺术刊物里，都可以看到人们对它的讲解和赞美。这幅画也是柏林博物馆最受欢迎的艺术作品之一。

然而，1985年以后经过专家鉴定，这幅画并非来自伦勃朗，而是与他同时期的一名不为人知的荷兰艺术家的作品。自此，前去参观的人变得寥寥无几，人们对它的兴趣消失了，其价值也开始断崖式地下跌。

画没变，只是画画的人变了，艺术价值却发生了戏剧性的转变。

这该怎么解释呢？

泰勒·斯威夫特说："艺术家们能够获得天价合约，仅仅是因为他们有粉丝，而不是别的什么原因。"

你和你产品的价值并不完全由你的能力决定，和你是谁有着很大关系。

这让我想起了《无间道》里的一段经典台词：

"给我一个机会。"

"怎么给你机会？"

"我以前没得选择，现在我想做一个好人。"

"好啊，跟法官说，看他让不让你做好人。"

"那就是要我死？"

"对不起，我是警察。"

"谁知道？"

是啊！你很有能力。谁知道？

你的价值并不完全取决于你的能力，在这一点上你和商品没有什么本质上的不同。它是一种"主观价值"，即"我认为"你可能具有的能力。

几乎每个人走向社会都需要一块"敲门砖",告诉别人你是谁。

最常见的"敲门砖"是学历证明。一个公信的晋级体系至少可以证明你具备一定的资质,有能力在一群人中突围,且经历过一段时间的学习。

获得权威人士的推荐也是一个不错的方法。把对一个人的评价正式写下来,是一件很郑重的事。一个享有社会地位的人写来的推荐信,它的说服力比单纯的学科成绩要有力得多。

有思想且不墨守成规的人,则会通过与众不同的方式说服对方。比如俞军应聘百度时的简历。

也就是说,你的价值 = 你的能力 +buff。

这个 buff 可以是你的毕业院校、权威人士的推荐、曾经完成过的作品或者工作过的单位……

艾伯特-拉斯洛·巴拉巴西在他的《巴拉巴西成功定律》一书中写道:"你的成功不完全是由'你'(的个人能力)决定的,而是由'我们'(社会以及社会如何看待你的能力)决定的。"

判断迈克尔·乔丹、科比·布莱恩特、勒布朗·詹姆斯谁的历史地位更高,并不单纯地取决于他的球技,更多地取决于他在人们(社会网络)心中的意义。

首先是个人能力让他们有资格站在那里。罗伯特·霍里有很多总冠军戒指,但人们不会把他放在那个讨论中,因为他从来没有担任过任何一支夺冠队伍的当家球星。蒂姆·邓肯的性格则使他无法在社会网络中发挥更大的作用。如果你问教练,他们中的大多数人会毫不犹豫地把他——蒂姆·邓肯,放在历史首发大前锋的位置。

同理,谷爱凌的成功并不能完全归功于她在冰雪项目上的成绩,更多的是她所代表的"社会网络"。

个人能力很重要,它决定了你是否有能力站在那个领奖台上,但它不是决定你能否取得成功的最重要的因素。决定你能否取得成功的，更多的是"社会网络"的作用。

一个人如果想向社会兜售他的创意，就必须建立自己的积极形象，也就是我们所说的声誉。

凡·高的《自画像》与《星夜》，毕加索的《老吉他手》和《格尔尼卡》，都是不朽的传世作品，引领了现代艺术的创作方向。然而，他们在世时的境遇却大相径庭。毕加索在去世时身家高达7.5亿美元，而凡·高离世时身无分文。

是什么造成了两者之间的差距？

凡·高一直生活在一个孤独的世界里，很少有人认识他，兄弟是他与这个世界唯一的连接。

而毕加索有着英俊潇洒的外表，总是积极参与社会活动。丰富的社交网络使他能够轻易地结识各个社会圈层的重要人物。

凯文·凯利说："如果你能够从你每个真正的粉丝那里每年赚取完整的100美元，那么你只需要1000个粉丝就可以每年赚取10万美元。对大部分人来说，这足以让他们生活下去了。"

你根本不需要什么启动资金、办公场地、社会资源，不需要大学毕业，只要你拥有1000个真正的铁杆粉丝，你就可以去做任何你喜欢做的事：当个摄影师、工匠、设计师、音乐人、作家、编程爱好者、企业家或者发明家。

这一点都不难。

培养你自己的拥趸

每过一段时间,我就会被一些公司、团体邀请去做演讲、咨询。开始是因为他们看过我的文章,后来是因为朋友的推荐。

你并不需要成为一名作家,只需要简单地写点什么或者说点什么,让别人看到你的能力。而且你可以一直改、一直改、一直改。人家是一年写 100 篇论文,你是一篇论文改 100 遍。

这其实是在"作弊"。很少有人这么干,但你可以。

没人因为你能做 100 件 60 分的事邀请你,但会因为你有一件事能做到 120 分,奉你若上宾。

在今天这个时代,无论你做什么,都可以通过传递知识来获取用户。

我这个人没什么文凭,全靠自学。真材实料也好,徒有其表也好,最终都是真真切切通过学习、通过为他人创造价值赚到钱的。

我开直播,不要求送礼物,就是把自己的所思所想分享给大家。人家觉得有收获,自然会感谢你。

我开知识星球,写明了"任何时候都可以退费"。

大度一点,不要像小气鬼一样思考。把制作红烧肉的秘方分享出去,并不会让你的生意变得更差。

人们喜欢和自己认识、欣赏、信任的人做生意。如果我们欣赏某个人,他就能对我们产生影响;人们越喜欢你,你的影响力就越大。

当切·格瓦拉和卡斯特罗于 1958 年 12 月 28 日挥师进军圣克拉拉时,人们一片欢呼雀跃。他们掀翻汽车做成临时路障挡住巴蒂斯塔的装甲车,从自家门口向政府军投掷燃烧瓶；就连巴蒂斯塔自己的士兵打着打着都开始掉转枪口，加入切·格瓦拉的部队。

一小批 300 人左右的革命者，面对占据古巴岛，有着坦克、飞机等有碾压优势装备的巴蒂斯塔军队，他们通过一部无线电台把"自由古巴"的革命消息传递到古巴的乡镇村庄。他们走进村庄，教农民读书识字；教穷人怎么种田，怎么自给自足；教人民怎么保护自己，"打土豪、分土地"。

很多人把那部电台视为这段经典传奇的转折点。

今天的互联网要比当初的无线电台先进得多，它可以帮助我们把那些有价值的信息用更少的成本、更快的速度分享给更多的人。

虽然知识如此重要，但人们仍然低估了知识的作用。从石器时代起，人们就已经开始通过分享制作石器的方法建立对大自然的统治权了。手里拥有武器和没有武器的人，两者之间的战斗力相差非常巨大；手拿不同武器的人的战斗力同样相差巨大。这个"武器"是什么？不是大炮和飞机，不是砍刀和手枪，是知识。

利用互联网，分享真正有用的知识，是这个世界上成本最低、收益最高的行为！没有之一。

这个观点，我之前已经说过无数遍了。我经常会在评论区里看到这样的评论："这个事你说过无数遍了。"

是的，我知道。

所以，我选择：再！说！一！遍！

"做你自己,因为别人已经有人做了"

带人们参观你的"后厨",看看你的产品是怎么设计出来的,让人们看到真实的你。

不要害怕让人看到你的缺点。没有人是完美的,不完美才真实。

没人喜欢塑料花。

我们心目中的偶像、天才还有超级英雄和我们一样,都是普通人,甚至很多地方还不如我们。他们之所以成功,并不是因为他们没有缺点,而是因为他们发现了自己的优势,并围绕这些优势培养出了各种优秀的习惯,把自己的优势放大了数倍。

贝多芬听不到自己的歌。他将音乐简化为了基本的振动(比如《第七交响曲》的第一乐章,同一主题重复了57次)。

耳聋并没有削弱,甚至可能提升了贝多芬的作曲能力。因为残疾,他只能倾听内心的声音,然后再将那个"声音"写到纸上。

我则因为右耳失聪,有些声音是丢失的,又不好意思让人再说一遍,只能结合上下文去猜。这反而养成了我勤于思考、换位思考的习惯。

查克·克洛斯患有脸盲症,无法识别人脸。

为了创作一幅肖像,克洛斯会先拍摄一张脸的照片,然后将这张二维图像分成无数个小的单元,每个单元都以独特的方式进行绘制。他为比尔·克林顿创作的肖像图由676个独立菱形组合而成。他特别提到了克林顿的牙齿:"每颗牙齿都是分开的,我必须把它们挤在一起,这样看上去才像牙齿。"

患有脸盲症的克洛斯和我们看待这个世界的方式并不一样，他也因此找到了一种独特的创作肖像画的方法。

这给了我非常大的启示。我没有绘画基础，画出来的东西总是很难看。但是我找到了另一种绘画方式：把要绘制的对象拆分为各种最基本的几何图形，然后再将它们组合在一起。在此基础上，我还大胆且自信地融合了"毕加索式"的绘画风格。

我发现，当你足够自信时，会在一定程度上影响别人的审美。

没有人是完美的，每个人都有这样或者那样的问题。他们成功不是因为他们没有缺点，而是因为他们发现了自己的优点。

问题的关键是，找到你的优势，即你与他人不一样的地方，把它放大。

网上有很多非常优秀的老师，比如雷军、俞敏洪、张朝阳……他们都在和你分享知识。但是他们已经不挤地铁了，俞敏洪开马自达回小区都会被门口的保安嫌弃。"大神"很厉害，但他们离普通人太远，无法体会工薪阶层的生活，而你可以。你要把自己的优势放大。

不要让自己成为雷军、俞敏洪、张朝阳，因为他们已经有人做了。做你自己。

优秀不是你的优势，"土"才是。

克里斯·安德森在其著作《长尾理论》中首次提到：随着互联网技术的出现，所有人都可以借助极为便利的工具向世界上的其他任何人推销产品。

因为互联网货架没有物理限制，可以容纳数量足够多的产品种类。而搜索技术可以让用户方便地找到自己想要的产品。即便是那些冷门的、位于需求曲线中长尾部分的产品也有机会在网络上被销售。

你总是能够找到和你拥有同样价值观和审美的人。

当美术老师要求大卫·霍瓦斯（David Horvath）为一位身材凹凸有致的女士绘制一幅裸体素描时，他却画了一只怪兽，身材矮胖，牙齿突出，眼睛睁得巨大，手和脚却小得出奇。

大卫争论说，丑陋也是一种美。他的回答得到了那位来自韩国的女模特的认同，她叫金桑敏。共同的世界观让他们互相吸引。

"9·11"事件后，桑敏返回韩国。两人通过书信往来。在每封信的末尾，大卫都会画上那个曾经将他们连接在一起的小怪兽 Wage，并把它涂成橘黄色。Wage 很丑，很胖，没有头发，有大大的牙缝，两只小眼珠离得格外远。

桑敏照着 Wage 的样子，亲手缝制了一个玩偶送给大卫。

大卫高兴坏了，拿着 Wage 到处炫耀。

他的一位朋友很喜欢，一口气订购了 20 只，并以每只 30 美元的价格对外出售，一天之内就被抢购一空。于是他们又为 Wage 设计了很多同伴——Babo、Jeero、Wedgehead，还有 Ice-Bat，每个角色都有自己的故事，并且为它们取了个名字，叫 Uglydolls（丑娃）。

丑娃实在是太丑了，但丑陋也可以是一种美。很多人和他们持有同样的观点。截至 2012 年，每年 Uglydolls 所带来的经济收益超过 1 亿美元。

2009 年，奥巴马被记者拍到书包上挂了一个丑娃玩偶——Babo 的宠物鸟，他把它带进了白宫。

也许你是班级里唯一一个把 J.R. 史密斯排在麦迪前面的人，但你一定能在网络上找到与你持有同样观点的人。虽然可能连 J.R. 史密斯自己都不这么认为，但那又怎么样呢？

大声说出你的理念

我曾经看到过乔布斯内部演讲的一个视频，说的是苹果著名广告"Think Different"背后的故事。这条视频直接影响了我对营销的理解，一直持续到现在。

我决定把这一段完整地摘抄给大家：

对我来说，营销事关重要。

这是一个非常复杂的世界，一个嘈杂的世界。我们没有太多机会让人们记住我们，没有哪家公司可以。因此我们必须清楚，我们希望让别人知道我们什么。

幸运的是，现在苹果是世界上最好的几个品牌之一。我们现在和耐克、迪士尼、可口可乐、索尼等一些牌子一样，是顶级的。不仅仅是在美国，而且是在全球范围内。但是，即便最伟大的品牌也要保持活力，也需要投资和呵护。过去几年，苹果品牌也经历了低潮。

我们要让我们的品牌东山再起。要做到这一点，不应该只谈运算速度多快，价格多便宜，存储空间或超频芯片有多少，和我们比 Windows 好多少也没有关系。

牛奶产业努力了 20 年，告诉你喝奶有多好。他们在撒谎，但毕竟尝试了。当牛奶销售量下滑的时候，他们说"喝奶吧"，然后销量就上去了。"喝奶吧"根本就没有谈产品，实际上他们避而不谈产品。

一个很好的例子，甚至可以说是最好的一个例子，实际上是耐克。

想想看，耐克就是个卖货的。他就是个卖鞋的呀。可当你想到耐克的时候，你感受到远比一个卖鞋的公司更多的东西。大家都知道，他们的广告里从来不谈产品。他们从来不谈气垫，他们也不谈为什么比锐步的气垫更好。那么耐克在他们的广告里说什么？他们赞美伟大的竞技体育和运动员。这就是耐克，以及他们所做的事情。

你永远想象不到苹果在广告上花了多少钱。当我回来的时候，苹果刚刚解雇了自己的广告代理公司。我们在23家广告代理中挑选，挑了4年，最终选择了一家——CHIATDAY。我和这家广告公司几年前有幸合作过，我们创造了非常好的广告，包括那个由广告界专家评出的最棒的广告"1984"。

我们8周前开始一起工作。我们提出的问题是：我们的顾客希望知道苹果是什么，代表了什么，我们在这个世界上有什么意义。我们制造的不是一个帮人们完成工作的盒子。虽然我们做这个东西做得不错，做得比别人都好，但苹果远不止这些。

苹果公司的核心价值观，是相信那些有激情的人可以让世界变得更好。这是我们所深信的。刚好我们有机会和这样一群人一起工作，和你们，和那些软件开发者、客户一起，以各种各样的方式来实现它。

我们相信，人们能够让这个世界变得更好。那些有着疯狂的改变世界想法的人，才能真正改变世界。

因此，近几年内苹果计划首次开展品牌推广活动，让公司回到核心价值观上。很多事情已经发生了改变，市场和10年前已经完全不同了，苹果也和以前完全不同了。相信我，无论是产品、分销策略、制造，还是公司地位，都完全不同了。我们充分理解这一点，但是苹果的核心价值观是不能变的。苹果的核心价值观认定的东西，就是苹果如今真正代表的东西。

所以我们希望找到一种方式来表达这种理念，然后我们做了一个广告，它感动了我。这个广告赞美了那些改变世界的人，他们中有些人还在世，有些人已经不在了。但是你会想到，那些逝者，如果他们曾用过一台电脑，那肯定是一台MAC。

这次营销活动的主题是"Think Different"。

"他就是个卖鞋的呀。可当你想到耐克的时候,你感受到远比一个卖鞋的公司更多的东西。"

"苹果的核心价值观,是相信那些有激情的人可以让世界变得更好。"

我建议你一定要把这段视频找来好好看一看,它改变了我对营销的理解:

人们购买的不是你的产品,而是更好的自己!

更好的自己就包括:我是谁?我是怎样的一个人?

并不是因为苹果公司的广告技巧有多好,而是因为他们传递了自己的理念。如果你讲述你的理念,你将吸引那些跟你拥有同样理念的人。

一旦你获得了他人的信任,又能代表他们的价值观,当他们想要买东西的时候,就比较容易选择你,而不是其他和他们没有情感连接的品牌。

这种传递是由内而外的。

首先是Why:我的信念是什么?我为什么要这么做?

其次是How:为了达成这个信念,我要怎么做?

最后是What:我具体做了哪些事?

普通人完全可以通过学习、自律以及一些很简单的习惯,改变自己的命运。这就是我对这个世界的理解,它就是我的信念,Why。

我完全赞同本杰明·富兰克林的观点:"如果你想说服别人,要诉诸利益,而非诉诸理性。"而我要做的,就是通过自己亲身实践和分享,让更多的人看见。这就是我的方法,How。

为了达成这个信念,我开始大量地组织各种线下活动,一起做公益,一起捐款,和大家分享我对这个世界的理解,演示各种具体的实操方法和工具,写公众号,拍抖音短视频,和大家一起拆解政策新闻,组建学习小组……这就是我具体在做的事情,What。

这就是我的理念。

而我要做的，就是大声地讲出来，让更多的人知道。

想要成就大事，就要让自己与众不同。让世人知道你正在做一件有意义的事。然后朝着这个方向去努力，让所有接触过你和你的产品的人说："他 / 它真的让我的生活变得更美好了。"

去做这件事，生活会给你回馈。

产品还没上线，用户已经准备好了

我最早的用户（不是客户）来自我的文章和线下演讲。

我喜欢在论坛或者社群内潜伏，看看人们都有哪些困扰，在他们经常会遇到的问题中，哪些问题出现的频次比较高，哪些问题是核心问题，哪些问题尚未被解决，哪些问题是高频、刚需、用户量大且持续的。找到这些问题，尝试着给出我的"解决方案"。

有些问题其实并没有那么重要，仅仅停留在表面，并不是用户的真正需求。关于这个，你们肯定听过那个段子：学校边上开了一家小旅馆，每天有很多学生开房上自习。大爷听说后就把房间里的床给撤了，全部换成了课桌。然后，每天来上自习的人就变得越来越少了。

你认为的问题并不一定是真正的问题，真正的问题你并没有看到。这需要一个不断沟通、验证的过程。努力地去回答别人的问题，然后观察人们的反馈就是一个很好的验证过程。

你可以在刚刚萌生某个想法时，尝试着把它讲给大家听。

Dropbox 的创始人就是如此。在刚刚有了想法之后，他并没着急组织人马上开发，而是拍了一段 3 分钟左右的视频验证，然后根据用户的反馈及时调整。

在你确认了某个想法后，也先别着急生产，可以先把你的产品放到网络上"众筹"。嘿！你们对这个产品有兴趣吗？如果现在购买，可以享有一个怎样的优惠。不要问对方想不想买，而是直接问对方买不买，测试人们真实的购买意愿。如果有人下单且达到了一定数量，说明这件事是可行的。如果没人下单，太好了，我还没做呢。

这样做还有一个好处，那就是产品还没上线呢，用户已经准备好了。

即便你没有产品，也可以这么做。也许是自媒体，也许是社区活动，也许是其他什么形式，尝试积累一些早期用户。

创造需求很难，满足需求则容易得多。没必要创造出一个产品后再去寻找买主。反过来，你可以先找到一个市场，找到目标用户，然后为他们寻找或者制造出一个产品。

Facebook 的种子用户是那些外貌出众的享有高质量生活的女性用户，她们又吸引了众多男性用户加入。

Uber 的种子用户来自奥斯汀音乐节，很多参加这个音乐节的年轻人都是狂热的科技追随者。Uber 为他们提供免费的乘车服务。

Airbnb 的种子用户来自那些设计大会的与会者。

Keep 这款应用在 2015 年 2 月才开始上线。但是他们在 2014 年 10 月就建立了官方微信账号，上线之前由专职的健身知识运营团队，在 QQ、微信、BBS、贴吧、豆瓣小组等上百个垂直社群长期连载大量优质实用的健身知识，积累了大量的内容、关注度和口碑。

当这款应用正式上线时，之前积累的关注度迅速被引爆，仅 3 个月时间即获取 200 万用户。

我几乎从不做广告，至少是传统意义上的广告。我的很多产品还没上线，用户已经准备好了。甚至很多产品，产品还没开始做呢，钱已经到位了。

我很少失败，确切地说，你们看不到我失败的样子。在正式的演讲之前，我会做无数次小的失败的演讲。那些小的失败的演讲总是被控制在一定的范围之内，无伤大雅。当人们看到我时，它已经是成功的了。

我从不试图一上来就让所有人都知道我的产品。我更喜欢秘密开发一些项目，一开始只有三五个人知道，然后是三五十人知道，再然后是三五百人知道，最后是更多的人知道。

不要试图让所有人都成为我们的用户。

寻找那些志同道合的用户伙伴，将他们发展成为种子用户。

在产品正式发布之前：

1. 不断地和那些真正的用户建立连接，和他们一起发现问题、寻找问题的解决方案，从他们那里获得反馈，改进产品。

2. 持续为用户提供价值，人品 +1, +1, +1……

3. 积累一群帮你摇旗呐喊的朋友。

注意是朋友，而不是客户。客户才不会为你摇旗呐喊呢，他们没有作战能力。而真正的种子用户会成为你的义务宣传员，主动对外传播，吸引更多用户，再一次形成裂变。

第十五章
影响他人的行为

不要销售你自己都不愿意买的东西。
不要为你不尊重和不欣赏的人工作。
只和你喜欢的人一起工作。

——查理·芒格

世上有两件事最难：一件是把自己的观点装进别人的脑袋，另一件是把别人的钱装进自己的口袋。

但如果你聊的是别人感兴趣的话题，手里又恰好有别人想要的东西，那这两件事就一点难度都没有了，人家可能还要感谢你。

这倒不是说，好东西不需要营销。我的意思是，营销好东西。

在互、联、网上，要会说话

你首先要会说话。你不会说，人们怎么知道呢？

每一个媒体平台都有自己的语言。

电视普及了很久，但只有那些有故事性、视觉效果好，兼具娱乐效果的广告才能让人印象深刻。

我们生活在互联网时代。"互联网"就三个字。

第一个字是"互"，互动的互。光你说，别人听，这个不叫互，这个叫讲。有来有往才叫互。

第二个字是"联"，联结的联。人与人的联结；人与知识的联结；人与娱乐的联结；人与消费的联结。

第三个是"网"。什么是网？相互交错的才能称之为网。1×5000不是网，5000×5000才是网（以前微信好友上限是5000人）。

这是我从支付宝的公众号截取的一段文案。

通知：

1. 从昨天开始（对，是昨天……我昨天忘记发了嘛）到 5 月 22 日，在全国肯德基餐厅用支付宝付款，消费满 52 元就可以得到总价 20 元的 3 张优惠券。

优惠券可以在"支付宝 – 卡券"里查收，使用前请看一下使用规则。

2. 请大家相互转告一下。

这其实就是一则广告，但这则广告不会让你反感，关键点就在于括号里的那几个字："对，是昨天……我昨天忘记发了嘛"。就因为加了这几个字，这则广告就有了温度，拉近了与读者之间的距离。

再看看下面的留言：

"喂喂喂，这也太草率了吧。"

这条评论的点赞数比正文的点赞数还多。

很多人不能理解，尤其是那些长期在企事业单位伏案的人。在他们看来，面对这么多读者，难道不应该更加正视，以突显我们的能力和荣誉吗？

然而当你这么做时，就不会有那么多读者了。只剩下一小撮自己人，可能还是被迫的。

人们喜欢的是有血有肉的人，而不是一台冷冰冰的机器。

看看支付宝的这条文案：

我还活着。

没被开除。

在这条文案下面，人们纷纷留下有趣的留言。

留言是内容的一部分，很多自媒体却关闭了留言。

学习，不是抄袭，不是照搬。认真理解到底什么是互联网，把思路切换过来。

文案不一定就是文字。像滴滴《此篇文章字数为0》的文案,全都是歌名:

《悄悄告诉你》

《今天》

《我》

《心情不好》

《所以》

《现在不想说话》

评论区的留言也都是歌名。

《我知道》

《这》

《一首小诗》

《真的不容易》

《真的用了心》

《并不》

《只是》

《字句》

《也是》

《情怀》

《我不知道》

《如何》

《表达》

《深深的》

《欣赏》

《于是》

《我》

《为你鼓掌》

这是新媒体，不是你耗费巨资拍摄的广告片。一行文字、一张图片、一段背景音乐、一个想法都可以变得很酷！

人们喜欢酷的内容。没有公式告诉你什么样的内容才算酷，它可能是某个令人开心的，或者搞笑的、有趣的、知性的，或者充满设计感的、有意义的、温暖人心的瞬间。你需要为此做准备，从生活中收集素材，不断总结什么样的内容才能吸引人。

不要在泰国用西班牙语与人交流。如果你连一个单词都不愿意学，又怎么指望用户注意到你说的话呢？

在吴哥窟，让我印象最深刻的一幕，是当地的女孩可以用三种语言与游客交流。她们告诉我，她们想上学，就像中国同龄的孩子一样。如果用当地语言说，我根本听不懂她们的诉求。

人们更喜欢接地气的东西。要会说话，说用户能听懂的话。

别总想着一步到位，要一点一点积累人品，+1，+1，+1……

不只是吸引

过去，我最喜欢的电视台叫中央电视台。

那时候只有这么一个台，它播什么你就看什么，没别的选择。所以我们看到的广告都是类似"恒源祥，羊羊羊""今年过节不收礼，收礼只收脑白金"这样的，通过一遍遍的"轰炸"侵蚀你的大脑。即便是现在，家里的老人还是会通过电视里的广告买东西，理由也很简单："电视里都说了。"

媒体太可怕了，它总是在一点一点地改变人的认知。

这本书也一样，我也在努力尝试改变你的认知，区别是出发点以及最后可能产生的影响。

所以，独立思考很重要。

现在人们有了更多选择，局面翻转了，用户获得了决定权。但独立思考的情况并没有得到好转。

你的难度在于如何在用户的众多选项中吸引用户的注意力，让他们看到、感兴趣、引发欲望、产生行动。

仅仅让别人看到是没用的，他会把你递过来的传单随手丢进垃圾桶。

"潜在顾客不在乎你，他们在乎自己，对与他们无关的东西他们不愿读也不感兴趣。推销时间。谈话结束。没有问题。"（杰伊·康拉德·莱文森、艾尔·劳登史莱杰）

聊什么很重要。

几个人坐在一块，没有共同话题，很尴尬。

你不能只讲自己关心的，人家没兴趣。你要在"用户想听的"和"自己关心的"两者之间找一个交集。

小时候出门，父母总会叮嘱多穿两件衣服，你的感觉是什么？"烦死了，真啰唆。"虽然我知道你说得对，但是我不愿意听，心里总有逆反心理。

要学会吸引人。我们家小朋友现在3岁，正处在逆反期。我们想让她做什么，她总会反着来。你不能按照你的思路来，你得知道她喜欢什么，用她喜欢的东西去引导她。私立医院的医生在给小朋友补牙时会说："来，张嘴，给你抹上一块小奶油。"

读者也是一样。你要从他感兴趣的话题入手，比如痛点、热点、和经济相关的问题、健康问题、人际关系问题，等等。

痛点。 面对颈椎病患者，你就直接和他们说如何快速解决颈椎病，文理不通不要紧，有几个错别字也不要紧，都是能忍受的。

热点。 人是群居动物，天生喜欢凑热闹、替别人操心，遇到流行的话题，喜欢主动搜索。抓住热点可以帮助你穿透圈层，但也可能带来副作用。

和经济相关的问题。 生活是要吃饭的，谁不想生活得更好一点呢？我涨粉涨得最快的那一段时间就是新冠肺炎疫情期间的时候。因为大家待在家里没事干，很多店铺都开不了张。我就给大家出主意：你暂时可以干点啥，怎么做点小生意，如何利用自媒体招揽生意，如何把钱投到股市里获取收益。

健康问题。 自己的健康，父母的健康，家人的健康。五六十岁的人特别注重养生。长期坐在办公室里的人，不是肩膀疼，就是腰疼，还有睡眠问题、血脂问题、痛风、肥胖，慢慢都会找上门来。和他们聊养生就对了。

人际关系问题。 婆媳关系、夫妻关系、同事关系、亲子关系、上下级关系，只要生活在这个社会，每天就要面对各种关系。生活圈子小一点的，关系几乎成了他每天要处理的最主要的问题。1985年之前出生的人，通常还会有一些原生家庭的问题，也会被带到他们现有的家庭里。这不能责怪我们的父母，那时候首要解决的是吃饭、上学的问题，要先把你照顾好，别有病有灾，保证你身体健康，能有书念，意识不到心理层面的问题。

我们最容易犯的错误就是，只考虑自己想要干吗，而忽略了别人的喜好。

换位思考很重要，甚至是最重要的。如果你说的东西人家都不愿意听，逻辑再严谨、再令人信服，也是瞎耽误工夫。

我的文笔很差。同一件事物，别人有无穷的表达方式，我没有。之前在学校的时候，由于经常写文章，我和几位同学一道被老师叫去写活动文案。同一场活动，人家的文案有十八种颜色，我没有。我的文案很简单："快来！这里有很多女生"。

要学会说话，说用户能听懂的话。没人喜欢广告。人们关注你不是为了听你说你喜欢的东西，而是因为你一直在说他们喜欢的东西。

我的文章或者视频标题通常长这个样子："直接点！6种赚钱的方法"。

我不觉得这有啥避讳的，事实确实如此啊。新冠肺炎疫情来了，经济不景气，生活压力大，这就是人们当下最关心的。只要你的内容真的可以给他带来帮助，有何不妥？

每次对外输出时，我都会反复问自己：

1. 这东西真的对他有用吗？是对他有用，还是对我自己有用？
2. 有多大用？用在哪儿？怎么用？
3. 对哪些人有用？对多少人有用？
4. 是对他一直有用，还是用一次就完了？

说别人关心的、对别人有用的东西，这是第一原则。

把你的观点装进别人的脑袋，很难。但如果聊的是对方感兴趣的话题，那就一点难度都没有。

如何影响他人对一件事情的感知？

不要总想着占领别人的大脑，有这样的想法很危险，而且不自量力。更好的方法是绕过防御系统，从最柔软的地方着手。

"环境"很重要。

我曾帮助过一些知名品牌设计他们的服务销售流程。第一步就是改变他们与用户建立连接的环境，以影响用户对产品的感知。

为什么赌场会选择红色作为基本色调？

为什么购物中心的背景音乐通常是舒缓的？

为什么很多书店里会有巧克力的味道？

……

佛经有云："无明缘行，行缘识，识缘名色，名色缘六处……"哪六处？眼、耳、鼻、舌、身、意。

视觉、听觉、嗅觉、味觉、触觉，这是我们接触这个世界的 5 种方式，人通过它们去感知世界、建立认知。

赌场之所以选择红色，是因为波长较长的颜色（如橙色和红色）可以让赌客的心情更加激动，让人们感觉不到时间的流逝。而冷色调的购物场所通常会获得更好的评价，因为冷色调（如蓝色和绿色）让人感觉更加放松。

音乐的节奏会影响消费者在商店内的走动速度以及花费金额。当餐厅播放抒情、缓慢的音乐时，人们通常会延长用餐的时间。如果红酒消费者在挑选时聆听古典音乐（并非最有名的前 40 首之一），他们会花更多钱购买更昂贵的红酒。在迪士尼乐园，连鸟叫声都是被精心设计过的。

芳香可以被用于唤醒记忆、刺激欲望，使人更加放松或兴奋，延长人们在商店内停留的时间，促进销售。巧克力的味道能大幅提升美食类书籍和言情小说的销售量。劳斯莱斯会通过人造的方法重现老款车型里那种混合了木头、皮革、亚麻和羊毛的气味；在每辆劳斯莱斯出厂之前，这种独特的气味都会被加进座椅的下面。高露洁把它独特的牙膏味道注册了专利。

在实际促销过程中，商家通常会在一个比较显眼的位置为用户提供免费的小包装试吃，引导用户下单。有时候，销售人员会"蓄意"侵入消费者的个人空间，借此优化其购物体验。如果销售人员在接待一位女性消费者的时候，轻轻地、不引人注目地、似乎是在无意间触碰到了她的手，将会帮助这位女性消费者对这次购物体验保持更加积极的态度。

"直邮博士"德鲁·埃里克·惠特曼在给用户的邮件里，会尽可能地用文字调动用户的这5种感受：

这辆车拥有宽阔如客厅的车厢（眼睛），关上它那扇拱顶似的车门，准备享受少数特权者的驾驶体验。你周围都是华丽而芳香的皮革（鼻子），产自国外的硬木和昂贵的威尔顿羊毛地毯（眼睛），这辆车会显出你独特的生活方式……

感觉到了吗？高达453马力的强劲动力召唤你释放它们时，你的肾上腺素正飞快地流过静脉（身体）。

平时你可能注意不到，但我建议你有空可以去那些奢侈品店看看，你就会明白我在说什么。

真正好的设计往往是用户不易察觉的。但如果你足够用心，总是可以发现。

眼、耳、鼻、舌、身、意。何为意？《说文解字》中的解释是："意，志也。从心察言而知意也。"

一个没有诚意的内容，又如何让别人喜欢呢？

每次写文章、拍视频，我都会非常注意自己的情绪。我是在和朋友聊天，而不是在完成一个任务。毕竟，谁愿意和一个不真诚的人聊天呢？

你是一个真诚的人，还是一个冷冰冰的拒人于千里之外的人，都会通过你的作品体现出来。

感知是我们从外界获取信息的方式。但真正让我们采取行动的，并不是感知，而是感受。

比如，一个盛饭的碗不小心掉到马桶里了，用最强力的消毒工具进行反复清洗后，我们可以确保这个碗已经非常干净了，甚至比你家橱柜里的碗还要干净。现在，用它盛一碗饭给你吃，你能不能接受？

你大概率是接受不了的。

为什么呢？它虽然已经不脏了，但你的心里会仍然觉得很恶心。你不会用这只碗，不是感官影响了你，是感受。

影响用户的感知，最终是为了影响用户的感受。感受才是形成认知、采取行动的主因。人是一种有趣的动物，我们总是认为自己的所作所为都是合情合理的，但事实并非如此。我们的绝大多数决定和行为都源自情感和心理反应，然后在实施行为过后，再给自己找一个逻辑来合理化这些决定。

从感知到感受

从感知通往感受，有两条重要通道：

一个是恐惧，另一个是欲望。

恐惧会造成人们的非理性选择。焦虑感会支持人们盲目地听信碎片化的宣传口径，从而做出错误的决定。

如果你知道有个朋友或者同事感染了艾滋病，你就会下意识地躲着他，虽然你知道正常的接触是不会传染的。

马丁·林斯特龙在《品牌洗脑》一书中提到，品牌最有力的洗脑手段，就是让消费者看一眼未来那个令人恐惧的自己。大概是在20年前，我曾经看过一个著名的公益广告，到现在仍然记忆犹新。就一张图片，图片上躺着一个浑身缠满了绷带的人。图片下只有一句话："而你还觉得（安全带）太束缚。"

利用人们的恐惧心理来推销产品的案例屡见不鲜。2009年，世界知名洗手液品牌普瑞来的销量飙升了50%，高乐氏消毒纸巾的销量也上涨了23%，因为那一年暴发了禽流感。

市场营销研究杂志发表过一篇文章，给了广告人一些建议：通过文案和语境的配合来提升影响力。

实验者为实验对象播放了一些电影片段，有些选自恐怖电影《闪灵》，有些选自浪漫的爱情电影《爱在黎明破晓前》。随后，每组实验对象都会看两段艺术博物馆的广告，第一段的广告语是"每年游客量超百万"，第二段的广告语是"走出人群"。看过《闪灵》的人，听到第一段广告词的时候，会倾向于浏览博物馆；而看过《爱在黎明破晓前》的人的反应恰恰相反。

另一个能给人留下深刻印象的通道就是欲望。

有人用猴子做了个实验。在笼子里挂一盏灯，只要灯一亮，实验者就会给猴子提供几滴果汁，猴子很喜欢果汁。这个时候科学家们观察到，猴子大脑里分泌了大量的多巴胺，说明它正在经历快乐的感受。

随着实验的不断重复，猴子逐渐掌握了规律，它知道只要灯一亮就会有果汁。这个时候科学家们发现，在灯亮以后，果汁还没给的这个瞬间，猴子的大脑就开始分泌大量的多巴胺。

慢慢地，让猴子快乐的东西，从果汁转化为了对果汁的预期。而真正喝到果汁时，反而没有那么快乐了。

人是交易的主体。

你有多了解人、多了解人性，站在用户的角度思考问题，为他们着想，你就能在多大程度上影响用户对一件事情的感受，最终影响用户的行为。

人在面临某个需要抉择的问题时，总是倾向于推迟或者拖延。

如果我们意识到某样东西属于稀缺品，就会更加重视它。

如果我们认为某个人是权威人物，比如医生，就会立刻变得毕恭毕敬，不自觉地受到他的影响。

如果我们把自己当成某个团体中的一分子，就会不自觉地按照这个团体成员应有的行为方式做事。

如果某件事是一位陌生人告诉你的，你通常会心生疑虑；换作是师长告诉你的，可信度就会高很多。

如果某人总是为我们提供帮助，那么我们就会认为自己有义务回报他。

持续地、发自内心地帮助他人，时间是建立信任和权威最有力的武器！

很多人不明白这一点，"贫穷"限制了他的想象力。

如何影响他人的行为？

还记得福格行为模型吗？B=MAP。

阅读是行为（B）。对我有用，激发了我的好奇心，这是动机（M）。

点赞是B，共鸣是M，或者M是做个标记，方便以后查阅。

评论是B，表达观点是M。

关注是B，想看到更多内容是M。

转发是B，分享是M。

A是什么？A是能力。想看的时候可以很方便地打开，要关注只需点个加号，这是能力（A）。新媒体平台已经帮你完成了，只需要再通过文案做个提示、引导（P）就好。

看着很深奥，其实很简单。

想让你看我的文章，只需吸引你的好奇心，激发你的求知欲就好。想让你给我点赞，那就引发你的共鸣，让你感同身受。

我曾拍摄过一条视频，说："几乎每一条评论我都会回复。"结果很多人在下面留言："我不信。"

所有的行为都是有动机的。找到那个动机，问题就解决了。

如何让他人购买我的产品？除了找到动机，还应该减少摩擦。

我个人经常使用的方法叫互惠。

我父母手里有个小本，上面记着：我儿子考学的时候谁随了多少礼？我儿子结婚的时候谁随了多少礼？家里孩子出生的时候谁随了多少礼？等人家孩子上学的时候、结婚的时候，是要还回去的。

这叫人情往来。

你帮助了他人，他人自然愿意反过来帮助你。你帮助的人越多，反过来帮助你的人也越多。这是老一辈人留给我们的智慧。

还有哪些减小摩擦的方法？比如承诺。

我自己就是这么干的。所有加入社群的人，任何时候都可以退款。真的有人在第 364 天的时候要求退款，没关系，我退给他。而且我还要感谢他给了一个机会，一个证明我们"一诺千金"的机会。

这就像是在解题。

问题是什么？卡在哪儿？动机还是能力？

怎么解决？互惠还是承诺，又或是从众效应？

当然不只这几个，你还有大量的武器库（《思考，快与慢》《影响力》《"错误"的行为》《助推》……）可以使用。

用户购买一件商品，首先遇到的问题是："我需要它吗？"

那你就要想办法证明，这件商品可以给用户带来的价值。如果是在抖音上，你就可以展示实际使用的效果给用户看。如果是在公众号上，你就要利用文字将用户代入那个真实场景：对于他曾经遇到过的问题和困难，这款产品是如何帮助他解决的。

"我确实需要这么一款产品，可是它真的有你说的那么好吗？"

这个时候，你就要证明给用户看，你没有骗他，一切都是真实的。

你可以拿出权威的国际认证向他证明这一点："有哪些知名人士使用了我们的产品，看看他们的使用效果，这是他们给我们产品的评价。我知道您很欣赏 ×××，他其实也是我们的用户。除此之外，这是过去所有使用过我们产品的用户的使用体验，以及他们的评价。"

你还可以准备一些小份的试用装，让用户试试看。

"看起来不错，可是我现在买划算吗？"

通过认知对比，尤其是同类产品的对比，打消用户的顾虑。"一般的榨汁机每次用完了还得拆洗，咱们这个放到水龙头下一冲就完事了，可以节省多少时间啊！您说咱们买榨汁机，不就是图个省事、方便吗？现在买还有优惠……"

"咱们这个优惠活动只限100台，现在只有5个名额了，便宜不少呢。而且活动期间还有承诺，1年内包退，3年内包换。这么大的品牌如果说话不算数，得不偿失啊……"

一步一步打消用户的顾虑。

如我所说，这就像是在解题。问题是什么？卡在哪儿了？怎么解决？

有些问题，你不需要自己一个人思考，要学会站在巨人的肩膀上前进。这就是我反复鼓励你大量阅读、思考的原因。

2017年诺贝尔经济学奖获得者理查德·塞勒在《"错误"的行为》一书中提到过很多案例。

比如，两件商品同样便宜10块钱，你可能更愿意去买便宜10块钱的闹钟，而不是便宜10块钱的电视。其实，10块钱和10块钱的效用并没有本质上的差别，但为什么会出现这种差异化的行为呢？因为人们会把省下来的钱与商品本身的价格做比较。如果省下来的钱占的比例很高，人们就会觉得自己占了便宜。

这是比例偏见。

如果把它放在营销上，人们购买了你1000块钱的商品，你给人家便宜50块钱，用户可能并不领情。因为在他眼里，你不过是给他打了一个95折而已。换作精明的商家会这么做："正好店里搞活动，满1000块钱的话，您只需再加1块钱，就可以换购50块钱的商品。"其实这反而多收了用户1块钱，但因为这个比例是1∶50，用户会感觉很开心。

比如经典的马克杯实验，研究人员拿了11个马克杯，在22名参加实验的学生中随机分配，然后组织学生自由交易，每个马克杯最多可以被交易一次。理想状态下，每轮最多可以完成 11 次交易。但是，经过连续 4 轮实验，每一轮平均完成的交易只有 2.25 次。

为什么交易次数这么少？塞勒发现，问题的关键，在于卖家和买家对马克杯的心理估价差距特别大。已经拥有马克杯的卖家，对马克杯的估价中位数是 5.25 美元；而没有马克杯的买家，估价中位数只有 2.25 美元。

学生在拥有马克杯之后，就觉得马克杯值钱。这就是禀赋效应。一个人一旦拥有某项物品，他就会觉得这个物品的价值特别大，比拥有之前大很多。很多商家就利用了这一点，先把商品拿给用户使用，而用户使用过一段时间以后，只要商品没有特别大的缺陷，就很少会退货。

类似这样的"错误"行为有很多，我称之为"模式"。什么是模式？就是在某种情况下遇到某种问题，应该如何解决。你可以把它理解为经验的总结。很多问题的解决方案，已经有人提前帮你总结好了。

这就是我一直鼓励大家大量阅读、思考的原因。读书就是占便宜啊！

有一点我必须强调：可以使用技巧，但请保持诚实。

如果你不想对自己的妻子撒谎，就不要对别人的妻子撒谎。你想别人怎么对你，你就怎么对待别人。如果广告不说实话，迟早会被发现，好的产品应该用诚实的广告来销售。如果觉得产品不好，就不要打广告，把产品做好了再来。

"如果你让顾客不爽，在真实世界里，他们会告诉六个朋友；在互联网上，他们会告诉六千个朋友。"（杰夫·贝佐斯）

如我之前所说的：

1. 钱是交易的媒介。想赚钱的话，给用户带来价值，与用户交换。
2. 钱的本质是对"信用"的度量。千万不要让自己的信用破产。

关于这一点我再啰唆两句。你看，我自己都知道有点啰唆了，可是我还是一而再，再而三地重复，可见它的重要性！

有很多事情会激发用户的行为。比如，如果一个人信任你，他就会对你说的事情深信不疑。如果我们认为某个人是权威人物，就会不自觉地受到他的影响。如果某个人总是为我们提供帮助，那我们就会认为自己有义务回报他。

如果你从一开始，就持续地、发自内心地帮助他人，多为他人着想，多想着能给他人带来什么，你就根本不需要考虑这些问题。

你只需要找到真正的好产品，然后告诉大家就可以了。

第十六章
阳谋!

唯天下之至诚,能胜天下之至伪;唯天下之至拙,能胜天下之至巧。

——曾国藩

我原本是不想写书的。

一方面是因为我要讲的东西，市面上已经有人讲过了，而且比我讲得更好。另一方面就是因为不划算。写书这种事很熬人，时间成本太高。写不好，会挨骂；写好了，也没有多少收入。所以我前前后后婉拒了很多家出版社。

后来和社群小伙伴分享如何做生意，如何做产品、营销的时候，我改变了主意，决定写书。用最真实的案例，告诉你我是怎么做产品、怎么做营销的，为什么我总是有源源不断的现金流，给你演示一个完整的从无到有的产品开发过程。

我说的产品，就是你手里拿的这本书。

更奇妙的是，就在你读它的时候，一切正在发生。

首先我们说说这款产品的开发过程。

这本书里的部分内容，"姜胡说"的老伙计会很熟悉。可以说这本书就是我和你们一起创作出来的，只是你们不知道而已。

我一直和大家说，一定要站在用户的角度思考问题。可是你怎么知道你站的角度就是用户的角度？你只是自己认为自己"站在了用户的角度"。如果等这本"你认为自己站在用户角度"的书出版以后，才发现理解错了，那一切都晚了。

我的方法是什么？

如果我认为这段内容一定会对大家有帮助，那我就会把它做成一个很短的片段，可能是一篇公众号，也可能是一条短视频，或者干脆就是社群内部的一小段文字。把它发布出来，看看大家的反馈（点赞、评论、下载、关注量）。

如果这条内容发出去以后，没人点赞，评论的人很少，更谈不上有多少下载、关注，那一定是我对用户的理解出了问题。这个时候我要复盘，是这个内容不好,还是我的表达出了问题,思考我应该怎么改进。

每次线下活动,都是我近距离观察大家对内容接受程度的机会。

我会尽量回复文章和视频里的每一条留言。什么是问题?问题就是需求,你在帮助他人的同时,也在收集大量的需求:人们真正关心的是什么?是什么东西困扰了他们?

这些都是我获取反馈的过程。

正如我所说的,你必须站在用户的角度思考问题。用户的时间和精力是有限的,你需要做的是如何让用户在用时更短、花费更少精力的情况下,收获更大的价值。

在这个过程中,很多大段大段的文字被我删除了。实践证明,它们对用户没用,或者说价值不大。

整本书的主体结构,我反反复复改了三稿。

第一稿,我试图把自己掌握的 5 种能力——学习力、思考力、产品力、营销力、投资力,通过这本书分享给大家。写到一半的时候,我问自己,这些东西市面上没有吗?还是已经有了,大家并没有掌握?哪儿出了问题?

于是我做了第二稿调整,从我个人的成长开始,分享我是如何从一个"菜鸟"慢慢成长起来的。我的收入来源是怎样的,我是怎样把那些能力应用到这些具体的应用中的。然而我又发现,每个人的路是不一样的。你的路并不一定适合所有人,甚至很多人从一开始就不知道怎么做。我反问自己,这本书到底是给谁看的?你是想通过这本书展现自己渊博的学识,还是让拿到这本书的人真正学有所用?

衡量再三,我删除了大量的方法和文字。因为人们根本不需要掌握那么多的方法,我需要和大家分享的是"最少且必备"的、可以学以致用的方法。

于是有了第三稿,我把最容易做的事情放在最前面,先说你第一个要掌握的知识是什么，然后是第二个，紧接着是第三个。如果你把前三个招数连在一起，就是套路。即便你只学了其中的一两个技能，也能学有所用。第一套全打完，然后是第二套需要的知识，以此类推。难度是逐渐递增的。

几次调整之后，我最终确定：

这是一本写给普通人的书。

写这本书其实也是一个自我发现的过程。所以当拿到这本书的时候，它已经在很多场合被验证过了。

它是完美的吗？不！在我心目中仅仅是及格了而已。这本书我还会不断地更新，它还会有第二版、第三版。而那些曾经买过我第一版书的读者，作为最早的参与者和合伙人，他们有权终身免费拿到我持续更新的版本（以社群更新的方式）。

这就是我在写这本书时采用的产品设计过程。一边写，一边获得用户的反馈，持续迭代、改进。

我猜一定会有人说："那是因为你已经拥有了很多用户。"没错，我猜这也是出版机构会联系我的原因。但是，你有没有想过最初的那些用户是怎么来的？

你可能一开始写不了一本书，但你完全可以写一篇文章、拍一条视频。

你也可能连一篇文章都写不出来，但你仍然可以尝试着在朋友圈写一段只有几十字的文字。你要的不是文采，而是输出对别人有价值的东西。文理不通都没关系，关键是有用。

第一次有人邀请我去演讲时，我害怕极了，我从来没有面对过那么多人。但我还是答应了下来，我想挑战自己。

我没有把演讲的重点写在PPT上，只是从头到尾梳理了一下我要分享的内容，然后找了一个很小的范围，仅仅是朋友之间，分享给他们听，获得反馈。接着我把分享的范围扩大了一点，开始面向少量的陌生人，从他们那里获得反馈。之后分享的范围变得越来越大，我收获了更多人的反馈。在站在演讲台上的那一天，我是完全脱稿的，根本不需要PPT。

同样的内容，我已经讲过很多遍了。

甚至夸张点说，即便闭着眼睛，我也可以比很多人讲得更精彩。

还记得吗？一篇文章也可以是一款产品。一条视频也是。

这就是我构建产品的过程。

下面让我来说说，我是怎么做营销的。

营销的第一步是触达，你应该尽可能地触达更多的用户。

出版机构找到我，是因为我有很多的用户。反过来，出版机构又何尝不是我触达更多用户的一个渠道呢？它可以帮助我触达从来不看我的公众号、从来不看我的抖音、从来没有参加过我演讲的人。这些读者，未来都会是我的用户。

每一次交易的结束，都是下一次交易的开始。

我做营销，最大的内功心法就是互惠，利他就是极致的利己。这是我的阳谋。

我一直和很多人说，做新媒体，不要总想着变现。把眼光放得更长远一些，要学会延迟满足。我们要做的是一辈子的生意而不是一时的生意。

你必须理解耐心积累用户数是在新媒体上成功营销的关键，但同时你也要理解粉丝数并不等于用户数。粉丝数仅仅代表他关注了你，但同时他也关注了很多人。你仅仅是他关注列表里的1%，而且他随时可以取关你。

只有那些和你不断交往的人，才会最终成为你的用户。而你要做的就是保持真实，持续地给他人创造价值。

很多人做自媒体，恨不得每一条视频都能赚到钱。

我不是，我制作一条视频，首先想的是我说的这东西对别人有什么用。经常会出现这样的情况：视频发出去了，但我感觉这条视频没什么价值，即便播放量很高，我也会把它删掉。

我会在直播里，和大家成块成块地分享我个人在实际生活中的方法和工具。这些内容在很多人那里都是收费的，但在我这里是免费的。

我很自信，我知道自己会一直保持进化。对我来说，这反而是个督促。更重要的是，短视频通常都是碎片化的，你很难在短视频里面把一个事情讲明白。直播可以表述得更完整。

光知道不行，一定要动手去做。

这就是我要做线下活动的原因。我的线下活动都是免费的，大家只需要集资场地成本就可以了。当然这不包含很多人为了来到现场支付的交易成本和机会成本，往往那些成本更高。

你所有的付出，一定会有回报。你帮助过别人，别人反过来一定会帮助你。

当有一天，你的产品出现的时候，当然前提是它一定是个好产品，它可以给更多的人带来价值，你就不用担心这款产品的销售，因为更多的人会回报你。

我说的可不只是购买，人们还会主动传播。你会收获很多免费的、自发的、自愿的义务推销员，因为你的东西曾经帮助过他们。现在，他们希望可以帮助到他们身边更多的朋友。

你们听过试用版这个事吗？

化妆品店会给你一个很小的包装，让你尝试他们的最新产品；干果店会摆出来一些样品供你试吃；汽车经销商会在你购车之前让你试驾；软件公司会使用免费试用版和限制性版本来吸引潜在用户。

为什么你的产品不可以？你的文章、你的视频、你的直播、你的线下活动，都是你为用户提供的试用版，只是这个试用版比其他商家提供的更酷、分量更足而已。

我从来不担心销量。

利他就是极致的利己！关于这一点，我说过很多遍了。除非，写得实在是太差了！这是我唯一担心的问题。

我说过，这是阳谋，也是我再一次向人们证明"只要你能给用户创造价值，他就一定会为你提供价格"这条定律的机会。

让我们回到现实。

看过一本书你就会真正地改变吗？通常不会。很多人买了书就不读了。或者读了，但并不理解；理解了，但不一定会用；会用了，但不一定去做。

你看，书只是个半成品。所以我需要再进一步，提供一些别的书根本没有提供的东西。

比如，所有买过这本书的人，可以免费进入我的社群，未来的一年里，可以免费参加我针对这本书的线下分享，我将现场给你演示具体该怎么做。在这个社群里，你会收到我不断更新的版本（我说过了，这本书只有60分），可以参与每周的视频会议交流、线上答疑；有更多的小伙伴和你一起阅读，一起在生活中践行，相互督促。我们还会在这个社群里给你提供对新闻时事、宏观数据的解读，以及帮助你继续成长的其他工具和方法。

我不知道这样的社群外面卖多少钱，通常都很贵，我们假设它一年的费用是365元吧，或者更多。但未来的一年里，我们的服务是免费的，而且提供得更多。

我是不是傻？

当然不是。

我说过了，未来的一年是免费的。那第二年呢？如果这一年你获得了非常大的帮助，那么请问，第二年你会离开吗？

我从来不认为我是在卖东西给你。难道这不是我为你提供了一个价格更低、收效更高、服务体验更好的商品吗？你应该感谢我才对。

这是阳谋。

而这本书也不过是我持续学习、思考的副产品。你也可以用！正大光明地用。

记住这个公式：收益 =（价格 – 成本）× 用户数 × 复购。

你需要做的只有两件事：

1. 尽早去实现你的闭环，为用户创造价值。
2. 不断地为用户提供价值，从而获得更多的用户和拥趸。

这事没那么复杂，我就是这么过来的。

唯一的要求就是，你需要去践行。给自己一点点耐心，学会延迟满足，坚信大力出奇迹的道理。

注：从接受出版邀请到现在，过去了整整两年时间。我所有的写作内容对社群都是公开的，所有人随时可以看到我最新更改的内容，并提出疑问，我再根据大家的疑问对内容进行删改。

在这段时间里，越来越多的人有了自己的"小型电视台"（抖音号）、"小型商店"（小生意），开办了自己的"杂志社"（新媒体账号），组建了自己的"健脑俱乐部"（社群），有些区域的线下社群变成了一家"小型咨询公司"（对外讲课、咨询），成了投资人（参见《你自己就可以是一家公司》）。

所有的内容都被验证过且有记录可复盘，我知道这本书可以出版了。并且我知道，在它面市的那一天，会有非常多的人成为这本书的义务推销员，把它推荐给自己的亲戚、朋友。因为在他们看来，这并不是推销，而是送给家人极好的礼物。

延伸阅读

以下为本书在第二部分《做事的方法》中涉及的部分重要书籍，如有兴趣，可进行延伸阅读。

1.《思考的技术》
作者：大前研一
作者标签：
日本著名管理学家、经济评论家。著作有《无国界的世界》《全球新舞台》等。

2.《重来》
作者：贾森·弗里德、戴维·海涅迈尔·汉森
作者标签：
美国软件公司 Basecamp 的创始人。

3.《奥德赛》
作者：荷马（约前 9 世纪—前 8 世纪）
作者标签：
古希腊盲诗人，著有集古希腊口述文学之大成的长篇史诗《荷马史诗》。

4.《我来教你变富》
作者：拉米特·塞西

作者标签：

理财专家、金融大师。

5.《改变：问题形成和解决的原则》

作者：保罗·瓦茨拉维克、约翰·威克兰德、理查德·菲什

作者标签：

斯坦福大学精神科教授。

6.《微习惯》

作者：斯蒂芬·盖斯

作者标签：

标准美国"宅男"，依靠"一个俯卧撑"理念，研究了微习惯理论，并且养成了好的读书、写作和健身习惯，实现了华丽转身。

7.《禅与摩托车维修艺术》

作者：罗伯特·M.波西格

作者标签：

美国作家、哲学家。

8.《建筑的永恒之道》

作者：克里斯托弗·亚历山大（1936—2022）

作者标签：

著名建筑设计师、城市规划师，美国AIA奖得主。

9.《巨人的工具》

作者：蒂姆·费里斯

作者标签：

生活极客、畅销书作家。

10.《增长黑客》

作者：肖恩·埃利斯、摩根·布朗

作者标签：

GrowthHackers.com 的创始人。

11.《爆款文案》

作者：关健明

作者标签：

前奥美广告人。

3

投资的方法

第十七章
最简单的投资

我们的投资策略之所以有用,正是因为它非常简单。

——查理·芒格

对于普通人来说，最简单的投资，不过是：

1. 从花在烤串、化妆品、游戏皮肤、视频会员、名牌包包上的钱里省出10%—20%，投给任何能够生成现金流的资产。哪怕这部分钱全部亏掉，一分不剩！

2. 每天从打游戏、看电视剧、浏览信息流、扯闲篇里抽出30分钟看一本书，也许仅仅够读几段话，理解它，尝试着把它用到生活中。哪怕只有1%的知识能被你用起来（再一次提醒，我说的是用起来，不是知道）。

即便只是做这样的小事，若干年后，你仍然有可能超过这个世界上的绝大多数人。这就是我理解的最简单的投资。

以今天的情况，除了极少数人，大部分人的贫穷都是长期坚持且刻意练习的结果。

投资不需要多么复杂的操作。简单的事，只要方向是对的，日拱一卒，长期坚持做下来，就能产生良好的结果。

投资要趁早

你必须学习投资，且应该尽早学会它！

钱是什么？

一种交易媒介，同时还是储藏财富的手段，即以钱的形式将当前的购买力储存起来，以备将来使用。同样起到储存作用的还有黄金珠宝、文玩字画、房地产、股票和债券，需要时可以用来兑换自己想要的东西。

用巴菲特的话说："投资是为了在未来更有能力消费而放弃的今天的消费。"

简单来说，投资的本质就是，在一项资产便宜的时候把它买下来，然后耐心等待。所有的知识都是为这个服务的。

投资是一项脑力劳动。

学习投资时，最（少且必要）应该思考的两个问题是：

1. 如何判断一项资产是否便宜？
2. 如何做到耐心等待。

同样是用来存储财富，钱是那个更好的选择吗？

不是，甚至可以说是一个糟糕的选择。

我们的钱每天都在贬值。一个最直观的感受是，你小时候的万元户和今天的万元户一样吗？

在我写这本书时，我们正在经历严重的全球通胀。假设一个小岛上有 1000 块钱、10 个苹果，平均下来每个苹果应该值 100 块钱。现在突然多出了 1000 块钱，苹果的数量没变，但每个苹果的价格已经涨到 200 块钱了。

你口袋里的钱还和以前一样。你什么都没干，但购买力却正在一点一点流失！

投资是你无法逃避的。只要你产出的价值有剩余，必然要找一个地方存放，可能是存现金，也可能是存银行，或变成房产，购买金银珠宝……不进入股市，不是不投资了，而是将你辛辛苦苦赚来的钱，投到了其他用来存储财富的资产上。

长期来看，股票投资的收益最高，存现金最差。

《股市长线法宝》的作者西格尔教授研究了美国 1802—2012 年的全部数

据。假设在1802年分别投资1美元于股票、长期国债、黄金,并将其间所得收益继续再投入,直到2012年。超过200年的样本里,涉及多次经济危机、货币危机、金融危机,经历多次局部战争和两次世界大战。200年后,黄金的购买力从1美元提高到了1.42美元;短期政府债券的购买力增加了近24倍;长期政府债券的购买力增长了52倍;股票的购买力增加了86100倍。西屋集团后来将这笔投资延长到2017年,在1802年分别用1美元投资不同品类,到2017年,黄金为3.26美元;短期政府债券为265美元;长期政府债券为1663美元;股票为1348229美元,购买力增加了100多万倍。

美联储一直在放水,首先会流向金融和房地产市场,然后才是人们的工资。工资一旦涨上去,很难会再降下来。我们经常听说又涨工资了,很少听说又降工资了。

从这个角度出发,再来思考一下为什么从长期来看,股票投资的收益最高,存现金最差。

还以苹果为例,岛上只有10个苹果,1000块钱。如果你手里拿的是苹果,突然多出1000块钱,这个苹果的价格就变成了200;如果你拿的是100块钱现金,就只能买半个苹果。

巴菲特之所以成为巴菲特,一个很重要的原因是美联储一直在放水;另一个原因是他和他选择的公司都足够"长寿"。说一个较好理解的例子,你在20年前买了间房子,不用什么学区房,就是一间很普通的房子,20年后这间房子会是什么价格呢?

这间房子的价值变了吗?不。一个很重要的因素是市场上的钱变多了。

这个市场上的钱只会变得越来越多,因为你的工资只能涨,不能降。

从1994年年底到2019年年初,代表中国A股市场的万得全A指数从380点左右增长到3500点以上,年化收益率超过9%。如果你从2005年熊市开始投资的话,到2019年,10多年的年化回报率会超过20%。

投资是你无法逃避的。把钱存起来并非明智之举。

造成你亏损的，不是你选择投资，而是你对投资一无所知。

那些劝他人不要投资的人，他们储藏财富的方式通常也只是现金或者银行，所以才把投资视为洪水猛兽，唯恐避之不及，在"可能增值或亏损"和"永久的小幅亏损"中选择了后者。就像好多从来没有出去闯荡过的老人，劝你找个"铁饭碗"，安安稳稳地过日子一样。那是他视野范围内最好的选择。

而投资是可以学的。

什么是投资？

"投资艺术有一个特点不为大众所知。门外汉只需些许努力与能力，便可以取得令人尊敬（即使并不可观）的结果。但是，如果想在这个容易获取的标准上更进一步，则需要更多的实践和智慧。"

这段话来自本杰明·格雷厄姆，他被认为是证券分析的开山鼻祖。亚当·史密斯说："在他之前没有（证券分析）专业，在他之后才有了这个名称。"格雷厄姆一手创立了证券分析基本体系和价值投资流派。他与多德在1934年共同写下的《证券分析》被誉为"投资者的圣经"，书中的投资思想被称为"价值投资的路线图"。

与大多数投资者不同，格雷厄姆从不隐瞒自己的投资策略。他在纽约哥伦比亚大学讲授证券分析课程，每天会用股票市场最新的真实案例来证明他的投资策略。

格雷厄姆给投资的定义是："投资是经过深入分析，保障本金安全并获得令人满意的回报的行为。不能满足这些要求的行为就是投机。"

什么是"深入分析"？

他以一个简洁的定义开始："深入分析是基于已有的原则和正常的逻辑，仔细研究可以获得的事实，得出结论。"他进一步将其分为3步（分析方法）：

1. 描述，收集多方信息并以合理的方式呈现。
2. 批判，检验这些收集来的信息是否可以代表事实。
3. 选择，判断这些证券是否具有吸引力。

他将具体的证券分析操作流程拆分为3步（操作流程）：

1. 行业比较分析。将同一行业的公司放在一起进行比较分析（各项财务指标，如市盈率、市净率、股息收益率等），筛选出基本面不错但估值明显偏低的少数个股。
2. 公司深度分析。仔细阅读、分析公司过去几年的财务报表，与主要行业对手进行对比分析，适当调整公司财务报表，分析其真实的盈利能力，进一步修正其估值。
3. 市场价格分析。将其与市场当前提供的价格进行比较，如果价格低于价值，并有足够的安全边际，买进。

"你不应该随便买一只猫。"所有的结论（观点）都应该建立在论据（理由）和论证（逻辑）的基础上。我们的观点如此，别人的观点同样如此。

"未来的市场会怎样？""这是不是一家好公司？""当前的股价是不是被低估？""我应该买入还是卖出？"这些都是问题。

而解决一个问题通常需要经过3步（参见第五章《简单思考》）：

1. 尽可能地列举所有可以查询到的信息，辨别它是事实还是观点。

2. 根据 MECE 原则（不重叠、不遗漏），对现在的信息进行归纳整理，建立联系。

3. 推理、假设，得出结论。该结论可以被验证，经得起推敲。

让我们重新理解一下格雷厄姆的那句话："人们要想在证券市场上取得投资成功，第一要靠正确思考，第二要靠独立思考。"

凡是没有独立思考，根据别人的观点买入、卖出的人，皆是"韭菜"！

我不太喜欢那些宣称自己脑子不好的人，因为他们不够诚实。诚实的说法应该是"我很懒，不愿动脑子"。

投资不需要太聪明。就如巴菲特所说的："人们要想在一生中获得投资成功，并不需要顶级的智商、超凡的商业头脑或者机密信息，而是需要一个稳妥的思考框架作为决策的基础，并且有能力控制自己的情绪，使其不会对这种思考框架造成侵蚀。"

我就是一个极好的证明。

我中专毕业，从来没有接受过金融知识的正统教育，连培训班都没有上过（事实上，我不认为他们可以教会我什么），我所有的投资理财知识全部是自学的。目前来看，成绩还不错。

凭什么？

深度"阅读"（不一定就是书，也可以是一家公司）、理解、思考、小心求证、反思复盘、归纳总结。

向格雷厄姆学习，学习其操作方法和流程（临摹），还要站在外面观察、思考他这样做的原因。有意识地进行自我反思和自我监控，利用"元认知"思考"思考的过程"。

同理，看巴菲特股东大会的目的也不是"抄作业"，不是看他买了什么，而是他为什么要买，背后的逻辑和知识是什么。

这是一个向他人学习投资，持续提升自己思考能力的绝佳方法。

经常观察别人怎么思考，就能做到独立思考。

经常思考"如何正确思考"的人，怎么可能会差呢？

而最简单的独立思考，也只不过是在从某处（比如一份研报）获悉一个观点时，不轻易下结论，进行批判性思考，自己动脑子重新推演一遍，看看论证过程有没有什么漏洞和不合理的地方、经不经得起推敲的过程而已。

首先，你得有点钱

要投资，首先要有本钱。没有多少长期不用的闲钱，又想通过炒股迅速发大财、赚大钱的人，必然是傻瓜。

少下两次馆子，少买两套游戏皮肤……少一些不必要的消费，养成"储蓄"的习惯，每个月从收入里节省下来一部分。不是让你做苦行僧，起码别铺张浪费。

让自己成为一名投资者，而不只是一名消费者。定期从你的收入中扣除一定的比例出来，投给那些能够持续产生现金流的资产。

让钱生钱，而不是用时间和体力去换钱。

钱不是攒出来的，更不是花出来的。

迈克·泰森作为全世界最成功的职业拳击手之一，拥有辉煌的职业生涯，最终却由于生活铺张陷入破产，一度欠下了高达 5000 万美元的债务。世界闻名的黑人女歌手惠特尼·休斯顿在 2012 年去世时欠下了巨额债务；尽管 NBA 职业球员在现役阶段平均年收入达到 500 万美元，但在职业球员生涯结束后的 5 年里，5 个人当中就有 3 个人会破产。

事实上，他们大多有自己的投资顾问。

不要轻易相信什么"顾问"的话。你能接触到的顾问多是为银行或保险公司工作的，大多数是推销员，工作的首要目的是为银行和保险公司挣钱，然后是为自己挣钱，最后才可能是为你挣钱。高级顾问和顾问的差别是，比普通的推销员"高级"一点：给人一种为数不多的人才负担得起的感觉。但也仅限于此。

不要异想天开。脚踏实地一点，别轻易把自己辛辛苦苦攒下来的钱拱手送人。不要相信天上掉馅饼的事。如果有一天有人告诉你跟着他就能发财，恭喜你，你被选中了。选中你的原因不是你多有才华，关于这一点你过去的生活经历已经证明过了（虽然你可能不这么认为），也一定不是你长得多好看。原因只有一个，那就是他们认为你蠢！

当你被所谓的幸运砸中的时候，你应该思考，而不是感到兴奋！

"拥有一样东西的最好方法，是让自己配得上它。"（查理·芒格）

一定要自己学习投资。不要把最应该动脑子的事让别人代劳。即便你已经决定把钱交给更专业的人打理，你也应该有能力衡量谁才是那个"理财能力更专业，而不是销售能力更专业"的人。

自己的事情自己做！哪怕一开始可能会慢一点。

温饱、小康、富足，然后财务自由，这是一个逐步进阶的过程。"酒要一口一口喝，路要一步一步走，步子迈大了，容易扯着蛋。"

掉到山洞，无意间获得一本《葵花宝典》，这样的事只能在游戏和剧本里出现。即便你捡到了《葵花宝典》，那也是需要付出代价的。有可能你付出了代价，功却没练成，那就尴尬了。

而通常的情况，就是你会尴尬。

要投资，首先要有本钱。

如果这部分都无法满足的话，那你就必须从自己的生活费中节省出一部分钱，投资自己。

你要做的是学习一技之长，用技能和勤劳获取财富。作为普通人，如果你无法用头脑或一技之长获取财富，通常你也无法通过投资获取财富。通俗一点说，一个连番茄炒蛋都不会做的人，千万不要误以为自己一夜之间就能做出满汉全席。不要骗你自己，你是最容易被自己欺骗的人。

不要幻想任何暴富的可能，你没那么幸运！有了积蓄，能维持正常生活，温饱问题解决了，如果手里有点闲钱，就拿来投资吧。我鼓励你投资，我是多么希望你能学会投资啊！但是在此之前，好好学习，努力工作，习得一技之长才是正道。

资产配置

一开始不要把目标定太高。

张磊的老师戴维·斯文森管理的耶鲁大学的捐赠基金投资组合，在过去30年，获得的复合年化收益率为13.9%。

邓普顿管理的成长基金在 38 年间取得的复合年化收益率为 16%。

股神巴菲特对自己的复合年化收益率的要求是 15%，实际做到了 28%。

全球最成功的基金经理之一彼得·林奇，有人说他对基金业的贡献就好比乔丹对篮球的贡献。在管理麦哲伦基金的 13 年中，他取得了 29% 的年复合收益率。

这些人都是投资界的翘楚。你凭什么认为自己的复合年化收益率会高过他们？投资的首要原则是不要亏损。

不同的大师对投资有完全不同的观点。但所有的大师都认可一点，那就是资产配置的重要性。

正确的资产配置是投资者最重要的工作。它为你设置了一个框架，避免你在投资过程中一不留神犯下过于严重的错误。

把钱分别投入不同类型的资产中，比如股票、债券、大宗商品、房地产等。你需要根据自己的目标、需要、风险承受力和人生阶段，决定具体的投资比例，做到进可攻，退可守。

艺术品、葡萄酒、古董、黄金，是无法持续产生现金流的，持有黄金的逻辑主要是为了避险。在日常生活中可以持续产生现金流的资产包括股权（就是通俗意义上的股票，但这里强调的是股）、基金、债券、房地产，等等。

我个人会把资产配置分为三部分。

第一部分，为自己留下满足基本生存和安全需求的钱！

这两个需求对应马斯洛最下面的两层。预留每个月必需的生活费（吃、穿、住、行），以及一些必要的医疗、养老保险，以现金或者现金等价物的形式存储，比如银行存款、余额宝。保证自己不会被迫卖出这部分资产，无论外界怎么变动，不会对自己和家人的生活造成影响。

第二部分，跑赢通胀。

通胀，就好比有位好心的天使在你睡着的时候，往你的钱包里放了很多钱。

这本来是件让人愉快的事。可问题是，这位天使其实往所有人的钱包里都放了钱。于是，你发现，钱确实变多了。但除了物价上涨了之外，每个人的购买力并没有发生改变（甚至有可能还下降了）。

因为每个人拿到钱的时间不一样，贫富的差距反而被拉大了。

有人先一步拿到钱，那时候物价还没涨，他可以拿着多出来的钱，以当时的物价买买买（比如买入一些上市公司的股份，随着更多的印出来的钱流入股市，股价开始上涨）。有人后拿到钱（比如工资），他拿到钱的时候，物价已经涨了。于是，每次"发钱"（多印钞票），富人变得更富了，穷人变得更穷了。

有人"发钱"的时候，你要"在场"。什么叫"在场"呢？说一个基本认知，"发钱"的时候，这笔钱首先会流入银行，其次是金融市场（其中就包括股市），再次是房地产，最后是实体经济。如果你还不理解什么叫"在场"，把上面那句话再读一遍。

这部分投资我个人以指数定投为主，辅以黄金（用来对冲和避险）、债券、"固收+"，根据周期动态调整比例。一个极端情况是，假设这部分钱亏了，我的生活质量可能会受到一点点影响，比如可能要被迫减少出去旅游、看电影的次数。但是因为指数本身具有均值回归属性，只要不被迫贱卖资产，它早晚有一天会涨回来。

第三部分，跑赢市场，获得高于市场的平均收益。

这部分钱我会拿去购买股市里那些"打折"的核心资产，在其价值被市场远远低估时买入，其他时间则按兵不动。

买那些"打折"的核心资产,在其价值被市场远远低估时买入,其他时间则按兵不动。

在其价值被市场远远低估时买入,其他时间则按兵不动。

其他时间则按兵不动。

按兵不动。

不动……

这部分钱必须是闲钱。在极端情况下,即便亏掉了,对生活也不会造成太大的影响。

放心,即便我如此啰唆,也一定会有更多的人忽略这一点。直到有一天重新翻到这一章,看到这段文字,恨不得抽自己的嘴。

这是我个人在考虑资产配置时关注的三个方面。

每个人的情况并不一样,不同时期资产配置的比例也会不一样。你需要根据自己的情况——目标、需要、风险承受力、人生阶段以及外部环境,动态调整具体的投资比例。

无论如何,未虑胜,先思败。

学习他人的成功策略

钱是储存财富的手段(同时还是交换媒介和记账单位),类似的还有黄金珠宝、文玩字画、房地产、股票和债券,等等。而"投资是为了在未来更有能力消费而放弃的今天的消费"。

因此，投资的秘诀在于：

估算某项资产的价值，然后付更少的钱把它买下来，以期在未来获得更高的购买力。

那些愿意花更多时间去"阅读"一项资产，理解这项资产的价值，愿意花更多时间去思考，在大多数人都醉心于即时满足的世界时，懂得用延迟满足去做交易的人，已先胜一筹了。

我从不把投资当作赌博。恰恰相反，股市于我更像是思维和情绪的练习场。

钱很重要，但也不那么重要。当思维足够强大，且能掌控自己的情绪时，我们会得到很多副产品。其中就包括钱。

没有人一开始就有自己的投资框架。

如果已经有人用他们自己的实际行动证明了一些知识是有效的，那我们为什么不依葫芦画瓢，拿过来直接使用呢？找到那些比自己优秀的人，向他们学习。

查理·芒格 1986 年在哈佛大学演讲时说：

"如果乌龟能够吸取它那些最棒前辈的已经被实践所证明的洞见，有时候它也能跑赢那些追求独创性的兔子或者跑赢宁愿跻身那些忽略前人最优秀的工作的蠢货之列的兔子。乌龟若能找到某些特别有效的方法来应用前人最伟大的工作，或者只要能避免犯下常见的错误，这种情况就会发生。我们赚钱，靠的是记住浅显的，而不是掌握深奥的。我们从来不去试图成为非常聪明的人，而是持续地试图不变成蠢货。久而久之，我们这种人便能获得非常大的优势。"

最佳的学习投资的方法就是模仿大师。

我们有大量的知识和经验可供学习、反复使用，但没有多少人真正去模仿大师。

沃伦·巴菲特在 1995 年伯克希尔·哈撒韦股东大会上说：

"我本以为，任何一个刚开始进入投资领域的人都会关注过去其他人是怎么取得成功的，然后依葫芦画瓢，尝试复制它。但令我感到惊讶的是，很少有人会真正这样做。"

格雷厄姆在《聪明的投资者》一书中提到了这一点：

"有些投资方法明明切实可行，但是它们依然很少被人采用，考虑到证券市场中有那么多专业的投资者，这实在是太奇怪了，而我们的事业和声誉正是建立在这个难以置信的事实上。"

巴菲特接着说：

"知道本杰明·格雷厄姆的人很多，但是令人困惑的是，真正效仿他做投资的人很少。我们在年度报告中以简单易懂的方式详尽描述了我们的投资策略，投资者们可以很容易地跟随投资。但是，投资者们感兴趣的仅仅是：今天我应该买什么股票？正如格雷厄姆一样，我们广为人知，但鲜少有人效仿。"

这让我想起了那个寓言：

"让我来教你'点石成金'的方法吧。"

"不！我只想要你手里的那块金子。"

这并不好笑。

很多策略和方法是明明白白写在那里的。

当我在阅读《聪明的投资者》时，我其实是在学习、理解格雷厄姆的投资策略；当我在阅读《巴菲特致股东的信》时，我其实是在学习、理解巴菲特的投资策略；当我在阅读《穷查理宝典》时，我其实是在学习、理解查理·芒格的投资策略；当我在阅读《价值投资的秘密》时，我其实是在学习、理解乔尔·格林布拉特的投资策略；当我在阅读《彼得·林奇的成功投资》时，我其实是在学习、理解彼得·林奇的投资策略；当我在阅读《投资最重要的事》时，我其实是在学习、理解霍华德·马克斯的投资策略。

没有什么策略可以生搬硬套，但一定可以被借鉴、学习。要学会站在巨人的肩膀上。

说真的，每次阅读投资经典，我都认为自己是在捡钱。

从最简单的投资开始

进入一个领域，不要等所有的知识全部学完了再动手，更不要刚学了个皮毛就大刀阔斧地去干。最好的方法，是找到这个问题的关键所在，也就是第一性原理，把它提炼出来，然后在自己的能力范围内，找到一个最简单、最容易上手的解法，把成本控制在自己能够承受的范围内，躬身入局，用最小的成本去试，错了也没关系，对自己不会造成什么太大的影响。一边学一边做，一边做一边学。

阅读、理解、思考、小步试错、反思复盘、归纳总结、持续改进。

大多数人是没有能力独立选股的，他们也没有能力正确估算一家公司的内在价值。

对普通人来说，最好的选择是坐在一个不怎么需要做判断的地方。只有坐在这种地方，你才能坐得住。用《股票大作手回忆录》的作者埃德温·勒菲弗的话说："不用脑子，用屁股挣钱。"一开始知识不够，不知道怎么选股，不知道怎么估值，那就先用屁股喽。

我个人一开始是从指数入手的。

指数不是投资某一个具体的标的，而是投资股市上一系列优质的标的，通过不断用更符合条件的新公司替换老公司来跟踪市场。这就相当于你看好的是整个市场的整体经济发展。

如我们之前所说的，人类社会已经进入了科技文明时代。只要科技文明没有结束，人类社会的发展就是呈螺旋向上的：每一次科技进步（比如蒸汽机、电、互联网、手机的发明）都会带来新的需求和供给关系，新的供需关系会产生新的财富分配。

比如有人发明了手机（科技进步、创新）。你看到别人有手机，你也想买（需求），于是那些创造手机、离手机比较近的行业就能赚到钱（供给），然后他们再拿这笔钱去开发新的产品（创新）。

巴菲特说，"我的财富来自三种要素的结合：生活在美国、一些幸运的基因、复利"。这句话对我们同样适用。

你至少有两部电梯可以坐：

1. 生活在这个时代。

2. 出生在中国。

加上复利。

在这里，任何人都可以跟得上整个人类社会经济发展的步伐。

"从长远来看，你必须持有股票。社会生产力提高，股票价格也会随之上涨。在这个过程中，你不可能做错什么。"

我们无疑是幸运的。

除此之外，我们还应该关注其他发展中国家、新兴经济体的发展。

任何一个拥有创新活力且处于自由市场之中的经济体都值得期待。

衡量一个国家经济产出的主要指标是国内生产总值（GDP），即一个经济体生产的所有商品和服务最终被出售的总价值，大致等于这个国家的国民工作小时总数乘以每小时产出价值的乘积。

国民工作小时总数与一个国家的人口增长有关，与劳动参与率、失业率和就业者的人均工作时长有关。而决定每小时产出价值的一个关键因素就是生产率。从锄头到蒸汽机、水力驱动，再由电力、汽车取代蒸汽动力和马车，最后到 PC、自动化控制，互联网与移动互联网，本质上都是生产率的大幅提升。

股市本身就是建立在自由市场经济的基础上的。科学革命是发动机（从蒸汽机到电力，到 PC 自动化，再到互联网、移动互联网），要素投入（劳动人口、资本投入、土地开发）是燃料。从这个角度理解宏观政策，会容易很多。

长期定投一个向上发展的经济体是简单且明智的选择。它并不能让我们在短时间内获得巨大收益，但从长期来看，这是一个确定性高且稳定的投资选择。

过去 40 年，中国实现了几乎史无前例的、大规模的、长期的、高速的增长。城镇化、工业制作、互联网，形成了中国经济快速增长的三条支柱。

当下的中国仍然处于经济发展的黄金时代，对西方发达国家仍然有成本优势，而其他新型发展中国家还没有形成系统的竞争优势。未来一段时间，中国的工资水平、储蓄水平、投资水平和消费水平，还会延续之前相互追赶的螺旋上升、相互促进的正向循环。

未来若干年内，中国仍将保持 4.5%—8% 的 GDP 增长速度。我称之为"中国红利"。这是市场留给你的机会。

这就是几乎每年巴菲特都会向普通投资者推荐指数基金的原因。

"对于绝大多数没有时间进行充分个股调研的中小投资者，成本低廉的指数基金或许是他们投资股市的最佳选择。……通过定投指数基金，一个什么都不懂的业余投资者,往往能够战胜大部分专业的投资者。"

他还在 2007 年发起了一个著名的赌局:由对冲基金的基金经理挑选主动基金组合,自己挑选标普 500 指数基金,看未来十年哪个收益更高。

截止到 2016 年年底,标普 500 指数基金的年复合收益率为 7.1%,由基金经理挑选的基金组合同期收益只有 2.2%。很明显,在十年赌约到期之前,巴菲特赢得了这场赌局。

2014 年,巴菲特立下了遗嘱:"如果我过世,我名下 90% 的现金,将让托管人购买指数基金。"

在 A 股,与标普 500 指数相对应的是沪深 300 指数。它是由中证指数公司开发,从上海证券交易所和深圳证券交易所挑选规模最大、流动性最好的 300 只股票组成的。

从市值规模来看,沪深 300 指数的股票占国内股市全部规模的 60% 以上。

与沪深 300 类似的还有中证 500、上证 50、创业板指数、恒生指数、H 股指数,以及与各行业相对应的行业指数,等等。

选择那些具有均值回归属性、覆盖面广、经受市场考验时间长的指数,定投。它可以最大限度地抵御市场变化给你带来的情绪波动。

定投最好通过自动扣款的方式完成。每个月或者每周设定好一个固定的百分比,从你的收入中直接扣除,定投到指定的指数基金。从某种意义上来讲,就是强制你完成投资,把当下用于消费的钱用在了投资上,以此来克服人性中的懒惰、贪婪、及时享乐主义,就像定时还房贷一样简单。

你不是不会独立选择个股吗?那我们就为你提供一篮子优秀股票组合,即便有一两只股票出现不可预知的风险,其他股票也会帮助你拉平风险。

你不是不会估值吗?通过定投来熨平股价的波动。

杰里米·西格尔教授在他的著作《股市长线法宝》里分享过一个"倒霉鬼"的故事。

1929年6月，一位名叫萨缪尔·葛罗瑟的新闻记者采访了当时通用汽车公司的高级财务总监约翰·J.拉斯科布，访谈内容是关于普通人如何通过股票积累财富的。8月，葛罗瑟将拉斯科布的访谈刊登在杂志上，文章题目叫《人人都能发财》。在访谈里，拉斯科布说投资者只需要每个月定投15美元到美国股市，未来的20年里，投资者的财富有望稳步增长至8万美元。这样一种年化24%的回报率是前所未有的。

就在拉斯科布的观点发布几天之后，1929年9月3日，道琼斯指数创下了381.17点的历史新高。7周后，美国股市崩盘。34个月后，道琼斯指数只剩下41.22点，市值蒸发了89%。数百万投资者的毕生积蓄化为乌有，成千上万的融资客破产，美国经济进入历史上最严重的大萧条。毫无疑问，拉斯科布的言论遭到了无情嘲讽和抨击。如果谁相信股市只涨不跌，或是对股市的巨大风险视而不见的话，那他简直就是无知和愚蠢的代表。印第安纳州的议员亚瑟·罗宾逊公开表示，拉斯科布让普通民众在市场顶部买入股票，应该为股市崩盘承担责任。后来，著名的《福布斯》杂志也专门刊文讽刺拉斯科布，说某些人将股市视为财富积累的安全保障，而拉斯科布就是其中表现最恶劣的一个。

然而，真实的情况却是：

如果能在1929年按照拉斯科布的建议，仍然每个月坚持定投15美元到美股上，不到4年，该组合的收益会超过将同样数目的资金投入美国短期国债的收益。到1949年，该组合的累计资金将达到9000美元，年化收益7.86%，高出当时债券收益率两倍以上。

30年后，这一投资组合增加至6万美元以上，年化收益也上涨到12.72%。尽管没有拉斯科布预测的那么高，但这个组合的总收益率将是同期同样资金的债券收益率的 8 倍以上，超出投资短期国债收益率的 9 倍。[1]

也就是说，即便人们很不幸地听了拉斯科布的建议，在牛市的最高点开始定投，之后又经历了有史以来最严重的股市崩盘，投资股票仍然可以取得不错的收益。

相比定投，我个人更倾向于智能定投，根据周期和估值（历史估值和均值）加大或减少定投的金额。假设原本定投的金额是 100，当市场进入低估区时，将定投的金额逐渐调整为 120、130、140 的"正金字塔"；随着估值走高，调整为 90、80、70 的"倒金字塔"；达到一个高点时，卖出一部分。严守纪律，坚持定投，避免情绪带来的错误行为。

只要人类社会是向上发展的，我们就大概率可以跑赢通货膨胀，且顺便挣点人类社会发展的钱。

事实上，这并不难。

就如我之前所说，普通人做投资，并不需要太多的知识。哪怕仅仅是：

1. 从花在烤串、化妆品、游戏皮肤、视频会员、名牌包包上的钱里省出 10%—20%，投给任何能够生成现金流的资产。哪怕这部分钱全部亏掉，一分不剩！

2. 每天从打游戏、看电视剧、浏览信息流、扯闲篇里抽出 30 分钟看一本书，也许仅仅够读几段话，理解它，尝试着把它用到生活中。哪怕只有 1% 的知识被你用了出来。

即便只是做这样的小事，若干年后，你仍然有可能超过这个世界上的绝大多数人。这是我知道的最简单的投资。

---

[1] 本案例来自杰里米·西格尔所著《股市长线法宝》。

从最简单到简单

在这个基础上,你可以逐步尝试一下其他人的投资策略。

比如格雷厄姆,他的方法很简单,就是购买股价极低的公司的股票,其价格甚至低于该公司破产时的价格,或者是大减价销售时的价格。以低价买入这样的公司,简单得无须多言,就可以获得令人十分满意的收益。事实上,格雷厄姆就是利用这一方法获得了极大的成功。

巴菲特师从格雷厄姆,在费雪和芒格的影响下,开始寻找那些有着坚不可摧的护城河的公司,尽管这些公司的售价可能是其账面价值的数倍。对他来说,好公司是指拥有强大的护城河、高于平均水平的股本回报率、相对较小的资本投资需求,以及有能力释放现金的企业。他在致股东的信里写道,希望投资这样的公司:1.我们能够理解它做的业务;2.具有长期前景;3.由诚实且有能力的人经营;4.可以以非常有吸引力的价格买入。

再如《股市稳赚》的作者乔尔·格林布拉特。国内很少有人知道这个人,他有着长期以来可以比肩巴菲特的投资战绩——35%的复合年化回报率。他为我们提供了一个"神奇公式",简单来说,就是根据资本收益率(第十九章《阅读一家公司》会说到)排序,然后根据股票收益率进行排序,将这两个排名综合在一起,找到前30位左右的、将这两个因素进行最佳组合的公司,以类似指数的方式进行投资,从而获得不错的投资回报。

在过去的几十年甚至数百年里,已经有众多在投资领域获得成功的前辈找到了帮助他们获得成功的路径,并将其整理成册。这些历史业绩和方法都是被验证过的。我们为什么要放弃那些成功经验,一定要重新"发明"一种全新的、未经验证的投资策略呢?从那些取得过成绩的策略中吸取养分,认真理解，思考这是为什么：哪些方法会随着时代的改变而改变，哪些是亘古不变的底层逻辑，哪些可以用在我们的投资策略中。

巴菲特自己就是从模仿大师开始的。"50年前，我在哥伦比亚大学开始学习格雷厄姆教授的证券分析课程。在此之前的10年里，我一直盲目地热衷于分析、买进、卖出股票，但是我的投资业绩却非常一般。从1951年起，我的投资业绩开始明显改善，但这并非由于我改变饮食习惯或者开始运动，我唯一增加的新的营养成分是格雷厄姆的投资理念。原因非常简单：在大师门下学习几个小时的效果，远远胜过我自己过去10年里自以为是的天真思考。"

阅读、理解、思考、小步试错，反思复盘，归纳总结，持续改进。

从长期来看，价值投资策略是那个更稳定、更持久，且可以被复制的投资方法。很多人的历史业绩都证明了这一点。

有一个简单而机械的选择测试的方法，可以证明价值投资能获得比整体市场法（比如指数）更好的投资收益：

1. 选取某一全球性交易所的所有股票。
2. 运用一定的价值指标，比如市净率或市盈率，将这些股票分组。那些有着低市净率、低市盈率或低市销率的证券组合就是价值投资组合。
3. 记录起始日的证券价格。
4. 持有这些投资组合一段时间，通常为一年。
5. 记录年底时的证券价格。
6. 将支付的股息加到价格变化中，计算这一年内每个投资组合的总回报。
7. 比较每个投资组合的总回报。

许多研究采用了这种方法的不同形式。结果都显示，在各个时期的各类市场中，价值投资组合的回报率高于整个市场的平均回报率。

一些大型投资机构，比如奥本海默（Oppenheimer&Company）和崔第布朗（Tweedy Browne）采用格雷厄姆和多德投资理论精髓中的系统性价值策略，实现了超出市场整体表现的业绩。从1975年至2000年，标准普尔500指数每年的总回报是16.1%，远高于其创立以来的平均水平。同时期，奥本海默资本大盘股价值综合指数每年的回报是17.4%；崔第布朗公司的普通股投资组合每年盈利20.4%。（格林沃尔德《价值投资》）

我在进入股市时，阅读了大量关于价值投资的书籍，并根据时间的顺序标识出知识的每一次更迭和变化——哪些是不变的，哪些是不断变化的，变更的原因、变化点、版本，每个版本适用的场景和前置条件是什么。

我曾看到张磊在《价值》一书中，做过同样的事。

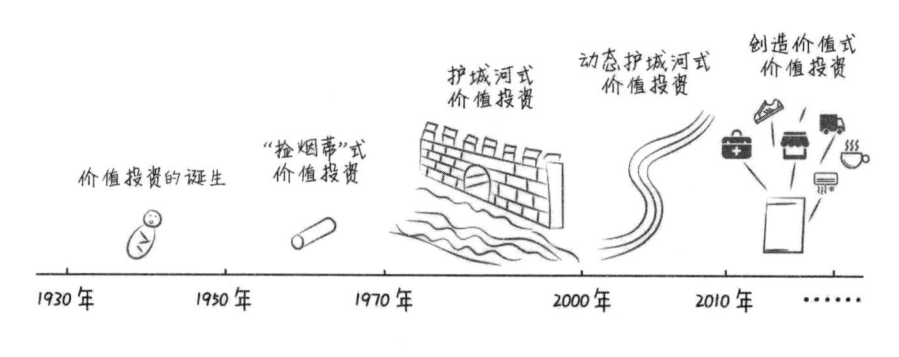

（上图来自张磊的《价值》）

瑞·达利欧和李录也做过这件事。

在这个过程中，我个人受格雷厄姆、巴菲特、芒格、约翰·邓普顿、彼得·林奇、霍华德·马克思、约翰·博格、乔尔·格林布拉特、瑞·达利欧、李录的影响最深。

有些书，读过一遍，理解了；过上一段时间再读，发现又是另一层意思。

读得多了，发现最有用的知识恰恰是那些最基本的常识——内在价值、市场先生、安全边际、能力圈、周期。这几项也构成了我的基础投资框架，之后我在这个框架的基础上，不断增加自己的理解和思考。

就如芒格在南加大商学院演讲时说过的："你们需要的是在头脑里形成一个由各种思维模型构成的框架，然后将你们的实际经验和间接经验（通过阅读等手段得来的经验）悬挂在这个强大的思维框架上。使用这种方法可以让你们将各种知识融会贯通，加深对现实的认知。"

这也是我喜欢价值投资的原因。我所知道的"价值投资者"们，没有一个是不读书、不思考的。用查理·芒格的话说："我这辈子遇到的聪明人没有不每天阅读的—— 一个都没有！我的孩子们都笑话我，他们觉得我是一本长了两条腿的书！"我对这样的人极为尊重，他们：

1. 总是足够自律。耐心，可以很好地控制自己的情绪。
2. 充满了智慧，拥有坚实的思维框架。
3. 客观、理性，独立思考。

而且他们几乎都很节俭。

这样的人总会让你着迷。他们把未来掌握在自己手里，而不是交给命运。

没必要把所有的精力都放在股市上。阅读、理解、思考、小步试错，反思复盘，归纳总结，持续改进，提升自己的认知和思考能力。偶尔弯腰去拾一些"被市场定错价格的果子"，其他时间则用来学习、工作、享受生活。

我从来不认为"价值投资"就一定是最好的方法（我也接触过其他一些方法，同样受益匪浅），但它却是最适合我的方法。如同郭靖，所学不多，学了也不一定学得会，但即便仅仅将九阴真经、降龙十八掌练得纯熟，也一样很厉害。

先找到一个适合自己的门派，里面有你尊重的人和老师。然后再像令狐冲一样，打破门派的界限，博众家所长。

第十八章

投资策略 & 一些基本常识

得到系统的常识——非常基础的知识——是一种威力巨大的工具。拥有常识不但意味着有能力辨认智慧,也意味着有能力拒绝愚蠢。

——查理·芒格

价值投资的核心流程非常简单：先评估一种金融证券的内在价值，将其与市场当前提供的价格进行比较。如果价格低于价值，并有足够的安全边际，价值投资者就会买进该证券。

芒格是这么说的："1. 最重要的观念是把股票当成企业的所有权，并根据它的竞争优势来判断该企业的持有价值。2. 如果该企业未来的贴现现金流比你现在购买的股票价格要高，那么这个企业就具有投资价值。3. 当你占据优势的时候才采取行动，这是非常基本的。4. 你必须了解赔率，要训练你自己，在赔率有利于你时才下赌注。5. 我们只是低下头，尽最大努力去对付顺风和逆风，每隔几年就摘取结果而已。"

原文没有序号，序号是我加的。

在我看来，读懂这一段话就已经足够了。

击败市场的秘密没那么复杂，只需要理解几个任何人都能掌握的简单概念就可以懂得。大部分人都能做到，只是大部分人不那么做。

以下是我认为我知道的一些被时间证明过的、真正有效的基本常识。

股 & 票

先说说股 & 票的由来吧。这多少需要你了解一点历史，尤其是在你想真正掌握一条知识，而不仅仅是它的字面意思时。

一开始并没有股票市场。

它的诞生最早可以追溯到 500 年前新大陆的发现，欧洲迎来了此后一两百年的高速发展。伴随着殖民，出现了一些现代公司，因为当时的殖民商业活动和远洋贸易需要大量资金，这些资金最早是由欧洲各国的国王和贵族一起资助的。这就是最早的"股"份公司。

公司的发展速度非常快，贵族的钱不够了，便想办法让普通人的钱也能够发挥作用。普通人没那么多钱，于是就想办法把股权分得尽可能地小。以前开一家包子铺，5 个人，每人出 20 万元；现在分成 20 万股，每股 5 块钱。这样普通人也能加入进来，而且可以随时把股权卖出去，并且能即时看到一只股"票"的价格以及价格的变动。

这就是"股"和"票"的由来。

在股市，我们赚的是两部分钱：

1. "股"的钱。简单来说，就是股息、分红。以低廉或者合理的价格，投资那些拥有可持续竞争优势的企业，长期持有，获得源源不断的现金流（用钱生钱）。优秀的企业每年赚 12%，到年底给股东分红。如果企业每年赚 12%，但总是没有分红，就算不上优秀的企业。

理解股票的一个好方法就是把它当作银行存款。只是银行每年的存款收益是固定的，股票不是，且不保证本金安全，但同时有可能获得更高的投资回报。因此，对股票的分析就显得尤为重要了。我们可以把股票的每股收益看作收益，每股的股价看作本金，每股收益除以每股股价（E/P）就是这只股票的盈利能力。我们以 2022 年某著名房产龙头企业的股票为例，它当时的股价为 18.83 元，而 2021 年的每股收益为 1.94 元，1.94/18.83，它的每股盈利收益率约等于 10%，大概是年存款利息的 4 倍。当然这些盈利并不会全部分配给股东，大部分会留在企业内部追加投资，扩大生产经营，推动企业盈利持续增长。即便如此，根据 10 派 9.7 元的分红比例（每股约 0.97 元的分红），0.97/18.83，股息收益（未考虑税率）约等于 5%。如果该企业经营稳定，相较于把钱存入银行，长期持有该企业的股票是更好的资产配置手段。如果你能以14.5元的价格买入（2022年一季度，股价曾一度下跌到14.43元），你将会收到约6.7%的股息收益，是银行固定收益的1倍还多。

2."票"的钱。简单来说，就是低买、高卖。

同样以某房产龙头企业的股票为例，如果你能够做到在14.5元的时候买入，3周后，在其涨到21.9元的时候卖出，（21.9-14.5）/14.5，在不考虑中间费用和税金的情况下，你将会得到约50%的买卖差价收益。

股票市场给了我们每一个普通人"当老板"的机会，任何人，不分种族、地域、性别、社会层级，都可以通过购买那些优秀公司的股权，利用他人的智慧为自己创造财富（例如前文提到的6%的股息收益）。

但这同时也带来了问题。它给了一部分人可以用更短的时间、更小的成本获取更多利益的机会（例如前文提到的3周50%的买卖差价收益），最大限度地迎合了人性中贪婪、懒惰、喜欢走捷径的心理。于是，更多的人甘愿为此冒险，被诱导到短期投资市场中，使得股票市场在某种程度上更像是一个赌场。这里到处充斥着一夜暴富的故事。

谁不愿意在更短的时间内获得更高的投资收益呢？毕竟3周50%＞1年6%。

这种情况愈演愈烈，巴菲特在2022年伯克希尔·哈撒韦公司的股东大会上表示：过去两年股市动荡，难以捉摸，就像赌场一样，大家都在里面赌博。他讲的不是华尔街，是整个资本市场，整个大的股市的环境，包括交易市场等。

很多人都忽略了一个问题，你很难在14.5块的最低点买入，在21.9块的最高点卖出。相反，因为对公司缺乏足够的了解，加之人性中存在的贪婪和恐惧、人与人（也可能是机构）之间的博弈，你反而更可能（事实上，你几乎肯定会）在 20 块钱左右的时候追高买入，在 15 块钱左右下跌时惶恐卖出，最终你的收益并不是正的 50%，而是负的 25%。

人人都知道应该低买、高卖，但大多数人一直做的反而是高买、低卖。最大的根源是什么？一个是没脑子，一个是没耐心。

即便是低买、高卖，每个人的理解也不一样。

有人是将低买高卖的决策建立在对未来股价走势的预期上，设想通过预测他人未来的行为来猜测资产的价格。简单来说，就是预测大众的心理，思考其他人在想什么。这就是所谓的凯恩斯式的"选美比赛"，评审者不去挑选最漂亮的女子，相反，他们会挑选别人认为最美的参赛者（理解人性很重要，在第二部分《做事的方法》中，我特别提到了换位思考和理解人性的重要性。然而，在做股票投资时，我一直努力避免通过猜测他人的行为做决策。这恰恰是基于我对人性的理解，不做超出自己能力范围之外的事）。

价值投资者则是把股价的高低建立在对内在价值的评估之上。把股票看作企业的所有权，从基础信息入手，了解企业的基本面，了解公司卖什么产品、用户是谁、竞争者有哪些，关注企业经营产生的现金流，以及企业的盈收是否足够高、是否稳定且持续，以此评估企业的价值。在价格低于其内在价值时买入（低买），在价格高于其内在价值时卖出（高卖）。

内在价值

内在价值的估算是价值投资的第一基石。

价值投资者的一个核心理念是：为了评估股票，你必须评估企业。价值投资者是根据企业目前的价值来确定其资产价格的，而不是基于对未来市场的预测而定价。

用约翰·邓普顿的话说，就是买便宜股。

巴菲特在2022年致股东的信里，称自己为"bargain hunter"，翻译过来就是"到处寻找便宜股的人"。这里的便宜就是相对企业当前的内在价值说的。

最初，内在价值被认为就是公司的账面价值，即资产减去负债之后的净值。

在《聪明的投资者》一书中，格雷厄姆对股票内在价值的评估标准进行了界定："一只股票之所以可以成为一笔合理的投资，不仅在于投资者要在接近资产价值时买入。投资者还要考虑合理的市盈率、足够好的财务状况以及至少可以持续几年的利润前景。"

账面价值是一个用来衡量公司实际资产价格的有效指标。它就像是一张安全网，能够使股价在跌到一定程度的情况下反弹。

在经营正常的情况下，公司价值将高于其账面价值。格雷厄姆认为，只要有可能，投资者都希望以每股净资产价值2/3的价格购买股票。这种情况很难出现，一旦出现，投资者就一定要仔细研究它们为什么能以如此低的价格被出售。很少有资产差到以足够低的价格买进都不能转化为成功投资的地步。

你可以将它抽取为一个具体的算法：**以每股净资产价值 2/3 的价格购买股票。每股净资产是它的内在价值，每股净资产价值的 2/3 是它的价格。**

当然，每一个算法都有它当时所处的历史背景以及环境变量，当时适用的方法并不一定适用于现在。比如，我们现在很难再以每股净资产价值 2/3 的价格买入一只股票了。但在识别了这一点后，我们确实可以稍做调整，根据公司的账面资产抽取一个简单的算法（参见第六章《阅读、理解与思考》中针对破净股的投资策略）。我曾在 2022 年股市下跌时，在抖音以短视频及直播的方式，演示了我以该方法买入某房产龙头企业股票背后的思考和操作逻辑。虽然在很多人看来房地产行业已经在走下坡路了，但我仍然获得了非常不错的收益，因为买得足够低。

格雷厄姆提出的第二个方法：买低市盈率（每股股价 P/ 每股收益 E）的股票。但他仍然强调，公司必须有净资产。

他在《证券分析》中提到了买入股票的标准：

1. 市盈率低于 10 倍。
2. 股价是前期高点的一半。
3. 必须有净资产。

他用这个标准推算了自 1961 年以来的股市历史，结果很令人满意。

我们可以将其抽取为第二个算法：

1. 市盈率 ≤ 10 倍。
2. 当前股价 ≤ 前期高点的 1/2。
3. 公司净资产 > 0。

至少，你可以使用该算法进行探测。

格雷厄姆在不断更新他计算公司内在价值的算法。

在 1962 年出版的《证券分析》一书中，格雷厄姆添加了"成长股股票估值的新方法"，专门阐述了一个用于成长型股票投资的公式和方法：

$$每股内在价值 = EPS（2G+8.5）\times 4.4/Y$$

但是在之后 1988 年、1996 年和 2009 年这本书陆续再版时，这部分内容被删掉了（后文会有论述）。

巴菲特在格雷厄姆·纽曼公司为他的导师格雷厄姆工作期间，掌握了烟蒂投资策略（购买一家濒临破产的公司的股票，其股票价格大幅低于净资产甚至净运营资产。这种方法也被视为一种"价值投机"），他在独立投资的早期，1957 年至 1970 年前后，使用过该策略。其中比较知名的例子是他买入了美国国家火灾保险公司和风车制造商邓普斯特农具机械制造公司，他当时以非常便宜、比账面价值低很多的价格买入了这两家公司，之后获得了高额的利润。

而霍希尔德－科恩百货公司则是在买入 3 年后将其卖出，卖出的价格与买入的价格差不多。

最知名的就是伯克希尔·哈撒韦公司，这是一家纺织公司。巴菲特认为这是一个错误的决策："尽管我知道纺织行业没有什么前景，但由于价格很便宜，我依然很想购买。事实证明，以这种策略购买股票，在早年确实可以获得收益，但 1965 年之后，我开始慢慢意识到这种策略并不是最好的策略了。"公司的价值不仅仅是它的净资产，还有这些资产能产生的利润。

在费雪和芒格的影响下，巴菲特开始改为寻找那些有着坚不可摧的"护城河"的公司，尽管这些公司的售价可能是其账面价值的数倍。

他在后来致股东的信中写道：如果找到了合适的好公司（有前景，具备合适的行业条件、合适的管理者等），那么价格就不是问题了，真正的大钱通常是被那些做对了定性决策的投资者赚到的。

这并非简单的"购买具有低市盈率、低市净率或高股息率等特征的股票"（1991 年巴菲特致股东的信），巴菲特所说的定性决策至少要完成 4 项功课：

1. 了解这家公司所处的行业。
2. 了解该公司及其所在行业的长期前景。
3. 评估这家公司的管理水平。
4. 估算其内在价值，判断一家公司当下的股票价格是否具有吸引力。

这个内在价值可以被简单地定义为："企业在剩余存续期内可取的现金折现值"。

这也是今天大多数价值投资者使用的，约翰·伯尔·威廉姆斯在《投资价值理论》中关于价值的定义。他提出股票也是一种商品，是具有内在价值的，而这个内在价值就是一个企业未来（在其余下的寿命中）能够创造的现金流折现回来的总和，它代表的就是一个企业能够替股东创造的价值（参见第二十章、第二十一章《如何估算某样东西的价值？》）。

企业内在价值的估算非常重要，甚至可以称其为价值投资的第一基石。

简单来说，投资只关乎一件事，即估算某样东西的价值，然后支付更少的钱把它买下来。

然而，它并非一个多么确切的数学和财务计算的结果，而是基于过去已经发生的事，对（未来的现金流回报）未来做出的一个预判。因此，它一定是模糊的、不准确的，但又是有迹可循的。

价值投资，既是科学，又是艺术。

这恰恰是它的魅力所在。

市场波动

以较低的价格买入一家优秀的公司的股票,并不意味着你明天就能赚钱。

短期内,价值投资的策略并非都是有效的。因为在大多数情形下,股票价格反映的几乎都是短期的情绪,很少能够反映公司的价值。通常在你买入了某家公司的股票之后,股价仍然有可能继续下跌。

市场是波动的,就和菜市场的菜价会有波动一样。但菜价的波动通常是有效的,会如实地反映当下的供需关系,而你很难确定股价是怎么波动的。

股票的价格由基本面、心理面、技术面和资金面四个部分组成。

一个和内在价值有关:基本面。

三个和内在价值无关:心理面、技术面和资金面。

基本面有时候是有效的,股价会随着公司的业绩发生变化;有时候是无效的,个体层面买卖的原因多种多样,比如出于资产配置的需要,为了买车、换房子、孩子上学,等等。影响股价波动的因素很多,不能由单一的因素判断股价的涨跌。举例来说,降息通常会引发股价上涨,但考虑到国际大环境以及地缘政治,股市反而会下跌。

股市的短期波动,90%都和心理面的波动有关。

市场充斥着虚假信息,包括财务造假、旨在支撑或者打压股价的谣言,还有,任何人都可以在社交媒体上发布一段毫无根据且无须为之负责的虚假消息。

很多年前,格雷厄姆曾经讲过一个故事:有一个石油勘探者在上天堂的时候，圣彼得告诉他一个坏消息。圣彼得说："你的确有资格进天堂，可是你也看到了，分配给石油勘探者居住的地方已经客满了，我实在没有办法把你安插进去。"那个石油勘探者想了一会儿之后问圣彼得："我可不可以跟住在那里的人讲一句话？"圣彼得想了想，让他说句话也无妨。那个石油勘探者于是将他的双手合成杯状，放在嘴边大喊："地狱里发现石油了！"忽然之间，大门开了，所有的人蜂拥而出，向地狱冲去。这留给圣彼得很深的印象，他立刻邀请这位石油勘探者搬进去，无拘无束地住在那里。结果这位石油勘探者犹豫了一下说："不，我想我还是跟那些人一起去好了。谣言也可能是真的。"

有时候信息倒是真实的，但很多人根本不具备分析这些信息、根据信息做逻辑判断的能力。获取信息的途径少以及对信息的分析不够完善，也会使市场价格远高于或者低于内在价值。

同样一个消息，一会儿被解释为利好，一会儿被解释为利空。人们在收集和解释新信息时往往带有偏见，所谓的分析，往往是在股价变动之后的"证实偏差"。

影响股市短期行情的，是投资者对重大事件的反应，而非重大事件本身。那句话是怎么说的来着，"傻瓜的共识也是共识"，这种共识会带着股价快速上涨或者下跌，但并不持久。股价最终会回归基本面，然后继续偏离。

股票市场给了一部分人用更短的时间、更小的成本获取更多利益的机会，最大限度地迎合了人性中贪婪、懒惰、喜欢走捷径的心理。这使得股票市场在某种程度上更像是一个赌场。根据哥伦比亚大学法学院的路易斯·鲁文斯坦教授估计，这个市场大概是由5%的投资者和95%的投机者组成的。

人性的恐惧和贪婪注定了股价的波动。

技术面有很多通过短线交易赢取暴利的方法，这些方法脱离了企业的基本价值，把关注点放在动量指标、板块轮动以及诸如此类的一些技术性策略上。

"上涨之前入手,下跌之前出手",成了短线炒家的口头禅。

资金面对股市的中期波动影响很大。

货币政策(比如利率、M2)、财政政策、通货膨胀、经济危机都会对股价造成影响。

如果人们手里没钱,就无法购买股票。一旦有大量的资金拥入金融体系,即便绝大部分投资者对股市的看法并不乐观,在资金的带动下,股市也会开始上涨。股市上涨会带动一部分人的情绪,吸引一部分新的资金入场。股票评论家、分析师、媒体蜂拥而至,推动股市进一步上涨。

科斯托拉尼写道:"金钱之于市场,就像氧气之于呼吸、汽油之于发动机。"他甚至总结了一条重要定律:"利率下降,必须投资,这一点几乎没有例外情况。"

股市一定是波动的,由于牵扯因素太多,你很难准确预知股价未来的走势。有时候这个市场确实是有效的,而有时候它是无效的。你不知道它什么时候会有效,什么时候会无效,而且你无法预测人们在失去理智时的情绪。

芒格 2009 年在《吉普林个人理财》的访谈中说:"'市场是有效的'这一观念大致是正确的,然而,仅仅做一个聪明的投资者很难打败市场。但我认为它并非完全有效,完全有效和大致有效之间的区别给我们这种人创造非凡的纪录留下了无限的机遇。"

周期

一些波动有规律可循。

几乎每过 4—5 年就会出现一次大的波动；大约每 10 年就会经历一次比较严重的衰退；在每两次比较严重的衰退中，往往有一次极其糟糕的危机。

1862 年，克莱门特·朱格拉医生写了一本划时代的关于经济趋势的著作。他认为即使没有触发因素，经济也会自发地波动。经济繁荣为经济衰退埋下了种子，而经济衰退又孕育了下一次繁荣。繁荣与衰退互为因果。

顺便回顾一下经济学的一些基础知识。货币除了作为交换媒介和存储财富的方式之外，还有另外一个作用，那就是记账单位。比如，我口袋里有 100 块钱，我把它存到了银行里；银行给了我一张与 100 元等价的纸币，这张通俗意义上的纸币其实是"信用"。当这个信用不存在时，该纸币就会失去意义，比如历史上出现过的金圆券。

我们把钱存到银行，银行又可以把它贷给其他人。这时候市面流通的货币就是 200 元，一个是我手里的 100 元，一个是别人贷出来的 100 元。真实的"100 块钱"其实躺在银行里。

但银行不能把所有的钱都贷出去，必须留下来一部分以备存款人来取，这就是"存款准备金"。假设所有银行的存款准备金率为 20%，那么我存到银行里的 100 块钱只能贷出 80 块钱。当它存到另一家银行的时候，则只能贷出 64 块钱，以此类推，最终社会上流通的将会是 500 块钱。其中 100 块钱是基础货币，500 块钱是广义货币。

当央行想向市面上投放更多钱时，并不是真的去印钱，而是降低存款准备金率（俗称"降准"），比如下降到 10%，那么社会上流通的将会是 1000 块钱。

这是理想情况。如果人们不愿意贷款，市面上流通的货币就会大打折扣。一个有效的方法就是"降息"。

钱也是有价格的，也就是利息。当我可以利用这笔钱产生远高于这笔利息的价值，比如当房价的增长速度远高于贷款利率时，贷款买房就是划算的。投资也是如此。

为了有效地刺激流动性，央行就会"降息"。这样，就引出了那条公式：

货币供给量（M）×其流通速度（V）=商品和服务的平均价格（P）×商品和服务的数量（Q）

央行"降准"或者"降息"，社会上流通的钱就会增加。如果商品和服务的数量不变，商品和服务的价格就会上涨。股票也是商品，所以股票的价格通常也会上涨。

回到现实生活，如果今年的大蒜供不应求，精明的商家就会看到获利的机会，纷纷种植大蒜，造成明年供给的大蒜多于市场的需求，大蒜的价格就会被压低。其他商品同样如此。

制造业的周期（库存周期）明显高于"大蒜"，是4—5年。

同理，当我们看到某个行业可以赚到钱，尤其是已经赚到钱时，就会加大对该行业，比如机器设备的投资。如果恰好赶上"降准""降息"，更是如此。可一旦市场过剩，或者经营不善，就会面临压力。这个周期（投资周期）通常是库存周期的一倍，是9—10年。

房地产市场的规模更大，占所有可变价格资产的一半以上；时间周期也更长，是18—20年。

这就是市场的真实情况。看到某件事赚钱，人们就会蜂拥而至；当经济过热，达到拐点时，许多人和公司不得不同时出售资产以增加流动性。

然而，经济衰退并非就是坏事。

每次经济衰退使得生产要素变得更便宜了，更低的成本、劳动力，更低的利率；很多效率更低的公司被市场淘汰，一些新的更具创新力的公司开始出现。迪士尼、IBM、微软、Instagram 几乎都是在这种情况下创立的。

了解周期，可以让我们对这个世界的理解更进一步。在经济衰退、市场见顶之前卖掉股票。在市场大幅波动，包括专家在内的大多数人悲观时，逆向投资。

市场先生

真正的投资者并不惧怕甚至欢迎波动。

巴菲特的老师格雷厄姆为市场波动创造了一个寓言角色——"市场先生"：

"有这样一位市场先生，他每天都来敲你的门。他会对你手中的东西报个买价，对他手里的东西报个卖价。需要注意的是，这位先生很情绪化，他的报价有时候会很高，有时候又低得离谱。如果你不理他，不要紧，他也不生气，明天还会再来敲你的门，给你一个新的报价。买卖的决定权完全在你，他只干两件事：报价，然后等你回答'Yes'或者'No'。"

这是一个极精妙的比喻，但我更喜欢把它比喻成你的前男友/前女友，最好是因双方性格不合分手的前男友/前女友。

你不知道 Ta 什么时候因为什么开心，什么时候因为什么突然变得狂躁。有些时候，Ta 是理性的，但下一秒，又突然变得不可理喻。

幸运的是，Ta 不是你的前男友/前女友，而是你的交易对手。你不可能一个人完成交易。当你买入一只股票的时候，一定有一个人同时在卖出这只股票。你俩之间必然有一个人获利更多，不是你就是 Ta。如果你的交易对手总是很狂躁，而你又能保持冷静，恭喜你，机会来了。

很早的时候，我曾听到过一个关于日本剑圣宫本武藏的故事：当时的宫本武藏只是一个无名小子，而小次郎声名正如日中天，号称不败。两人相约正午在岩流岛决斗。出于对对手的尊重，小次郎早早赶到岩流岛，宫本武藏却迟迟不露面，眼见太阳已经偏西，宫本武藏才优哉游哉地坐着一艘小船出现在众人的视线里。早已经等得不耐烦的小次郎顾不得指责宫本武藏的失信，拔出刀，扔掉刀鞘，徒步冲到岸边。宫本武藏知道，对方已经输了。

一家公司的股价每时每刻都在变动，但它的内在价值并不会随着股价的变化而变化。市场的大幅波动意味着稳健的企业将会定期出现不合理的低价，反而给了价值投资者以选定价格买进卖出的机会。

"不要从别人的观点中寻求帮助。人类倾向于集体做蠢事，在某些情况下，就像旅鼠一样聚在一起，这可以解释聪明人的很多愚蠢想法和行为。"（查理·芒格）

聪明的做法是：保持冷静，不跟随大众，保持独立思考，耐心地等待对方犯错。

就如巴菲特所说的："一个成功的投资者不需要懂得太多，只需要理解两件事情，一是如何评估企业的价值，二是如何看待市场波动。认识到价格在短期内会严重偏离价值是关键，了解投资心理，并在出现偏离时从中获利是难点。"

价值投资者是逆向投资者和精于计算之人的结合体。

均值回归

一个极为有用的规律，叫作"钟摆效应"。过去 200 多年的股市历史证明了这一点。受价值规律的影响，股票价格会围绕股票价值上下波动，就如同一只摆钟。

霍华德·马克斯在他的投资备忘录里写道：

"恐惧与贪婪是两个极端，多数时候钟摆应处于两极之间，但它在中点停留的时间并不长。"

贪婪使股价远超其内在价值。反之，恐惧压低股价，造成股价低于价值的局面。

然而永远涨潮是不可能的，就如同树不可能长到天上去一样。纵观人类历史，恐惧才是促进人类发展的主旋律。当股价到一定高度的时候，恐惧心理就会占据上风，人们都害怕自己成为最后的那个傻子。这个时候，就会有一股力量把高涨的股价往回拉，人们就会选择卖出。

当股价跌到一定程度的时候，理性就会回归。最开始会是一些聪明人，然后更多的人开始加入进来，最终股价回归价值，靠"斤两"说话。

通常，价值投资在短期内是无效的，因为股市短期看的是心理面。在中期也不一定有效，股市的中期趋势 = 资金面 + 心理面。但长期来看，它是有效的，因为它终究会回到基本面。

就如同格雷厄姆的一句名言："就短线投资而言，市场是一台投票机。但就长线投资而言，它是一台称重机。"

你也可以叫它"均值回归"，这是投资世界最可靠的特征之一。

安德烈·科斯托拉尼先生有过一个"遛狗理论"的比喻：股市中价值和价格的关系就像遛狗时人和狗的关系。价格有时高于价值，有时低于价值，但迟早会回归价值；就像遛狗时，狗有时跑在人前，有时跑在人后，忽前忽后，忽左忽右，但始终受限于狗绳，保持在有限的范围内。

我们应该把关注点放在人（公司的内在价值），而不是狗（股价的波动）的身上。

既然股市波动是我们无法掌控的，那我们就把精力放在我们可以掌控的事情上：计算它的内在价值。因为我们知道无论股价如何波动，它最终一定会回归其内在价值。

于是，问题就变得简单了。

"投资是世界上最棒的交易，因为你永远不必急着挥棒。你只需要站在本垒板上，投手就会以47美元投给你通用汽车，以39美元投给你美国钢铁！没有人会被三振出局。在这里没有惩罚，只有机遇。你可以整日等待你喜欢的投球；当守场员昏昏欲睡时，你便可以快步上前一击命中。"（沃伦·巴菲特）

"有性格的人才能拿着现金坐在那里什么事也不做。"（查理·芒格）

如果你能理解这一点，你就已经成功了一半。

格雷厄姆的一句话，让我印象非常深刻："人们必须为股市上的上涨或下跌做好准备。"他的意思是不仅仅要做好知识上的准备，还要做好心理上和财务上的准备，以便在下跌发生时，能够采取相应的正确行动。

没错！就是这样。

就如巴菲特所说的："投资很简单。"我们只需要学会计算一家公司的内在价值，然后剩下的时间就是耐心等待市场先生犯错，其他时间则按兵不动，学习、学习、再学习，工作、工作、再工作。

但那句话并不全，完整的版本是："投资很简单，但并不容易。"

比如，你选择的可能并不是一家好公司，又或者你的内在价值计算很可能是错的。

能力圈

道理大家都知道：在别人沮丧地抛售时买进、在别人兴奋地买进时抛售能带来最大收益。但做起来需要极大的勇气。

勇气是建立在能力的基础上的。大多数人的问题是没有能力独立选择个股，且不善于基本面研究，对自己的分析信心不足。

客观和理性的态度需要独立思考。你的对错，并不取决于别人同意还是反对，唯一重要的是你的分析和判断是否正确。然而很多人是不思考的，更不要说独立思考了。

小时候看《西游记》，孙悟空拿金箍棒在地上画个圈，嘱咐唐僧说无论发生什么事，都不要出去。结果呢？他最终还是经不住白骨精的诱惑。

每次看到这儿的时候我都特着急。你说你出去干吗?不知道自己无能吗?

他还真不知道,一而再,再而三地往外跑。

长大以后我理解了。哪有什么孙悟空,那其实就是自己的能力。也没有什么猪八戒,八戒代表的是人的欲望。我们自己就是那个唐长老,看到白骨精,什么纪律、嘱托全被抛到了九霄云外。

具体该投哪家公司?不知道,听了朋友介绍、股评、某网络"大V"的推荐,选了一堆自己根本不了解甚至都没听说过的公司。满脑子全是诱惑,迷迷糊糊上了车,至于车往哪儿开,不知道。你不亏谁亏呢?一个极简单的识别傻瓜的方法:总是到处问别人应该买什么的人,99%是傻瓜,因为他们没脑子。但凡有点脑子,就不会把动脑子这么重要的事交给别人去做。

人们都向往天才,但天才们在离开了自己熟悉的区域时也会跌倒。

人贵有自知之明。诚实一点,坚守自己的能力圈,做自己能力范围之内的事,不要去投资陌生的和自己不了解的企业。

孙子说:"胜兵先胜而后求战,败兵先战而后求胜。"

让我们来看看芒格是怎么做的。

他总是小心翼翼地划出他的能力圈。为了停留在这些圈子之内,他首先进行了基本的、全面的筛选,把他的投资领域局限在"简单而且好理解的备选项目"之内(KISS原则)。

正如他所说的,"关于投资,我们有三个选项:可以,不行,太难。除非我们对某个项目特别看好,否则就会把它归为'太难'的选项"。"如果某件事情太难,我们就去做其他事情。还有什么比这更容易的呢?"

纵观巴菲特和芒格的投资历程,他们其实一直在设法通过避免做难做的事情来获得成功。

为了确定可以投资的潜在项目,芒格会先选定一个容易理解的、有发展空间的、能够在任何市场环境下生存的主流行业。所以,你也最好从你从事的工作、所在的领域、日常生活消费接触得到的公司开始。

在伯克希尔·哈撒韦的年度报告中，有这么一段话："对于我们理解的企业，我们努力坚持持有其股票。这意味着这些企业的特征必须相对简单而且稳定。如果一家企业比较复杂，并且容易受到环境变化的影响，我们还没有聪明到能够预测它未来的现金流。我们不会受到这种缺点的困扰。在投资中，对于大多数人来说，重要的不是他们知道什么，而是他们不知道什么。投资者只需要做对少数几件事情，同时避免出现大的错误。"

要清楚地知道自己的能力圈。

如果你的身高是 158 厘米，那你就别提打职业篮球的事了。如果你已经 92 岁高龄，就不要再期待担任好莱坞浪漫爱情片的主角了。如果你的体重达到 159 公斤，你就不可能在波修瓦芭蕾舞团担任首席舞者……

如果你无法判断一家公司是不是可以投资时，其实那就是答案了。大部分人的亏损都源于对自己的能力圈没有一个清醒的认识。

在自己的能力圈范围内做决策。如果你想获得更高的收益，很简单，扩展自己能力圈的半径。

"通过永不止步的阅读将自己塑造成一名终身学习者。培养好奇心，努力让自己每天都变得更聪明一点。"

安全边际

说投资并不容易的另一个原因是风险。

没有人能够确切地预知未来,但风险又是不可避免的。

我们无法预知未来,可偏偏应对风险又是投资中必不可少的一个关键要素。收益是投资时需要考虑的一个方面,风险评估则是另一个方面。在你希望获得更高的投资收益的同时,也要考虑你可能为此承担的风险。

高风险并不意味着一定可以获取高收益。风险更高,意味着你可能获取:

- 更高的收益。
- 较低的收益。
- 没有收益。
- 亏损。

无论多好的资产,如果买进的价格过高,那么带来的结果很可能是亏损。好公司不等于好股票。

虽然这是显而易见的,但明明白白地写出来,会让我们对此有一个更加深刻的认识。

未来是不可知的,其最大的特征是不确定性。

真正的风险不是那些你可以预知的风险,而是那些发生概率极低的小概率事件,那些小概率事件会影响到你的大部分投资。我身边很多做教育的朋友,在经历了2019年的新冠肺炎疫情和2021年的"双减"之后,我眼睁睁地看着他们从富翁变成了"负翁"。

同时,市场不总是理性的,大多数情况下,它是非理性的。虽然具有均值回归（钟摆效应）属性的标的最终一定会回归（并非所有标的都具有均值回归的属性），但有时候回归的时间可能会很长。

以招商银行为例，从 2007 年到 2017 年，招行的年利润从 150 亿元增长到了 700 亿元，翻了 3 倍，年化增长率达到了 15%。2007 年年末，招行的股价一度冲到了 23 块 5，之后一路走低，当它再回到 24 块钱的水平，已经是 2017 年的事了，整整用了 10 年。

凯恩斯说过这么一段话："市场延续非理性状态的时间比你撑住没破产的时间要长。"

一个极为常见且重复出现的风险既不来自股价的波动，也不来自低质量的投资标的，常常是因为投资者的买价过高。我真的好想把这句话复制三遍。

正如克里斯托弗·戴维斯所说的："买价过高既加大了风险又降低了收益。"

格雷厄姆曾告诫巴菲特两个最重要的投资规则：

第一条规则：永远不要亏损。

第二条规则：永远不要忘记第一条。

同时，他给出了一个具体的方法论：根据"安全边际"挑选股票。

作为价值投资者，首先秉承的一个原则就是"安全边际"。简单来说，就是找到那些价格与公司内在价值差距巨大的股票。这样即便公司的未来收入遭受不可预见的事件打击，投资者的利益仍然可以受到保护。

在工程领域，人们拥有很大的安全边际。"当人们建一座桥时，要确保它能够承载 3 万磅的重量，虽然桥上只有重达 1 万磅的卡车通过。"

如果一部电梯已经明确标注最大承重 13 人，你非要塞进 15 人，那就会很危险。

内在价值 – 安全边际 > 市场价格。

在对复杂系统进行预测时，错误是不可避免的。拥有安全边际意味着即使投资者犯了错误，也仍然可以赢。

安全边际为防止出现失误提供了必要的缓冲。

买入、卖出的时机

很少有关于价值投资的书是讲时机的。

在 2022 年股东大会的问答环节，有人问："伯克希尔每次的决策都抓住了时机，抓得很好，你们是怎么抓得这么好的？"

巴菲特回答说，他从来都没有搞清楚怎么确定市场的时机。

"我完完全全错失了这个机会，错失了 2020 年 3 月股市大跌的那个机会。"巴菲特说，"我们并不是特别会掌握时机，我们可能掌握得还好，但是并没有那么精确地做到这一点。我们也希望这个下行的时间会维持得长一点，这样我们可以做更多的投资。因为如果价格便宜，那我们肯定会有更多的购买。"

首先你要能识别这是一家好公司，其次你要能大致估算出这家公司的内在价值，最后在股价大幅低于内在价值、有足够的安全边际时买入。

识别好公司和为一家公司估值是如此重要，以至于我在后面单独开辟了三章专门论述这两个问题。

另外一个极为有效的方法是"逆向投资"：在包括专家在内的大多数人悲观的时候买入，在他们乐观的时候卖出。

人们总是向往牛市，但熊市反倒是入场的好机会。这是因为当经济衰退、股市下跌到谷底时，恰恰意味着有很多物超所值的便宜股票可以投资，等到经济好转，这些被低估的好股票通常会大幅反弹。但在牛市，股价一般过高，就很难找到值得买的便宜股了。

所以，对老练的投资人来说，熊市才是入场的好时机。此时通常会有一些信号，比如：

- 市场估值处于历史低位。可以把 K 线图调到月的位置，和历史做对比。
- 如果市场中的所有人告诉你炒股赚了多少钱时，意味着你应该跑了；与此相反，成交量极度萎缩大概率意味着你该入场了。
- 大股东和高管增持。他们通常比你更了解公司的价值。
- "降准"或者"降息"，尤其是"降息"时。

德国著名投资家，人送绰号"股市教授"的安德烈·科斯托拉尼有一个很著名的理论——"科斯托拉尼鸡蛋模型"。

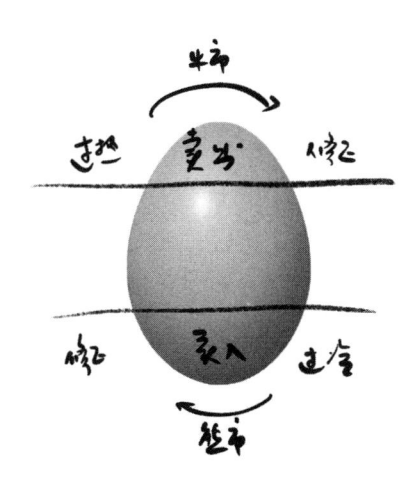

他用鸡蛋的形状比喻市场周期。理想的进入股市的时间，也就是买入股票的时间，是熊市的最低点，也就是鸡蛋的底端；反之，最佳的抛售时间是行情到达"鸡蛋"顶端的时候。当然，"没有哪个幸运儿总是能在最高点卖出，在最低点买入"。所以，当市场一进入过冷期，就可以买入了；反之，如果市场进入过热期，投资者就应该选择卖出。

"市场上没头脑的人特别多，因此造成这样一种结果：聪明的投机者应该按大众意见的反方向投资，也就是逆势而行。"

这听起来，多少有那么一点投机的味道。

事实上，科斯托拉尼一直宣称自己是个投机者。但他并不推崇短线投机，在他看来，绝大多数在股票交易所进行短线交易的投机客，很少做深入思考，一味频繁地买进卖出，把交易所当成了赌场。他认为真正的投机者是高智商、有头脑的交易高手。他们能正确预测经济、政治和社会发展的大趋势，并能设法先他人一步从中获利。

我并不认为一名价值投资者只能从价值投资的体系里获得养分。像令狐冲一样，听一听其他流派的声音，为己所用，总是好的。

那些成功的投资者几乎都具备同样的特征，那就是独立思考，不盲目从众。他们从来不会受流行趋势或情绪的影响，而是永远做逆周期的举动。

约翰·邓普顿爵士以"逆向投资"闻名，他说："成功的'逆向投资'需要耐心、自律与勇气，在别人绝望地卖出时买入，在别人急于买入时卖出。根据我半个世纪的投资经验，我确定这样你可以在旅程的终点获得回报。"

量子基金的联合创始人吉姆·罗杰斯建议在牛市中卖出、在熊市时买入："一个经验法则是，在众人极度乐观时卖出，在众人极度恐慌时买入。"

股神巴菲特的投资节奏也是反周期的，20世纪70年代初股市暴涨、2000年互联网泡沫、2007年的大牛市时，巴菲特都选择了按兵不动。当泡沫最终破灭，其他投资者无力招架时，伯克希尔·哈撒韦公司才真正进入状态。"在他人贪婪时恐惧,在他人恐惧时贪婪。"

无论哪种方法,最终都指向了同一个道理:便宜才是硬道理。

成功投资的秘密是:以足够便宜的价值买进一只股票。这样即便市场进入下跌趋势,你也不会过于担心。如果可以用低于实际价值几十元的价格买到价值为 100 元的股票,即便出现重大失误,也是可以盈利的。当前价格和测算价值之间的空间越大,我们的安全边际就越大。很多投资者都专注于市场趋势或经济前景,但单只股票既能在熊市里上涨,又能在牛市中下跌。

面对波动,投资者应该尽量弄清自己在周期和钟摆中所处的阶段。

在市场暴跌时,不要恐慌抛售,而是要静下心来认真分析在暴跌期间其他公司的优质股票是否变得更加便宜,努力寻找那些被人们因为各种原因(情绪波动或被迫)打折出售的公司股票。

最好的买入时机出现在看起来最糟糕的时候。

历史证明:无论暴风雨多么强烈,天气最终都会好转,太阳会重新露出笑容。

重新理解价值投资

击败市场的秘密没那么复杂,只需要真正理解几个任何人都能掌握的简单概念就可以获得。大部分人都能做到,只是大部分人不那么做。

关于"吸烟有害健康"方面的知识，我了解得并不多。

我只知道烟里面大概有个叫尼古丁的东西，好像那东西对身体不好。至于为什么不好，我不知道，也不想知道。知道太多对我也没什么用。因为大概10年前，我就戒烟了，之后再也没抽过。

知道那么多干吗？我又不抽烟。

让我过上美好生活的，不是我知道什么，而是我做到了什么。

关于投资，我知道的不过是一些常识。其中最基本的两条：

1. 低买高卖。估算某些东西的价值——这是你必须掌握的技能——然后付更少的钱把它买下来。

2. 计算以当前的价格买入，可以获得多少年化收益。用钱生钱的方法是：把钱投放在那些我们不用另外做决策且能够源源不断产生现金流的地方。然后钱会生"钱子"，"钱子"会生更多的"钱孙"。

我的投资策略也很简单：

1. 看准一家公司，认真研究它。最好从自己能够接触到的公司入手。

2. 利用碎片时间阅读、收集该公司的相关信息，思考公司的商业模式与基本面，不断加深对公司的理解。

3. 计算它的内在价值，制订交易计划，根据资产配置确定每只股票的购买量以及买入、卖出的区间。

4. 耐心等待，等待市场"打折""跳楼大甩卖"……其他时间用来学习、工作。

5. 当市场报价低于其内在价值、进入安全边际时，计算赔率，计算大概的收益，根据资产配置分期、分批加仓。

6. 当情绪出现波动时，重做第2至第5步。重读经典，不要白白浪费一个让自己进化升级的时机。

闲钱、闲钱、闲钱；

低价、低价、低价；

耐心、耐心、耐心。

看见自己( )→发现问题→自学( )→解决问题→重构( )→进化升级。

持续看见自己( )+ 自学( )+ 重构( )。

正确的心态比智商更重要！

有一个极好的控制情绪的方法，那就是"在投资之外，拥有一个源源不断地获取现金流的手段"。因为有这个手段在，在股市大幅上涨的时候你就能够做到不贪婪；而在股价大幅下跌的时候不恐慌，你不会被迫卖出手中的股票，反而有能力继续加仓。

当投资股市不是你收入的唯一来源的时候，你反而能保持冷静。

于是我更加深刻地理解了那句话："耐心等待市场先生犯错，其他时间则按兵不动。成为赢家的方法是工作、工作、再工作……"

学习、学习、再学习……

第十九章
阅读一家公司

买股票之前需要做深入的研究。投资之前不做研究就好像在玩梭哈扑克时不看牌。

——彼得·林奇

分享一个发生在我身上的小故事。

好多年前的事了,一位好朋友的朋友来借钱。我们之前见过两次面,一起吃过饭。当时手里正好有钱,我就借给他了。之后我再也没有见过这个人。

饭局上朋友提起这件事,当笑话讲。大家都觉得不可思议:"你和他只见过两次面,就敢把钱借给他?"

"是,没多想。这不是那谁的朋友吗?"

"你可真够傻的!还有钱没?借我点。"

看,才几句话,我的身份就暴露了。

不要把钱"借给"你不熟悉的人!

不要把钱"借给"你不熟悉的人!不要购买任何从小道消息那里听来的股票!

这是我花十五万买来的经验(如果那个人懂得延迟满足,本可以借到更多)。

问问那些投资失败的人:这家公司是做什么业务的?有哪些产品?管理团队如何?利润怎么样?历史业绩如何?估值多少?诸如此类的基础问题。

他们中的大多数人一定回答不上来。他们是来这个市场"交学费"的,就像我当初一样。

投资，不就是把钱借给别人做生意吗？

要像找伴侣一样寻找企业。

"如果你的婚姻协议写了满满 47 页纸，那么我建议你还是不要结婚了。"

不妨把眼光放得长远一点，设想一个极端情况，假设你只能做一个投资决策，把所有的钱投给一家公司，之后十年不能进行任何操作。你会选择哪家公司？为什么会选择这家公司？这家公司具有哪些品质？

这个时候，你会发现很多"噪声"——一些和短期股价相关的消息，变得不那么重要了。

你会把更多的关注放在对这家公司本身业务的理解上：这家公司做的是不是一门好生意？公司的创始人是谁？管理团队如何？这个行业的发展前景怎么样？是否可持续？

巴菲特在给学生的讲座中这样解释他的 20 点投资策略："如果你想象一生只有一张 20 点的积分卡，每一个财务决策都会用掉一点，那么你会变得非常富有。你要抵制诱惑，不要对这些点数掉以轻心，这样你会做出更好、眼光更长远的决策。"

买房子是一项几乎所有人都能够做得不错的投资。通常在买房子时，我们一定会去现场看看，了解一下房屋的情况——格局、大小、新旧程度，周边的学校、医院等配套设施。然后再做决定。

一旦我们没这么做，事后一定会"补交学费"。就像那些"买入一只股票还不如买个包包花费的时间多"的人一样。

过了一段时间回头看，我们总会明白那句老话："股市永远是有钱人获得更多经验，有经验的人获得更多钱的地方。"

作为投资者，我们应该尽量避免把钱"借给"自己认知范围以外的人或者公司。只有当你真正地了解一家公司的实际价值时，你才能做到坚定持有。

"在别人贪婪的时候恐惧，在别人恐惧的时候贪婪"，这句话谁都会说，人人都知道。等事真的临到自己头上时，你就是那个"别人"。

真正能够做到坚定持有的底气来自哪儿？了解！永远不要把钱"借给"你不熟悉的人！

"与自己信任的人打交道，并让其他人远离你的生活，这种方法很有用，它应该被视为人生指南。聪明的人会避开那些像老鼠药一样的人，毕竟生活中这一类人太多了。"（查理·芒格）

这是我花真金白银换来的经验。

这样的"学费"你早晚也要交。我写出来也不过是等你某一天交了"学费"，重新翻到这一页时，感叹一声："唉！当初我要是能够静下心来好好理解一下这段话，这个'学费'是不是就省下来了？"

你省不下来。

早晚有一天，你会明白，股市是一个让你"看见自己（ ）"的地方。

看到自己身边的机会

曾经有人问我为什么不做私募。

我做私募一定会亏钱，对于这一点我很有信心。

我做投资之所以收益还不错，原因主要有三个：

1. 我知道自己是谁。

因为知道自己是谁，所以有敬畏之心。我会约束自己不做能力范围以外的事，买的都是自己真正了解的公司。

你们一定听过关于猴子的故事：当它们每次想爬到笼子外面看看时，总会挨打。于是，它们决定老老实实地待在笼子里。我知道原本这个故事不是这么用的，但我想让你们看看另外一个版本。

我发现，原来投资不是抓住所有的机会，而是不犯大的错误，抓住那么几个关键确定的机会。

2. 股市不是我的唯一收入来源。

在股市之外，我总是可以收获源源不断的现金流（比如你手里的这本书为我贡献的稿费）。

我认为这是巴菲特投资方法的精髓。

3. 因为第 2 条的关系，我总是拥有良好的心态。

我不需要在股市里赚很多很多钱，投入股市里的钱也全部都是闲钱，即便损失了，在可以预见的一段时间内并不会对我的日常生活产生什么影响。

更重要的是，我总是可以等，等那个确定的机会。反正我又不是很着急用钱。

闲钱、低价、耐心，一直保持良好的心态。

这是一个正向循环。因为在股市之外有源源不断的现金流（参见第二部分《做事的方法》），所以并不需要花费更多的时间用来赚钱（被动收入）。于是，我可以腾出更多的时间用心体验生活、学习、思考，提升自己，从而创造更多源源不断的现金流（私募会打破这个循环）。

听起来有点气人，但这就是真相。真相总是让人不那么舒服。

好消息是，你也可以做到。

作为一名业余投资者，我们的投资业绩未必就比专业投资者差。方法是选择那些我们在生活中真正接触到的、亲身体验过的、真正了解的公司，然后耐心等待市场先生犯错，其他时间该学习学习，该工作工作。

不需要了解发动机的原理，也可以开车。

不需要了解那么多的操作技巧，一样能投资，甚至能比那些专业的人做得更好。

购买自己熟悉的公司的股票，最大的好处在于，当你使用他们家的产品和服务时，你就等于是在做基本面分析。那些高薪聘用的证券分析师所做的工作与此类似，参观商店并试用其产品是分析师工作的重要组成部分之一。

区别是，他们并不一定发自内心地喜欢这个，那只是他们的工作。而我们不一样，这本身就是我们的生活。

你可以用某家银行的信用卡，在某平台点个外卖；然后把多出来的那份，存放在刚刚从某电商网站买来的某家公司的冰箱里。你随时可以检验他们的产品和服务，对他们的服务进行"暴力测试"。然后问问自己和身边的人对这款产品的感受。

彼得·林奇在《战胜华尔街》一书中举过一个美国马萨诸塞州一些七年级学生模拟炒股的例子。

这些学生选出了一个由14只股票组成的投资组合，包括沃尔玛、耐克、迪士尼、做棒球卡的托普斯公司和生产彩色笔的彭太克公司等。他们选择这些股票的理由分别是：

选择沃尔玛，是因为沃尔玛的发展速度特别快；选择迪士尼，是因为几乎每个孩子都看过迪士尼动画；选择耐克，是因为孩子们都穿过耐克的鞋，很舒服；选择托普斯，是因为几乎每个孩子都交换过它的棒球卡；选择彭太克，是因为它生产的一种两用笔非常受学生们的欢迎；等等。

事实证明，这个投资组合在两年内取得了70%的收益率，同期的标普

500 指数的收益率是 26%。虽然这只是一次模拟选股，但用的是真实的企业和股票数据。如果这些孩子真的到股市按这个组合操作，业绩也会很不错。

我猜很多人会说："我在模拟炒股时的收益也很不错，可真到股市就不一样了。"想想这是为什么。

像我一样，从自己正在从事的行业和所在的区域公司入手。平时买什么、用什么？用户体验如何？你为什么会使用他们家的产品？有没有其他替代品？如果他们提升了售价，你会怎么做？

这些都是在你能力范围内稍微花点时间就可以被识别的公司。

我个人还有一个得天独厚的优势。因为 IPO（Input、Process、Output，参见第一部分《学习的方法》），我养成了复盘、总结、输出的习惯，总有企业邀请我去做分享。遇到"合适"的公司，我一般不会拒绝。这是一个近距离观察、深入了解企业的机会。

我本人是某家银行的 VIP 用户。之前也用过其他银行的产品，经过对比，最后只留下这一家。使用得多了，建立了信任，后来又多次被邀请到他们公司做分享，可以近距离观察他们的工作和精神面貌。等到市场下跌时，我坚定不移地买入了这家银行的股票，获得了不错的收益。

投资某家房地产龙头企业的逻辑也是如此。当市场放量下跌、各种流言蜚语漫天飞舞的时候，我不但没有恐慌，反而认为这是千载难逢的机会，逆向加仓，同样获得了丰厚的投资回报。这样的底气就来源于无数次近距离的观察和对管理团队的了解。

你可能无法像我一样近距离接触一家企业。但你仍然可以从自己的亲身体验开始，感受他们的产品或服务，故意制造一些"小事故"进行测试。

和他们的员工攀谈，了解他们对公司的看法和意见。关注他们的对外分享和社交媒体，一个人是不是真的喜欢自己的公司，是能看得出来的。

把那些经常主动而不是被动买入自家公司股票的管理层和员工所在的公

司，加到自己的观察列表里，他们比你更了解自己的公司。

你可以这么理解，一家公司的员工是你派到这家公司的卧底，尤其在他过得很不开心的时候，他会主动告诉你一些不为人知的内幕，不用花费你一分钱。这些不是财务报表和被精心安排过的座谈会可以代替的。

正如彼得·林奇在《彼得·林奇的成功投资》中所说的："在投资这一行中20年的从业经验使我确信，任何一位普普通通的业余投资者只要动用3%的智力，所选股票的投资回报就能超过华尔街投资专家的平均业绩水平，即使不能超过这些专家，起码也会同样出色。"

他说的是对的。

对于业余投资者来说，投资股票要做的就是：

1. 找到那些自己真正了解的公司。

2. 在价格被低估的时候买入。

然而，考虑到某些人的懒惰和断章取义的能力，我决定还须引入彼得·林奇关于"误解"的一段声明：

"彼得·林奇从来没有建议过仅仅因为喜欢在某家商店买东西你就应该购买它的股票，也没有建议过仅仅因为某家厂商生产你最喜欢的产品或者因为你喜欢某家饭店的饭菜就应该购买它们的股票。喜欢一家商店、一件产品或者一家饭店是对一家公司产生兴趣并将其股票列入你的研究名单的一个很好的理由，但这并不是购买这家公司股票的充分理由！在你还没有对一家公司的收益前景、财务状况、竞争地位、发展计划等情况进行充分研究之前，千万不要贸然买入它的股票。"

当我们买入一家公司时，买的是什么？

在 1999 年亚马逊致股东的信里，贝佐斯写到一件好玩的事。当时亚马逊刚刚上市两年，他被邀请去斯坦福大学参加一个活动。一位年轻的女士问了贝佐斯一个问题，她说："我有 100 股亚马逊的股票，所以我拥有的到底是什么东西？"

标准答案应该是："买入一只股票，就是买入这家公司的一部分"。

除此之外，就没有别的答案吗？一位斯坦福的年轻女士在买入一家公司的股票时，难道就没有读过两本关于价值投资的书？

思考这东西就怕标准答案，标准答案基本上意味着：你并没有思考。

我认为每个人都应该问问自己这个问题：当我们买入一家公司时，买的到底是什么？虽然最终的答案很可能还是"买入一只股票，就是买入这家公司的一部分"。

答案或许一样，但结果并不一样。《霍元甲》里有这么一句台词："这一拳 20 年的功夫，你挡得住吗？"

我写了本书，发现写书这事很赚钱，觉得这事可以做大，于是开了一家公司。我做了场直播，卖了很多东西，发现直播带货这事很赚钱，觉得这事可以做大，于是开了一家公司。

开公司的目的是赚钱。

也许是我的格局不够，我就是这么理解的。否则，没必要开公司啊，做就好了。

所以我投资一家企业的目的很明显，就是赚钱。不赚钱我投它干吗？

单纯是情感上的支持，我觉得那不叫投资，应该叫"消费"。有钱难买我乐意。

在这一点上，巴菲特的格局好像也不太高。他说："当我们投资一家公司的时候，本质上购买的是它未来的赚钱能力。所以价值投资的核心理念就是，一家公司的此刻的价值，应该等于它未来能够产生的所有的现金流的价值。"

后来，我在贝佐斯写给股东的信里，看到了类似的观点："如果非要让我们在公司财务报表的美观和自由现金流之间选择的话，我们认为公司最核心的关注点应该是自由现金流。"

所以，当我们说识别一家公司时，指的应该是识别它未来赚钱的能力。是希望它能够帮我赚钱，超过我购买它时支付的成本。

公司盈利持续增长，其股价长期来看就会持续上涨。

从投资的角度，所有识别一家公司的方法都是在回答这个问题，是这个问题的解：这家公司未来赚不赚钱？

让我再重复一遍：

阅读一家公司，就是在识别这家公司未来赚钱的能力。

所以，格雷厄姆说："人们要想在证券市场上取得投资成功，第一要正确思考，第二要独立思考。"

所以，巴菲特说："人们要想在一生中获得投资的成功，并不需要顶级的智商、超凡的商业头脑或者内幕信息，而是需要一个稳妥的思考框架作为决策的基础，并且有能力控制自己的情绪，使其不会对这种思考框架造成侵蚀。"

所以，瑞·达利欧在他的《原则》一书里，对于投资的具体方法几乎只字未提，但花费了很大的篇幅告诉我们应该"如何有效决策"。他说要认识到：

1. 影响好决策的最大威胁是有害的情绪。
2. 决策是一个两步流程，先了解后决定。

哇哦！说得真好。原来做决策应该是先了解后决定！

这听起来像是废话。

做任何决策之前，不都是先了解，再思考，然后再行动的吗？难道买股票有什么不一样？

了解一家公司

我认为，了解一家公司，可以通过以下三个维度：骑师、赛马、赛道。

巴菲特在他的年度报告中是这么说的：

"为了收购一家企业，我们会从整体上评估企业，我们也会以大致相同的方式选择流通股。

"我们想要的是这样的企业：

1. 我们能够理解；
2. 有良好的长期前景；
3. 由诚实而称职的人经营；
4. 能够以有吸引力的价格购得。"

骑师

事是人做的。事再好，人不行，早晚会出事。

不要把钱借给道德品质有问题的人。尤其是不要借给那些在道德品质方面有问题，且在智商和实力上又碾压你的人。

你可以和君子合作，因为他们讲道理。

但是和流氓不行。

投资股票就是你放心地把钱交给这样的一群人帮你打理，然后期待他们能给你带来一定的投资回报。

投华为就是把钱交给任正非，让他帮你打理；投小米就是把钱交给雷军；投联想就是把钱交给杨元庆。

如果你对这家公司的创始人、管理团队不满意，那就不要购买他们的股票。有些管理层，你赚不赚钱不知道，他肯定是赚了。

企业管理层的能力和品质，在很大程度上决定了该企业的发展走向和竞争优势。

真正优秀的管理层会很理性，而不会随大溜。从众很容易做到，而力排众议需要信心和勇气。他们会坦诚地向股东公开公司的运营状况，而不是欺骗。他们会把成功分享给他人，同时也勇于承认错误。这需要极大的勇气，不容易被市场接受。坦诚多数情况下伴随的是股价的下跌和抱怨，只有极少数人会冷静面对这件事，大多数人关心的是你不要让我亏钱，至于真相是什么，他们并不关心。

这是一种极为难能可贵的品质，当我看到一家公司的管理层具有这种品质时，我会珍惜。

一般人没有与公司创造人和管理团队近距离交流的机会。

一个极为有效的方法是，审查一家公司过去几年的年报和公开演讲，尤其是管理层当时对未来战略的看法。把当时的规划和目标与结果做个对比，看看实现了多少？将几年以来的战略做个比较，看看有何不同，思想上发生了怎样的改变，有没有做到。与同行业其他类似公司进行比较，也能有所启发。

把那些没有担当、没有独立思考、好大喜功、满嘴谎言的管理层从你的自选列表里排除出去。

"选股要选董事长。"把钱投给那些有格局的人，他们要脸。

如果你无法判断管理层的质量，这本身也是一种结论。

赛马

再聪明、能干的管理团队也很难拯救一家陷入困境的公司，巧妇难为无米之炊。

我喜欢看NBA，特别欣赏圣安东尼奥马刺队的主教练波波维奇，有人戏称他为"诸葛维奇"。即便拥有这样的教练，马刺队在邓肯、吉诺比利、帕克离开之后，再也没打进过总决赛。

而有些公司，用巴菲特的话说就是，只要管理团队别太蠢，就能赚钱。

好的企业没那么复杂。

就像你处了个男朋友，家里人问你："这人是干吗的？"你要能说得上来，卖酒的、盖房子的、做空调的。简单易懂，很容易理解。但你要是说："我男朋友是搞'生态化反'的。"八成不靠谱。

公司也一样。这家公司是干吗的？

比如茅台，全中国人都知道它是卖酒的。一瓶酒多少钱？成本多少钱？有多少用户？复购率如何？

收益＝利润 × 用户数 × 复购。

公司赚不赚钱？（利润）

市场大不大？（用户数）

用户会不会频繁消费？（复购）

代一下公式，一目了然。

为什么巴菲特喜欢投消费垄断类企业？因为是刚需，用户量大，重复消费，有定价权。

不是说复杂的企业就完全不可以。有众多简单的、一眼就能看明白的企业可供选择，为什么要为难自己呢？

多看财报，财报里有数据。数据是已经发生的事，可被追溯，可证伪。看看这家企业过去曾做到过哪些事，是否有持续稳定的经营历史。

在国际赛场上，乒乓球赛事，买中国队大概率能赢；篮球赛事，买美国队大概率能赢。

如果想找到长期领先于市场的好股票，一定要学习巴菲特，买入业务长期保持稳定的企业。

在过去几十年的投资生涯中，巴菲特发现，经营能力最好的企业，通常是那些现在的经营方式与5年前或者10年前几乎完全相同的企业。美国《财富》杂志的调查结果也验证了巴菲特的话。在1999年至2000年期间，《财富》杂志评出的世界500强企业中只有25家达到了以下业绩：

连续10年平均股东权益回报率达到20%，并且没有一年的股东权益回报率低于15%。这25家企业在股票市场上也表现优异,其中24家超越了标普500指数。令大家惊异的是,这25家企业只有几家企业是高科技和制造业,其他企业现在出售的产品几乎和10年前的产品没什么两样。

把钱投给那些拥有良好经营历史的企业,是个好方法。

利润、用户数、复购,是不是一门赚钱的生意,有没有"护城河",有没有定价权,这些都是可以查到的。

我们无法预知未来,但可以回顾过去。

少看PPT,那是企业用来宣传的。研报可以看,多看思路,而不是结论。你节省下来的每一个脑细胞,最终都会以"学费"的方式兑换回来。

投资部分科技股也能获得不错的收益,但风险也更高。这要求你的学习能力必须跟得上,不断提升自己的能力圈。

科技这种东西是不会凭空出现的。人类发明的任何东西最终都会回到人类具体的生活场景中。不然你发明它干吗?

比如互联网来了,它是怎么改变世界的?

互联网 + 传呼机 = QQ;

互联网 + 棋牌室 = 联众;

互联网 + 酒店 = 携程;

互联网 + 报纸 = 新浪。

移动互联网来了,它又是怎么改变世界的?

移动互联网 + 打车 = 滴滴;

移动互联网 + 吃饭 = 美团;

移动互联网 + 听书 = 喜马拉雅。

没有什么东西是凭空出现的,一切事物必有源头,最终一定会回归生活场景,对原有的产业形态形成推动和变革,和过去的行业霸主必有一战。如果你不知道这个新东西加的是啥，也不知道那个霸主是谁，那你投的是什么呢？

站在时间长河的角度看，谁是霸主，谁是挑战者？

霸主看的是什么？稳定的经营历史、"护城河"、定价权。

挑战者看的是什么？变量。新的技术带来了什么？比如360打瑞星，借助的是互联网的免费效应。抖音是怎么起来的？手机＋移动互联网。

让我们来看看张一鸣的原话是怎么说的：

"在移动互联网时代，用户创造的内容同样发生了变化，甚至可以说发生了更大的变化，尤其是在图片、视频领域。手机使得图片创作的门槛大幅降低，摄像技术的进步则赋予用户越发强大的能力，越来越多的用户通过手机表达自己的感受。这些内容在数字世界源源不断地流淌着。"

你需要知道那个变量在哪儿，你才能判断那是不是一个机会。

你的脑子里应该有一张图：这个行业的历史和驱动它发生改变的那个变量。这样，你才知道你买的是什么。

对美好的生活有向往是对的，但不能没有生活。

那样，就只剩下向往了。

赛道

做投资，两个东西很重要：一个是基本面，另一个是政策。

巴菲特说他不看新闻，我理解的这个"新闻"应该是消息。就在我写书的当口，正赶上俄乌冲突爆发，巴菲特连续加仓石油和能源公司，股价一路飙涨。他不看新闻，难道是靠碰运气吗？这个老人每天都在学习，他比你爱学习且更善于学习。

把眼光放远，你需要关注的是宏观的国家层面乃至世界未来几年甚至几十年的规划以及风险。比如"十四五"规划，比如碳中和，比如地缘政治，这是你应该关注的。

把自己扔到一个夕阳产业里，绝非明智之举。

吉姆·罗杰斯给投资者的建议是：在寻找有价值的投资时，首先戴上"宏观眼镜"，系统地留意有吸引力的增长市场。广泛了解未来的趋势，考虑哪些公司、国家和地区可以从这些趋势中受益。一旦确定了具有未来前景的市场，投资者就要对其进行详细分析。戴上"微观眼镜"，研究具体投资标的的基础数据和财务指标：市盈率、市净率、利润及营业额、现金流、总负债、股息分红、账面价值、主要产品销售收入占比、净资产收益率等。

在每天上班的路上，在马桶上蹲坑的时候，多看看新闻，少看一些消磨时间的软件。哪有那么多时间供你消磨？实在要消磨，也消磨得高级点。别到老了，要写个结语："这个人的一生是怎样的一生？"大数据一调，好尴尬。你都不好意思问："为什么我的人生如此平淡？"

选择一个好行业是投资成功的关键要素。

最近几年，最火的两大投资主题：一个是新能源，另一个是白酒。它们投的是什么？一个是未来，一个是历史。

以白酒为例，2016—2020年，表现最好的股票型基金收益率是300%，比白酒指数整整落后223个百分点。也就是说，如果你在过去5年投资了白酒，什么都不用做就可以比所有的基金经理赚得多。

为什么？

首先它的商业模式非常简单，就是"卖水"。

其次它拥有持续而稳定的经营历史。别的行业或许会被不断更新的技术代替，但酒不会，年头越长，"护城河"越深。

最后它具有极高的差异化。白酒生产虽然简单，但对产地的水质、土壤、温度、湿度要求很高。必须是那几个特殊地方酿出来的酒才好喝。

品牌、历史、地域、集中度，造就了白酒文化。

反过来，跟上大趋势。在能力相同的情况下，20年前你选择了房地产和互联网，10年前选择了移动互联网，你的发展速度就会比别人快很多。为什么？因为我们从2000年开始一直在大力发展城镇化和制造业；2008年全球金融危机，我们将重心转移到消费和服务上，一些互联网电商、社交平台、服务平台发展起来了。

世界观很重要，一定要打开世界观。我不止一次地推荐大家阅读《枪炮、病菌与钢铁》《周期》《文明、现代化、价值投资与中国》还有《原则2》。只有把视野打开了，才知道下一步该怎么走。对于未来，多看"十四五"规划、中央经济工作会议。

坐在大船上，船往哪儿走都不知道，做的哪门子投资？

约翰·邓普顿给出了他选择优质成长股的标准：
- 在成长型市场中处于领导地位。
- 在创新市场中具备技术优势。
- 管理团队经验丰富，业绩记录良好。

- 在新市场中具备良好的财务状况。
- 拥有强大、成熟的品牌。
- 生产成本较低。

我不太关注那些集中度不高、竞争激烈、同质化严重的赛道。这样的赛道，靠什么和对手拉开距离呢？只能打价格战。

行业竞争太激烈，谁都赚不到钱。

看不懂怎么办？看不懂就不投。

投资的成功与否并不取决于你的了解有多少，而在于你能否老老实实地承认自己不知道。投资不需要我们抓住所有机会，只需要狠狠抓住自己能力范围内的机会，不犯大的过错。

诚实是最好的策略。

"首要的原则是别欺骗自己，因为自己是最好骗的人。"（理查德·费曼）

识别那些真正赚钱的公司

我们可以通过很多角度了解一家公司，但最终要回到那个根本问题：它赚钱吗？

是什么因素使一家公司具有投资价值？

通常我们会看一些重要的财务指标。比如市盈率、市净率、利润及营业额、现金流、总负债、股息分红、账面价值、主要产品销售收入占比等。

彼得·林奇在《彼得·林奇的成功投资》一书中的回答是：

"关于以上问题的解释有很多理论，但我个人认为，最终还是归结为两点：收益和资产，尤其是收益。"

他把这一章的标题命名为："收益，收益，还是收益"。

再让我们看看巴菲特是怎么说的："如果只能选择一个指标来衡量公司经营业绩的话，那就选净资产收益率吧。"

乔尔·格林布拉特在《股市稳赚》一书中给出的结论是："买进一家好企业的股份要好于买进一家差企业的股份。要想做到这一点，一种方法是购买一只资本收益率高的股票，而不是买入一只资本收益率低的股票。换句话讲，资本收益率高的企业要好于资本收益率低的企业。"他还为此创造了一个神奇公式。

一切都和收益有关。

当我们买入一家公司的股票时，是希望它能够给我们带来收益，超过我们购买它时支付的成本。

好公司能帮助我们赚钱，给我们带来投资回报。

投资回报率

通常我们说到的投资回报率有 3 种：股本回报率、投资回报率以及资产回报率。

第 1 种，股本回报率，是指企业用股东持有的资本赚取的利润。股东资本等于总资产减去总负债。

如果企业用 100 万的股东资本赚回了 10 万，那它的股本回报率就是 10%。

我们之前提到过一个指标：每股收益（EPS）。通过这个指标，我们可以判断投资该股票，一年能够帮助我们赚回多少钱（参见第二十章、第二十一章《如何估算某样东西的价值？》）。

第 2 种，投资回报率，指的是企业用股东持有的资本以及贷款人提供的资本赚回的利润。

如果企业能够通过借款产生更多的回报，那它就会选择借款，而不是发行股票。

一家企业的股本是 100 万，长期贷款是 50 万，赚到了 15 万的利润。那它的投资回报率就是 10%。而此时它的股本回报率，则是用 15 万的利润除了 100 万的股本，为 15%。

第 3 种，资产回报率，指的是企业靠所有资源（不仅包括股权和长期借款，还包括靠有效管理营运资本所产生的短期资源）所赚回的利润。可以通过短期的低息贷款，或者靠赊账买入商品转售得到现金，以较低的成本来提高可配置的资产。

一家公司，凭借 100 万的股本、50 万的长期贷款，以及 20 万的短期资本（旧债到期时借新债偿还，不断滚动），挣回了 17 万，产生了 10% 的资产回报率。此时它的投资回报率提高到了 11.3%，股本回报率则达到 17%。

巴菲特说的净资产收益率（ROE）指的是这里的第 1 种——股本回报率。净资产收益率越高，说明企业为股东创造价值的能力越强。按照巴菲特的选股理论，净资产收益率不低于 20% 且能稳定增长的企业才能进入他的投资范畴。

净资产收益率（ROE）分析

净资产收益率并不是一个简单的指标，它可以帮助我们弄清：

1. 这是不是一家好公司？
2. 它在过去几年究竟是怎么赚钱的？

计算这个指标的方法得益于杜邦公司一位名叫法兰克·唐纳德森·布朗的销售人员（故该方法又称"杜邦分析法"），他将净资产收益率拆分成了一条公式：

净资产收益率

=（净收入／销售额）×（销售额／资产）×（资产／权益）

= 销售利润率 × 资产周转率 × 权益乘数

以包子铺为例，它的净资产收益率是 20%。通过账本可以发现：

每年可以卖出 50 万元的包子，利润是 20 万元。销售利润率，也就是净利润为：20/50 = 40%。

开这家店投入了 100 万元，每年大概可以卖出 50 万元的包子，资产周转率为：50/100 = 50%。

所有的钱都是自己出的，没有从外面拿一分钱。权益乘数，也就是杠杆为 1。

这三者合在一起，包子铺的净资产收益率

= 20/50（销售利润率）× 50/100（资产周转率）× 1（权益乘数）

=（净利润/营业收入）×（营业收入/总资产）×（总资产/净资产）

=（净利润/营业收入）×（营业收入/总资产）× [1/（1– 资产负债率）]

= 40% × 50% × 1

= 20%

销售利润率（ROS），也就是净利率，是毛利率的进一步深化。它表示公司每销售 1 块钱的产品或服务能够获得的净利润，代表企业卖的产品是否赚钱、利润高不高。

资产周转率说的是每 1 块钱资产能够带来的收入。周转率高，说明资金周转快，资产利用率高，闲置资产少，公司的运营效率高。

销售利润率乘资产周转率即可得到资产回报率（ROA），即公司对所有资产进行配置得到的结果。

权益乘数，又叫财务杠杆比率。和负债率有关，资产负债率（负债总额/资产总额）越高，权益乘数 [1/（1– 资产负债率）] 越大，净资产收益率就越高，风险也越大。

借助这个公式，我们可以看到投资回报率低，是因为企业卖的东西不行，还是卖货的能力有问题。

销售利润率、资产周转率、权益乘数分别代表着公司的盈利能力、运营能力和偿债能力。

要想赚更多的钱，可以从这三方面下功夫：

1. 提升盈利能力。能不能提升包子的售价，或者降低店面的成本？
2. 提升运营能力。能不能提升店面的翻台率？
3. 偿债能力。这是个资本杠杆。什么意思呢？假设这个包子铺很赚钱，那我能不能从亲戚朋友那儿借点钱，或者找他们入股，多开几家店？但你必须想好，万一经营不好，如何承担债务风险。

1. 拥有高净利润率产品的公司是投资的首选。

我们以某酒业龙头企业为例，2020 年的净资产收益率为 31.41%。其中销售利润率为 50.54%，也就是说每卖出 100 块钱的酒，就有 50.54 的净利润。再结合其 91.41% 的毛利率、0.49 次的资产周转率、21.40% 的资产负债率，说明这是一家单品利润率极高，具有持续竞争优势，不以快速运营来提高收益，自给自足，光靠经营产生的现金流就可以维持现有的发展水平，并拥有比较亮眼成绩的公司。

这就是传说中的"连傻蛋也能管理的优质企业"。

2. 没有高净利润率的产品，就需要寄希望于管理层的运营能力了。

以某器材公司为例，2020 年的净资产收益率为 35.56%。其中销售利润率为 8.53%，资产周转率为 1.95 次，资产负债率为 50.89%。可以看出这是一家运营能力极强的公司。

高周转模式需要关注的是其运营管理、渠道管控、成本控制的能力（还记得竞争优势吗）。落实到财报上，需要看到营业收入与总资产的关系，重点关注流动资产、非流动资产、存货周转率以及应收账款周转率等数据。

存货周转率衡量的是一段时间内售出商品的成本与该时期平均库存水平的关系：

库存周转率=当年经营成本/[（期初存货+期末存货）/2]

库存放着没售出的时间越长，给企业带来的价值就越低，因为它本应该变成现金，配置到其他更具生产力的用途上。库存越高，风险越大，因为产品很可能会过时，市场价格可能会下降，造成亏损。

应收账款周转率是用一个时期内的赊账销售额除以同期未解决的平均应收账款额：

应收账款周转率 = 赊账销售额 /[（期初应收账款 + 期末应收账款）/2]

要衡量账款的回收速度，用一年的天数除以周转率，结果就是在外应收款的平均收款期。将这个平均值和公司信贷政策规定的天数对比一下，就能看出管理者将信贷环节经营得怎么样了。

3. 第三种盈利模式就是高杠杆模式了。

以某房地产龙头企业为例，2020 年的净资产收益率为 20.13%。其中销售利润率为 14.15%，资产周转率为 0.23 次，资产负债率为 81.28%（还有一个 70.01% 的归属母公司股东的净利润占比）。

很显然，这是一家高负债、高杠杆模式的公司。这和它所在的行业有关。银行、地产走的是 OPM 模式，也就是"Other People's Money"，用别人的钱帮自己赚钱。这是无本万利的买卖，但风险系数极高，你必须时刻关注它的负债率和现金流。

政府进行管控后，OPM 杠杆模式很难继续下去，市场需求遇冷，房子的建造速度又很难通过周转率加快。这时候市场的预期就会降低。

将这三项衡量指标应用到个人身上同样有效。

以我为例，我曾经做过一段时间的老师。老师这个职业的净利率极高，几本书的成本能有多少钱？出去讲一堂课，就可以拿到5位数的收益，即便减去差旅费、个人所得税，净利率仍然很高。

但1年只有365天，要想提高收入，你就要想办法提升运营能力，比如通过网络面向更多的用户。

我在抖音把自己喜欢阅读的书整理成书单，通过橱窗推荐给大家。这个推荐有一定佣金，很低，还有平台的抽成，可以说利润率很低。但即便如此，因为用户量足大，仍然可以获得不错的收益。

再如，我自己做投资，过去几年收益一直不错。但因为风险极高，所以我从不加杠杆。

杜邦分析将一个复杂的大问题，通过一条清晰的逻辑路线，拆分成了若干个容易识别的子项，然后通过这些子项，帮助我们进一步判断：这是不是一家好公司？好在哪儿？具体需要关注的指标有哪些？可提升的点在哪里？

如果你想赚钱，而不是亏钱，那就把眼睛盯在已经赚到钱的公司身上。它赚钱吗？它真的赚钱吗？我读书少，你可别骗我。

净资产收益率很好地回答了这个问题，同时告诉我们过去它为什么赚钱，以及它是怎么赚钱的。

那么，它未来还会继续赚钱吗？

那么，它未来还会继续赚钱吗？

那可不一定。除非它具有足够的"护城河"和议价权，能面对未来可能出现的各种挑战。

波特五力分析

迈克尔·波特在他的著作《竞争战略》一书中阐述了决定市场竞争的五种力量，分别是：已经存在的竞争者、潜在竞争者、替代品、上游、下游。

1. 已经存在的竞争者

一条街上开一家包子铺，赚钱。开10家就不赚钱了。

新兴市场，因为市场份额足够大，此时没什么竞争。大家可以尽情跑马圈地，利润率很高，谁过得都很舒服。这个时候要考虑的是公司是否存在政策、地域、技术上的先发优势，否则未来资本介入，市场就会面临洗牌。

之后，市场步入整合阶段，不是你死就是我亡，竞争会异常惨烈。没什么"护城河"的企业就会被淘汰，只有少量有竞争优势的企业得以存活。这时候的市场没什么利润，局势明朗之前，不宜轻易介入。

行业整合完毕后，行业越来越集中，利润率变高。"马太效应"越发明显，强者恒强。这时就应该把关注点放在垄断行业的龙头企业上。

2．潜在竞争者

面临新的潜在竞争者时，可以看看该行业是否有法律、资金、技术等准入门槛。判断企业的成本、技术、渠道、品牌方面的优势，寻找"护城河"。

像金融行业属于特许经营，不是谁都可以轻易进来的；白酒行业的品牌、历史和地域垄断上的优势很难被跨越；而包子铺的准入门槛并不高。除非你的包子特别好吃，或者在质量相同的情况下，成本极低，否则很难阻止潜在竞争者的入侵。

3．替代品

有些产品之间是可以相互替代的。不吃包子，可以吃汉堡、面包、肉夹馍。同一条街上的任何一家小吃店都可能侵蚀你的利润。

为了避免替代品的威胁，必须形成差异化的竞争优势，增加用户黏性或迁移成本。比如白酒的独特口味；互联网产品的网络效应，使用的人越多，越难离开。

4．上游

只有买得低，才能卖得低。

成本控制是关键因素。产品越依赖上游供应商，供应商就越难以被替代，供应商的议价能力就越强。比如芯片领域。

判断供应商的议价能力可以看应付账款的账期，账期越长，说明上游供应商的议价能力越弱。欠钱的是大爷！到哪儿都一样。

以包子为例，面粉、肉、调味品并没有多大的议价空间。

5.下游

下游客户的议价能力意味着你有没有能力转嫁成本，涨价了用户还会不会继续消费。

这取决于市场对产品的需求：你的产品是否有差异化？客户的转换成本怎么样？产品本身的质量和重要性如何？等等。产品价值越独特，转换成本越高，下游买家的议价能力就越弱。

与应付账款相对，应收账款往往代表下游客户的议价能力，一般有两种情况：

一种情况是账款可以收回。比如这个行业本来就是货到付款，活干好了钱自然会给你，像市政、银行经常会出现这种情况。这样的公司不用担心他们还不上钱，虽然可能存在审批流程长的问题，但钱早晚会给。这并不属于赊销，只是销售收入的确认"滞后"。

另一种情况则是因为产品不好卖，没有话语权，只能通过赊销消化库存，提高周转率。

应尽量回避应收账款多的企业。预收账款则越多越好。

我们应该把钱投给那些很难被取代，但又具有极高议价权的企业。

它们有钱，而且能一直赚钱。企业越赚钱，股价越会涨。

为什么那么多人喜欢投资消费和医药？因为这两个行业可以穿越周期，不受周期行情的影响。

病了，总得吃药吧？

饿了，总得吃饭吧？早上吃了，晚上还得吃。

"护城河"＆议价权

"护城河"越宽,门槛就越高,可持续性越强。门槛高,竞争者就很难进来;可持续性强,就能带来更高的稳定性。

这类企业不用担心失去市场份额,具有极强的议价权。

以茅台为例,我们都知道它很赚钱,但它可能比你想象的还赚钱。简单来说它就是个"卖水"的,但它从不根据产品的成本定价。2020年它的毛利率达到了91.41%,也就是说售价1000块钱的酒,其成本不足100元。

上游原材料上涨,它可以涨价。上游原材料下跌,它可以不降价。

"在你们的一生当中,你们能够找到少数几家企业,它们的管理者仅通过提高价格,就能极大地提升利润,然而他们并没有这么做。所以他们拥有尚未利用的提价能力,人们不用动脑筋也知道这是一只好股票。"

巴菲特的选股秘诀是:只选择买入那些具有持续性竞争优势的公司。用他的话说,世界上所有企业分为两类:一类是相对其竞争对手而言拥有持久竞争优势的企业。如果投资者以一个合理的价格购买这类企业的股票并长期持有,他将变得腰缠万贯。另一类企业,是那些在竞争市场上苦苦奋斗了若干年,但仍旧碌碌无为的普通企业。做长线的投资者若持有这类企业的股票,他们的财富将日益萎缩。

通常来说,如果一家公司的毛利率在40%以上,那就说明该公司具有某种持续竞争的优势。如果某一行业的平均毛利率低于20%,说明这个行业一定存在着过度竞争。

没有竞争力的企业,只能依靠产品或者服务的成本来定价。比如PC,没有产品差异,每一年都会出现一个新的型号,竞争对手很多,随时面临市场的竞争。

在巴菲特看来，那些必须花费巨额研发开支的公司都有在竞争优势上的缺陷。比如英特尔，需要把 30% 的毛利润用于技术研发。因为一旦他们停止研发，其他同行业的公司就会迎头赶上，甚至超越英特尔的技术。

这大概也是巴菲特很少投资科技公司的原因。

一个不是由创新推动的行业，一旦该公司建立了行业中的垄断地位，如无特别大的变化，通常来说，它的高利润都是可持续的。

但毛利率较高的公司也有可能会误入歧途，从而丧失其长期的竞争优势。比如过高的研究费用、销售费用和管理费用，以及债务利息支出。

投资者要远离那些销售成本过高的公司。

比如，克莱斯勒曾一度超越福特，成为全美第二大汽车公司。但过于密集的销售网点使克莱斯勒的销售成本远远高于同行，这让它的价格很难在市场上形成有力竞争，另外也使得公司的研发投入少于日本对手。终于，高昂的销售成本使其不得不在 2009 年宣布破产。

识别一家企业是否具有议价权，最简单的方法是查阅它连续几年的毛利润。

把价格定得那么高，还卖得出去，还卖上市了，通常只有一个原因，那就是"能打"，而且你还离不开它。

你要去看看这个"能打"的原因是什么，了解企业的核心竞争力在哪儿。是垄断吗？还是别的什么原因？

如果是竞争力，这个竞争力是什么？是品牌还是渠道？是规模还是资源？通常高端消费比拼的是品牌，低端消费比拼的是渠道；制造业比拼的是规模；同质品比拼的是成本。

如果是基于垄断，要识别是什么类型的垄断。

如果是行政垄断，大多是公共事业类企业，通常和民生有关，有管控，无法获得超额利润。

如果是资源型垄断，大多属于周期性企业，会受到周期的影响，极端情况下还会受到管制。比如2021年煤炭的价格。

如果是技术垄断，一旦技术壁垒被攻克，或者过了保护期，企业的垄断地位就不复存在了。你要对这个时间有个大概的判断。

而品牌垄断，是最持久的。

在查看这些数据的时候，不能只看一年的数据，要把连续几年的数据放在一起看，这样才能看出这家公司的毛利润是不是足够稳定，是不是呈上升趋势。

净资产收益率常年超过15%，毛利率超过40%，有充足的自由现金流，负债率又低，这样的公司值得你把它放到关注列表里。

巴菲特说，寄希望于乌鸦变凤凰是不现实的，难度也大。简单的方法是把眼睛盯在"凤凰"，而不是"乌鸦"上。

事实上，当决定投资一家企业时，我关注的是以下几点：

1. 它赚钱吗？
2. 是否持续赚钱？
3. 是否持续增长？
4. 是否足够低价？

一家拥有足够宽的"护城河"的公司，通常具有如下特点：

1. 相比竞争对手，有绝对的竞争优势（比如品牌、专利）。
2. 是市场龙头企业，拥有高市场占有率和市场领导地位。
3. 具有很强的抗冲击能力（在经济危机中的生存能力）。
4. 具有很高的定价权（有能力提高销售价格而不用担心销售大幅下降）。

5. 足够稳定，拥有一定的可持续性。
6. 具有一定的规模效应（如亚马逊在采购商品时的价格优势）。
7. 具有处理政策、行业监管的能力。
8. 有"粉丝"（比如苹果、茅台）。

投资就是应对未来。估值是不可能正确的，有太多的不确定性因素。一家企业的行业发展越好、"护城河"越高、盈利能力越高、用户依赖性越强，就越能提供更高的稳定性。

我很少从犄角旮旯里做选择。坚决不碰热门股，谁爱碰谁碰，反正我是不碰。我对自己有清醒的认识，因为我的反应永远比别人慢半拍。人必须有自知之明。

用段永平的话说："要敢为天下后。"

历史经验告诉我们，落后就会挨打

宁可用合理的价格买一家伟大的公司，也不要以很低的价格买一个一般的公司。

找到这样的公司，就应该重仓投入。放进去以后不要轻易拿出来，享受时间的复利。

伟大的公司并不多见。

无论是李录还是邱国鹭，在他们的书里都提到了一点，我们在国际分工中分到了一个相对吃力不讨好的环节，那些创新的、有定价权的、有品牌的公司，在A股中相对较少。

在我看来，A股伟大的公司有两种：

一种是有时间积累、有传承、有品牌、有定价权的公司，比如白酒。

另一种是走在大趋势前面的公司，比如之前的腾讯和阿里。关于这一点，张磊有一条对"护城河"的定义："世界上只有一条护城河，就是企业家们不断创新，不断疯狂地创造长期价值。"

这样的公司并不好找。退而求其次的方法是买"便宜货"。在A股，伟大的公司并不多见，但是优秀的公司还是有一些的，而且总会有那么一段时间"打折出售"。

这样的公司有两类：

1. 有品牌、市场份额大、专利多的"护城河"的公司。简单来说，就是大盘蓝筹。

2. 每年都稳定支付或不断上调股息的公司。

这样的公司可以长期持有。遇到市场下跌的时候买入一点，在高点的时候卖出一点（并非全部卖出），也不失为一种方法。很多标的的持仓成本已经被我做到了负数，怎么跌都不怕，一直吃分红。我不认为这是纯正的投资，但也算不上投机，两者兼有。既要享受公司成长的红利，同时还要赚取股市波动的差价。

这需要你对一家公司的内在价值非常了解，且坐得住，只在其"打折出售"的时候出手。这就好比你长期买菜，一些菜大抵是多少钱你是知道的，便宜的时候就多囤点，是一个道理。

如上，我的观察列表里有两类公司：

一类是长期持有，绝不轻易出手，享受人类发展和时代红利的伟大公司。

另一类是遇到"打折"就买点，遇到高点就卖点的优秀公司。

如果你想通过一家公司赚钱，那就要下功夫认真理解它、琢磨它。永远要相信，一分耕耘，一分收获。刚开始时，你可以从一些稳健型的股票（蓝筹股）入手，用一笔很小的钱做实验。就像谈恋爱一样，先慢慢了解，再考虑要不要"结婚"。利用上下班的时候阅读它们的财报，重点关注：主要产品销售收入占比、可能的隐蔽资产、负债、股息、现金流、增长率、市盈率等关键指标；利用网络收集公司的各类相关信息；遇到一些重要问题可以利用网络或者打电话向董秘提问；有空的时候尽可能地实地调研，试用他们的产品。只买那些你真正了解其业务的股票，不懂不买，不要盲目跟风。一旦决定购买一只股票，不要轻易卖掉。要有耐心。

只有当这家公司的基本面发生变化，或者发现了更好的投资标的时，才可以真正考虑出手这家公司（长期持有不代表不做任何操作，以我的经验，在 A 股，可以在阶段性高点或者低点出现时，适当但不要频繁地做波段）。

不要贪多，尽量少做决策，保持耐心，定期检查投资组合。

专注于寻找那些前景最好、最有利可图的几只股票，然后在这少数的几只股票中分配你的资产。

在购买股票前要经过仔细认真的分析，这样才能真正做到长期持有。

我对长期投资的公司有一个基本要求：**必须保持进化**。这也是我对自己的要求。

历史一再向我们证明，落后就要挨打！

第二十章
如何估算某样东西的价值？（上）

　　价值投资就是买便宜股。

　　我们能用的投资方法有很多，但是我过去70年运用下来最成功的投资方法就是买入便宜股，买入那些市场价格远低于其内在价值的股票。

——约翰·邓普顿

投资只关乎一件事，即估算某样东西的价值，然后支付更少的钱把它买下来。

价值投资就是买便宜股。

估值的方法并非越多越好。没有哪一种方法是一定有效的，且它们都有自己的局限，更不要说"精准"了。我们关注的是如何透过这些方法，看到："这个领域的人是如何思考的？"也只有如此，才能真正找到适合自己的方法。

别人的鞋穿到自己的脚上总不那么舒服。

通识就是当下人们在某一点上达成的共识，而所有资产的价值波动都取决于买卖双方对该资产的估价。当大家都采用同一种计算方法时，计算的结果通常会影响人们最终的判断。

这虽然不是主要因素，但也是影响最终决策的因素之一。

拍卖苹果树

关于企业价值评估，我没有找到比劳伦斯·坎宁安更精彩的陈述（参见《向格雷厄姆学思考，向巴菲特学投资》中关于"苹果树与经验"的章节）。所以我决定借用苹果树这个案例，稍做修改，聊一聊我对如何估算某样东西的价值的理解。

你并不需要阅读那本书，但阅读它肯定会对你有帮助。顺便说一句，我是在阅读《穷查理宝典》时发现的这本书。有句话叫"人以群分"，这句话的上一句叫"物以类聚"。是这样的。

从前有位老人拥有一棵苹果树。这是一棵很棒的树，只需稍加照料，每年的苹果收成可以带来100美元的收入。老人想退休后换个新地方住，于是打算把树卖了。

他跑到《华尔街日报》刊登了一则广告。

第一个看到广告的人回应说，他愿意出50美元，在买下这棵苹果树之后把它砍了当柴火，这堆柴火价值50美元。

第二个人决定用1500美元买下这棵树，理由是这棵树至少还能再活15年。如果每年能卖100美元，那么15×100，总价值就是1500美元。

究竟是什么让一家公司的未来价值比现在更高？

彼得·林奇说，"归根结底就是两个因素：资产和盈利"。

资产

50美元就是这棵苹果树的"资产"。资产是一个富含信息的数字，它告诉我们花出去的钱能够换来什么。虽然资产不是内在价值，但资产可以被视为内在价值的底线。

我有一台苹果电脑，它是我的资产，价值1万人民币。通过这台苹果电脑，我每年可以创造 100 万元的收入，很显然我的估值不应该是 1 万元，但这台笔记本电脑确实可以作为估值的底线了。

苹果树就是那台苹果电脑，苹果就是那台苹果电脑创造的价值。

很少有资产会差到拿去"当柴火卖"的地步，这种情况很难出现。一旦出现，我们必须有能力思考并做出判断：为什么它能以如此低的价格被出售？

此时最好查阅一下它的资产负债表，这是个很有用的工具。资产负债表有时也被称为状况表，它为公司生命周期的某一特定时刻，比如一个季度或一个会计年度的经营期结束时，提供了一张"快照"，让你对这项资产的家底有一个大概的了解。

把这张表从中间切一刀，上边告诉你它有多少资产，下边告诉你这些资产都是打哪儿来的，有多少负债，有多少真正属于他的东西。

资产 = 借来的 + 自己拥有的。

资产负债表就是组成这个等式两边的项目的清单组合。

老人并没有为我们提供这棵树的"资产负债表"，但我们可以自己为它简单制作一个：

流动资产：0。

固定资产：50（破产清算价）。

商誉：0。

负债：0。

这棵苹果树虽然没有流动资产，也没有负债，当然也没有品牌价值，但目前每年还能产出不少苹果（产生利润）。以 50 美元的价格买下来（破产清算），绝对是笔不错的买卖。除非老人"秀逗"了，否则他应该不会以 50 美元出售这棵树。

但这很难说，我们都知道市场并不总是理性的（就在我写这本书的时候,市面上出现了好多家"50元的苹果树")。

我爱市场先生!

盈利

1500美元这个价格怎么样?

它来自这棵树未来15年的"盈利":100美元/年 × 15年。

关于投资,巴菲特曾经有过这么一个定义:"投资是为了在未来更有能力消费而放弃的今天的消费。"

怎么理解呢?

可以把一项资产想象成一只老母鸡。老母鸡的肉身决定了这只鸡的底价,但它的最终价值是由它下的蛋决定的。

在会计准则里,苹果树会作为固定资产,被记录在"资产负债表"里;长出苹果产生的利润,则会被记录在"利润表"里。

利润表,也叫损益表,分上、中、下三部分。上边是营业收入,中间是营业成本,最下面的是利润。从上到下就像是一个漏斗:收入 – 成本 – 各种费用 = 利润。

它向我们展示了一家企业创造利润的过程:这半年或者一年下来,总共有多少收入?成本占多少?有多少毛利润?有哪些费用?净利润有多少?

它不仅告诉我们这家公司赚了多少钱，这些钱从哪儿来的，同时还在一定程度上让我们对这家企业未来的收益有了一个大概的估算。

虽然老人并没有为我们提供利润表，但很显然这 100 美元来自这棵苹果树每年创造的"营业收入"。这个数字并不代表它创造的实际利润。

如果这个时候有一张利润表，在"营业收入"的下面，还应该有一项叫"营业成本"。其中包括一些相关的支出，比如施肥、修剪枝丫、采摘、把苹果拉到城里去卖，都是需要成本的。它们会被记录在利润表里的研发费用、销售费用、管理费用以及财务费用里，然后才是净利润。

这样算下来，其实这棵苹果树每年能够真正创造的利润也就 50 美元左右。

营业总收入：100。

营业总成本：50。

净利润：50。

1500 美元，是以过去的收益推算未来可能带来的收益——每年可以获得 100 美元的利润，持续 15 年。

显然这并不现实。

事实上，那 50 美元才是利润。

还有，这棵树真的还能再活 15 年吗？如果中间发生干旱，会不会造成果树减产（基本面发生改变）？果树会不会染上病虫害（出现疫情）？会不会遇到拆迁，面临果树要被砍伐的风险（政策风险，比如"双减"）？

很显然，1500 美元并没有考虑这棵树可能面临的风险，估值过高了。

在准备接受一份财富之前，先想想这里面可能有哪些风险。

真的有人会给出这么高的估值吗？

会。这就是资本市场。

事实上，一项资产的最高价和最低价并不是由资产本身决定的，而是由这个"牌桌"上最傻的那个人决定的。在你决定买入或者卖出一项资产之前，一定要找到那个傻子，如果你找不到他……

欠条 & 折现

关于投资，有一个必须知道的常识，那就是折现。

我们还是从那个借钱的小故事开始。我们暂且给这位"朋友"取个化名，假设他叫"王刚"，从我这儿借了 15 万元，说好了 3 年后归还。

请问届时"王刚"还我多少钱合适？

很显然不应该是 15 万元。因为同样的情况下，我把钱"借"给银行，按每年 2.5% 的利息计算，应该可以拿到：

$15 \times (1+2.5\%) \times (1+2.5\%) \times (1+2.5\%) = 15 \times (1+2.5\%)^3 \approx 16.15$ 万元。

$15 \times (1+2.5\%)$ 是我第一年的本金加 2.5% 的利息，然后是第二年、第三年获得的本金和收益。

如果他准备第 3 年的时候还我 15 万元，我应该借多少钱给他呢？

应该是 $15/(1+2.5\%)/(1+2.5\%)/(1+2.5\%) = 15/(1+2.5\%)^3 \approx 13.93$ 万元。

这个 2.5% 是折现率，也有人称其为"资本化率"，它是为补偿投资风险所需的回报率。所以，它的取值通常是由无风险利率和风险溢价决定的。

折现率=无风险利率+风险溢价

无风险利率我们很好理解，比如放到银行里，每年 2.5% 的利息就是无风险利率（这要看具体国家和地区的银行给出的利率）。这里取 2.5% 来自银行的存款利息。如果我把这笔钱放到国债里，那这个折现率就应该是 4.27%（已知的我国长期国债的最高利率为 4.27%）。

风险溢价是个什么概念呢？比如我们买下了那棵苹果树，说是每年差不多有 50 美元的收益。但真实情况并非如此，中间很可能会出现灾情或者其他状况造成苹果树减产，那就卖不出 50 美元了，这个时候我们就需要把风险部分预留出来。这就是风险溢价。

很显然，在这个案例里，我并没有考虑风险溢价，只是按照银行利率给出了 2.5% 的折现。谁让我们是朋友呢？

然而，以我的人生阅历来看，借钱也是一笔投资，是要考虑风险溢价的。

苹果树的价值

15 年后的 100 美元，并不等于现在的 100 美元。这笔钱是需要折现的。

以每年 6% 的利息（假设这笔钱我不存银行，因为它只有 2.5% 的利率，而是购买美国的国债，6% 的利率），15 年后的 100 美元，相当于今天的

41.73 美元。也就是说如果我现在将 41.73 美元购买国债，15 年后这笔钱将会变成 41.73×（1+6%）^{15} ≈ 100 美元。

这 100 美元还仅仅是"营业收入"，并非利润。除去施肥、修剪枝丫、采摘、销售运输等"营业成本"，这棵树平均每年能带来 50 美元的利润。

如果没有发生意外，按照每年 6% 的利息，第 1 年年末收取的 50 美元到现在折合 50/1.06 ≈ 47 美元。少去的 3 美元是不得不等待一年才能收到 50 美元所付出的机会成本。

第 2 年年末收取的 50 美元，到现在折合 50/1.06^2 ≈ 44 美元。

以此类推，第 15 年年末收取的 50 美元，到现在折合 50/1.06^{15} ≈ 21 美元。

接下来 15 年，所有的现金流折现的总和为：

50/1.06 + 50/1.06^2 + 50/1.06^3 +……+ 50/1.06^{15} ≈ 486 美元。

第 15 年这棵树作为柴火的折现为：50/1.06^{15} ≈ 21 美元。

486（15 年来销售苹果带来的现金流折现）+21（第 15 年该苹果树作为柴火的折现）= 507 美元。

取个整数：500 美元。

初步算下来，如果没有发生意外的话，500 美元是这棵树在未来 15 年大概能为我们创造的现金流总和的折现。

但是！不出意外的话，一定会出现意外！

比如可能面临因为干旱、病虫害造成的减产等风险，以及其他一些你想得到、想不到的不确定性因素。

我们无法保证每年都能获得 50 美元的现金收入，我们也不知道这棵树是不是真的可以存活 15 年，且当折现率（无风险利率 + 风险议价）发生一点点调整时，估值就要重新计算。

这个估值并不准确，也不可能准确，但是它仍然给了我们一个做出决策的参照值。

50美元，是这棵苹果树的"账面资产"，如果能够以这个价格买下来，肯定是赚到了。

500美元，是这棵苹果树从现在到关张那一天理论上创造的所有现金流的现值，并没有考虑风险和未来可能出现的不确定性，因此这个价格肯定是高了。

理解盈利与资产

如果只是判断估值的高低，其实没那么复杂。

让我们再回顾一下：究竟是什么让一家公司的未来价值比现在更高？"归根结底就是两个因素：资产和盈利。"

苹果树作为资产，会被记录在资产负债表里，它就像一道安全网，构成了估值的底线。

长出的苹果带来的利润，则会被记录在利润表里。未来销售苹果能带来的所有现金流的折现，构成了估值的上限。

你应该学会阅读财务报表，它能帮助你找到那些具有持续竞争优势和持续盈利能力的资产。没必要学习会计掌握的那些知识，只需要站在经营者的角度看待它。

那不难，一点都不难。如果你想赚钱，就必须这么干。

躺在床上看视频是不能帮你赚钱的。等你有钱了，可以让别人按你的"剧本"拍很多电视剧。

"有些人喜欢看《花花公子》，而我喜欢看公司年报。"（巴菲特）

关于盈利

一只股票的价值完全取决于它未来的盈利能力，盈利能力更强的资产理应获得更高的估值。

如何衡量一棵苹果树的盈利能力呢？

计算它从我投资到关张那一天能够创造的所有现金流的折现是一个方法。

还有一个更简单的方法是和其他苹果树做对比。对比同一块区域、同样产量的其他苹果树，人家一棵卖 250 美元，你一棵卖 500 美元，显然是贵了。

同样是"老母鸡"，凭啥你的老母鸡下的蛋就金贵啊？

投资市场稍微复杂一点。你很难找到业务完全相同、市场规模大小又一样的公司，每家公司的管理水平、成本、营销能力也不尽相同，不能简单地拿价格做对比。但盈利情况不会相差太多，它总有个区间。人家的母鸡一天下 2 个蛋，你的母鸡一天下 20 个，那你的母鸡已经超越人家的鸡的范畴了。

格雷厄姆发明了一个用来衡量估值与盈利能力关系的指标，叫作市盈率，指的是当下股价（P）与公司每股收益（E）的比率（P/E）。

市盈率=股价（P）/每股收益（E）

还记得股市最早的由来吗？如果想以 250 美元的估值卖出这棵树，但又没有人能拿出这么多现金怎么办？将这棵树按照 250 美元的估值等分为 100 份，以 2.5 美元/股（250 美元/100 股）的价格对外公开出售其中的一部分。按照每年 50 美元的收益计算，那么每年每股就会有 0.5 美元（50 美元/100 股）的收益。

当下 2.5 美元的股价（P）与每股 0.5 美元的收益（E）的比率为 5 倍市盈率。

我们可以把它理解为：如果我以每股 2.5 美元的价格买入，大概会在 5 年后回收成本。

但如果按照 500 美元的估值计算：5 美元/股（500 美元/100 股）的股价，除以 0.5 美元的每股收益，比率为 10 倍市盈率。

如果其他苹果树的市盈率是 5 倍，而当前的市盈率是 10 倍的话，我们很容易就可以做出判断：这棵苹果树的估值过高了。这可以为我节省不少时间。

就像李录 2006 年在哥伦比亚大学商学院讲座时提到的："首先看估值，假如估值不合适，我就不会再继续。"转而寻找其他资产，把精力用在那些值得我们投资的公司上。

从"投进去的钱多少年可以回本"的角度，可以大致将银行的 P/E 理解为 40。假设我们将 1 元钱存入银行，存款年利率为 2.5%，也就是说 1 年的回报率为 2.5%，1/2.5%=40。即便在不考虑折现率的情况下，也得 40 年后才有可能回本。

如果是国债呢？假设已知长期国债的最高利率为 4.27%，1/4.27% ≈

23.42，23 年多可以回本。

23<40。比较而言，固定投资买长期国债要比存银行更划算。

考虑到风险，打个对折，如果市盈率小于 12，代表公司的价值可能被低估了；市盈率在 12—24，属于正常水平；市盈率在 24 以上，公司的价值被高估（但这种方法并不是绝对的，这里面有个增长率的概念，我们会在后文讨论）。

如果连长期国债都跑不赢，那我们为什么不直接投资长期国债呢？这是个机会成本的问题。

除了与其他同类资产做横向对比，我们还可以将一家公司的市盈率和它的历史市盈率做纵向对比，尤其是比较稳定的、业务没有经历大的变化的公司，更是如此。

格雷厄姆在《证券分析》中给出的参考标准是 10 倍市盈率。我不认为这个方法时至今日仍然有效，但不妨碍我们拿来做个参考。

关于资产

企业的盈利或者现金流是短暂的，很可能会发生变化，但净资产通常是稳定的。

对投资者来说，资产价值就像一张安全网：估值可能会下跌，但是它跌出安全网的可能性极小，这张网还能使估值反弹。

在市盈率之外，我个人还很关注一个叫作"市净率"的指标。市净率指的是当前股价（P）与每股净资产（B）的比率。

市净率=股价（P）/每股净资产（B）

与市盈率代表的"大概多少年能够回本"不同，市净率的本质是：花多少倍的钱买那家公司的资产。

那就好理解了。市净率为1，相当于以当前价格买下这家公司的净资产。市净率越高，说明市场对公司越认可；越低越安全，说明价值有可能被低估。

这个指标在给金融属性的公司（比如银、地、保）估值时很好用，因为大多数金融属性公司的资产，每个季度都会按照市场价格重新估值，这就意味着账面价值与实际价值比较接近。此时，只要你确信公司的资产负债表上没有巨额的不良贷款，市净率就是一个筛选价值被低估的金融股的可靠路径。

基于同样的原因，对于很多通过无形资产创造价值的公司（比如软件公司、奢侈品公司、数据和服务公司），这些资产不是立刻计入账面价值的，市净率对于这些公司来说没有意义。

一家相比同行市净率低，且净资产收益率较高的公司，可能是一个潜在的"便宜货"。

如果我发现一家公司的市净率小于1了，而这家公司的基本面并没有出现问题，有很高的净资产收益率，没有债务问题，流动比率和速动比率都不错。当它的净流动资产高于其估值时，我会考虑将这家公司加入我的自选列表。尤其在股价的下跌是由"情绪面"驱动时，更是如此。

还记得吗？很少有资产会差到拿去"当柴火卖"的地步，这种情况很难出现。一旦出现，我们必须有能力思考并做出判断：为什么它能以如此低的价格被出售？这些问题是暂时性的，还是永久性的？

这个时候，我们最应该做的就是打开资产负债表，第一时间去评估一下这项资产的负债。

彼得·林奇告诫我们："没有负债的公司绝不可能破产。"

什么是负债？就是欠了别人的钱，将来要还。

负债除以总资产，算出的那个比值就是负债率，用以观察风险偏好与财务强度。负债率越高，投资风险越大。

负债是一把双刃剑。一方面它可以利用杠杆扩大企业规模；另一方面它也可能让企业因为不能承受之重而破产倒闭。

负债率多少算高的呢？每个行业的负债率不一样。和同行业的其他企业做个横向对比，你心里就有谱了。根据研究，目前中国上市公司的平均资产负债率在42%左右。

如果产业波动大，负债比率不宜超过五成；波动小的产业，负债率不宜超过六成。低于这个比例的话，相对安全；高于这个比例的话，最好寻找一下背后的原因。

如果从财务报表中发现公司是因为成本过高而导致了高负债率，那么你一定要慎重考虑。不懂得节约成本的企业，很难生产出质优价廉的商品。

但也分行业，比如银、地、保（银行、地产、保险），典型的空手套白狼，负债的大头是客户存款。负债率上升，反而说明这家公司的吸储能力强，能更多地利用客户的钱扩大经营规模。这期间，他们为你支付过利息吗？好像没有。

我们之前说过了，这叫"Other People's Money"，用别人的钱帮自己赚钱，本质上是一种无息债务融资的方式。

与此相对的是另一种金融性负债，这种性质的债务需要企业偿还利息和本金。这种债务越多，公司面临的财务风险就越高。

全盛时期的八佰伴集团拥有近3万名员工，在世界16个国家和地区拥有450家超市和百货店，年销售额达5000多亿日元。然而，赶上亚洲金融风暴的冲击，经济下行，它却因扩张速度过快、负债过高，不堪重负，无奈宣布破产。

正值我写此书之际，恒大集团也面临着同样的问题。

旦夕祸福，犹未可知。

尽量选择那些业务简单的公司。如果玫瑰上有非常多的刺，你怎么能够确信自己就能小心地不被刺扎到呢？最好的方法就是，尽量选择没有"刺"或者"刺"非常少的企业，这样我们的胜算才会大一些。

一条简单的规律：少量长期贷款或者没有长期贷款通常意味着一项很好的投资。

在分析公司的财务报表时，还要考虑表外负债的情况。

比如，航空公司可能遇到因空难造成的诉讼和赔偿，化工企业会有因环境污染产生的社会赔偿等和企业经营特征有关的负债。

比如，一些公司会将负债转移到影子公司，在公告中故意隐瞒资产负债率，以至于负债在资产负债表中无法显现。

还有就是著名的 ABS，也就是资产证券化，用未来稳定的现金流获得融资。然而，这其中也蕴含着巨大的风险，比如 2008 年的次贷危机。

不要简单地盯着数据，只有把业务逻辑、商业模式理顺了，财务数据所代表的真实含义才能真正显现出来。

有几个指标可以帮助我们对一家公司的负债风险初步做出判断。

首先是流动比率，它可以帮助我们衡量一家公司的短期风险。其计算公式为：流动比率 = 流动资产 / 流动负债。

流动资产是指一年或一个营业周期内可以变为现金的资产总额，流动负债是指一年或一个营业周期内必须偿还的负债总额。

如果流动比率小于 1，说明这家公司的流动资产不足以偿还其流动负债。

还有一个更为严格的衡量公司日常运营能力的指标是速动比率，也被称为酸性比率。其计算公式为：**速动比率=（流动资产－存货）/流动负债**。

速动比率为1，表示公司在所有销售业务停止时，有偿还债务的能力。

通常你的投资软件都会在"F10"里为你提供这两个指标。

其次是它的账面资产。

资产负债表上报告的资产数目，并不能反映它在当前市场条件下的真正价值。无论你当初花多少钱购买的资产，在破产清算时，都会以"跳楼大甩卖"的价格对外出售。我们不能指望通过法院拍卖得到它的价格和购买它时的一样。

对于从事生产制造或信息服务的公司，账面资产的意义也肯定是不一样的。巴菲特认为：越是优秀的公司，其房产、厂房和机械设备所占的比例越少。这样的企业不需要投入太多资金在更新生产厂房和机械设备上，相对地就可以为股东们创造出更多的利润，让投资者得到更多的回报。

在计算一家公司的账面价值时，格雷厄姆认为，如果能按低于公司净流动资产的价格买进普通股，是有足够的安全边际的。这意味着，买方不用为企业的固定资产掏一分钱。

净流动资产（或者叫"营运资本"）的计算公式为：**净流动资产（营运资本）＝流动资产（现金、应收账款、存货）－流动负债**。

另一种算法认为，按照"公司的净流动资产＋公司的固定资产原始成本的一半"的价格把股票买下来，仍然是划算的。

当公司没有债务风险，且现金持有量超过市场价格时，就需要我们高度关注了。现金对盈利并没有什么贡献，但投资者却可以通过公司分红，或者以更有成效地将这些现金资产投入运营的方式，从中获益。

以当前的会计准则，企业最值钱的资源不一定会出现在财务报表中。

比如"北京大学"这4个字，你该怎么量化呢？在财务报表中，它可能还没有北大的一个食堂值钱。换个角度，即便可口可乐的账面上一分钱都没有，仅仅这个品牌（商誉）也值得我们为它支付足够的价钱。一旦出现这样的机会，千万不要放过。

但不管怎么计算，在排除了债务风险之后，净流动资产足以支撑我们为一家企业估值的底线了。

注重资产负债表的投资方法对小规模的资金管理非常有效。

同时，你要清楚地知道，市净率的分母是每股净资产。有些公司资产负债表上的账面价值与资产的现值可能有很大的不同，你必须认真考虑存货、应收账款与固定资产的折现情况。

十余年前我在北大旁听，一位讲经济学的老师提到当时国有企业遇到的问题时说，很多国有企业，一些库存已经在市场上卖不出价钱了，而且越放越不值钱。这个时候最好的方法是尽快把这些库存清理掉。但对于一些国企领导来说，在你任职的时候清理，就是你任期内产生的亏损，很可能会影响你的工作成绩。所以那些人的选择是，把它留在库存里，留给下一任。事实上，它已经卖不出什么价钱了，甚至你还需要为清理垃圾支付一定的卫生费。

虽然我当时的经济学学得不咋样，但这个故事令我印象深刻，以至于每次因为破净买入一家公司的股票时，我都会去认真盘点一下这家公司的存货和固定资产到底是什么。私人企业同样如此。

这是个好习惯，非常好的习惯。它能帮你省钱，省不少钱。

重新理解"苹果树的价值"

我很喜欢这棵苹果树,因为:

1. 它每年都能产出很多苹果,每年都可以帮我赚到钱,产生源源不断的现金流(盈利)。把钱投给那些能够帮助你产生源源不断的现金流的地方,这是我从巴菲特那里学到的。当你手里有钱的时候,你会非常有底气。你可以用它去购买下一棵苹果树。

2. 当它无法长出苹果时,还可以被当作柴火(资产)卖了。

唯一的缺点,也不能说这就是它的缺点:这棵苹果树一直在贬值。

在我买入后,第 1 年的 50 美元就变成了 $50/1.06 \approx 47$ 美元,第 2 年就变成了 $50/1.06^2 \approx 44.5$ 美元,到了第 15 年则只能折现为 $50/1.06^{15} \approx 21$ 美元。

它大部分的价值都来自最初几年的收益,为了持续获得类似的收益,我必须不停考虑如何把这些收益拿去再投资。发现一只好的投资标的真的不容易,会耗费我大量的精力。用查理·芒格的话说,我们应该把钱投给那些不需要频繁卖出的企业。

显然,这棵苹果树不够有"上进心"。而股市中赚钱的最好方式是投资那些几年来已经盈利且会一直盈利下去的成长型企业。

这是我需要考虑的地方。

但我仍然觉得可以谈谈看,看看可以用怎样的价格买入这棵"苹果树"。要知道,即便是好资产,如果买得高了,也可能会沦为一笔糟糕的投资。而糟糕的资产,只要买得足够低,也会是一笔不错的投资,虽然我并不推荐这么干。

50 美元如何？破产清算的价格！如果能以这个价格拿下来那就太好了，但我猜那位老人并不愿意。

500 美元？有点高了。我是不会考虑的，根本没有预留犯错的空间，任何一个小风险都会让我面临亏损。我可不想把希望寄托在下一个"傻子"身上。

250 美元怎么样？以当前 50 美元的利润计算，投资回报率是 50/250=20%。大概 5 倍的市盈率，差不多 5 年能够回收成本，看起来不错。

但投资后的第 1 年，考虑到现金折现，相当于只有 50/（1+6%）/250 ≈ 18.87% 的投资回报率。把它当作债券，每年大约 18.87% 的投资回报，2.5 股价 /0.47 每股收益 =5.32 倍市盈率，大概 5 年半的时候可以回收成本。

第 15 年，投资回报率就下降到了 $50/(1+6\%)^{15}/250 \approx 8.35\%$，每股收益则变成了 $50/(1+6\%)^{15}/100 \approx 0.21$ 美元。2.5 股价 /0.21 每股收益 ≈ 11.9 倍市盈率。

逐年下滑，但也能接受。

虽然这棵苹果树一直在贬值，但差不多最初几年的收益就可以帮助我回收成本，剩下的时间几乎都是干赚，每年可以为我提供源源不断的现金流，最后还可以当柴火卖掉。要知道如果这笔钱用来购买长期国债，投资回报也不过是 4.27%。

我是真的动心了，以 250 美元或者更低的价格拿下这棵苹果树应该是一笔不错的投资。

我决定看看我的资产配置情况：有多少钱是用在生活上的？有多少钱是用来应对突发状况的？有多少钱可以用来投资？万一出现风险，我是否可以承受，会不会让我的生活陷入困境？

在正式买入之前，我还想再看看有没有别的什么比这棵苹果树更好的投资标的，能够帮助我创造更好的投资回报。

要知道投资并不是简单地把钱投给那些能够帮助我们创造现金流的资产，而是要合理配置自己的精力和资源（80/20法则，时间和本金一样重要），在自己的能力范围内，尽可能地获得最大化的回报。

让钱变得更聪明。

第二十一章
如何估算某样东西的价值?(下)

当我买入股票的价格远远低于其内在价值的时候,我的投资总是最成功的。

——约翰·邓普顿

上学那会儿，天热。买西瓜回来吃，一定要先下手；晚了，宿舍的人只会给你留一点瓜皮。

买东西也一样，要清楚自己买入的是哪一阶段的资产。看人家的苹果树长得挺好，每年都有果子卖，你也去买一棵，正好在第 15 个年头，那你只能拿它来当柴烧。公司就像苹果树，常青者不多。

好公司不等于好股票。我们的目标是买得好，而不仅仅是买好的。

估值算法

不能指望用一个公式、一套算法，就把估值、买入、卖出搞定了。

谁这么想，谁是傻瓜。套路无法帮你赢取 MMA 的冠军。

影响估值的因素很多，当我们使用某一套具体的算法时，其实是冻结了一部分变量。越简单的算法冻结的变量越多，它是有很多前提的。

比如市盈率。可以把市盈率视为一个简化版的现金流折现法。不考虑折现率、增长率，假设当前的净利润就是自由现金流，在这些变量被冻结的情况下，该公司未来在其余下的寿命中，能够创造的现金流折现回来的总和 = 净利润 × 市盈率。因此市盈率比较适用于那些经营比较稳定、业务没有经历太大变化的公司。

但有些公司，比如一些初创企业或者衰退型企业的净利润通常是负的，尤其是一些早期的互联网公司，诸如亚马逊、京东这一类企业可以没有利润，但只要客户还在购买其产品，有一定销售额，同时有足够的现金流，能够维持正常经营，一旦未来进入正轨，很可能会创造巨大的经济价值。这一类公司适合使用市销率。

市销率类似于市盈率，但它用销售额取代了利润，将股票的价格与相应公司的年销售额进行比较。**市销率 = 股价（P）/ 每股销售额（S）**。

在费雪于1984年撰写的《超级强势股》一书中，他提出，股票的市销率几乎是衡量股票受欢迎程度的一个最完美的指标。他同时警告说，只有空想和欺骗才能让高市销率的股票的价格进一步上升，因为市销率反映的销售收入比财务报表中的盈利更真实。

市销率的一个缺点是销售收入的价值可能很小也可能很大，这取决于公司的盈利能力。在使用市销率时，需要清楚该公司的商业模式。

还有一些企业，比如有色、钢铁、煤炭之类的周期企业，盈利并不稳定，市场前景好的时候，利润很高，分母变大，市盈率自然会变低。市盈率代表的是当下，并不能预示未来。此时入场，或许正赶上行业进入萧条期，盈利能力迅速下降，市盈率就会急剧升高，需要漫长的时间消化估值。

这一类企业不适合用市盈率进行估值。市净率是一个比较合适的估值方法。

如果我们能够在计算某项资产时，认识到这种方法的局限和适用场景，了解这套方法在解决"如何计算一家公司内在价值"这一问题时背后的思路，无疑会提高我们投资成功的概率。

归根结底，投资是一种决策行为。既然是决策行为，那一定和脑子有关。正如格雷厄姆所说的："人们要想在证券市场上取得投资成功，第一要正确思考，第二要独立思考。"股价涨上去，它一定还会跌下来，但"脑子"涨了，绝无下跌的可能。

当我们说学习某一种具体的估值方法时，其实是在学习该方法背后隐藏的思考问题的方法,而不是某个具体的公式(建议重新回顾一下第六章《阅读、理解与思考》的内容)。

心中有数

"现金流贴现法"是基本功。

当我决定投资一家公司之前,我首先要看看这家公司从我投资到关张那一天理论上能够创造的现金流的现值,做到心里有数。

心里有数很重要。

就像我前几日去看牙医,我问她:"我这几颗牙全部做下来,大概需要多少钱?"

"先生,每颗牙的情况不一样,使用的材料不一样,差别特别大,很难说具体多少钱。"

"一般多少钱?"

"一般的情况也不太一样……"

"没事,你就给我一个大概的数字,多少到多少,我好心里有个数。"

我们期望得到的并不是一个多么精确的数字,而是一个大概的区间。

这也是价值投资相对容易的原因。我们只需要将当前股票的价格与我们估计的那个区间进行比较。如果股票价格没有明显低于我们计算的平均价值,就去寻找其他机会。

每个人都希望能够出现一位愿意出高价买进他想卖出的资产的买家，但以低于价值的价格买进一项资产才是最可靠的赚钱方法。

成功投资的秘密在于：计算清楚某些东西的价值，然后付更低的价格把它买下来。"现金流折现法"是一个比较合适的方法。当我花钱买入一项资产时，要考虑的就是它未来能给我带来哪些收益。简单来说，就是未来现金流的折现。

说到这儿，我想起了楼下的一家包子铺。

包子铺的价值

我们楼下有家包子铺，经营一直很稳定，平均每年可以创造 20 万元左右的净利润。和苹果树最大的不同是，它过去一直保持着每年 15% 左右的增长率。年前的时候，包子铺的老板来找我，准备出让一部分股份，问我有没有兴趣。我回复他让我想想，过两天给他答复。

我花时间认真研究了这家包子铺。确如他所说，经营很稳定，盈利能力也不错。老板准备多开几家新店，于是决定出让当下这家包子铺的一部分股份，腾出资金用在新店上。

在确认了这家包子铺真的经营得不错之后，我决定计算它的估值，也就是从我投资到它关张那一天理论上可以创造的所有现金流的现值。

做到心中有数。

自由现金流

首先要确认的是这家包子铺每年能收到多少"真金白银",也就是我们常说的自由现金流。

净利润不靠谱,必须是自由现金流。

自由现金流是个模糊的概念,指的是企业经营活动赚来的钱,扣除那些为了维持企业现有盈利能力必须再投下去的钱(或者说用于维护企业长期竞争地位的钱)之后,剩下的部分。即股东在不伤及企业当前获利能力的前提下,可以从企业拿走的回报。

我们在投资时,应该尽量选择那些不需要持续更新生产设备(还记得投资周期吗),却拥有着良好商誉的公司。

巴菲特的老搭档查理·芒格说:"世界上有两种生意。第一种生意是你可以每年赚取12%的收益,然后年末可以拿走所有的利润。第二种生意是你同样可以每年赚取12%的收益,但是你不得不把赚来的钱重新投资,然后你指着所有的厂房设备对股东们说,这就是你们的利润。我恨第二种生意。"

就像我们的工资,在扣除房租、生活费用、学习费用等各项开支以后,剩下那部分可以自由支配的钱,就是自由现金流。

自由现金流在财务报表中并不存在,需要根据现金流量表自己计算。

现金流量表是公司经营质量的照妖镜,它能告诉我们这家公司是真赚钱,还是账面好看。

台积电的创办人张忠谋认为,唯有能够稳定产生现金流的公司,才是好公司。

打开现金流量表，从上到下主要分为三个部分，有点像咱们平时记的流水账，分别用来记录企业经营活动、投资活动和筹资活动三种现金流入和流出的情况。

它和利润表最大的区别是，利润表的营业收入包括了没到账的钱。比如你签了个合同，就算没打款，也算在你的营业收入里。现金流量表不行，必须是真金白银入账才算。

利润并不能反映包子铺的真实经营情况，必须看自由现金流。只有自由现金流是投资者能够实实在在拥有的东西。

在选择投资企业时，要充分考虑企业的自由现金流是否充沛。

现金流就像血液，如果一家公司总是依靠外部输血才能生存下去，肯定是十分危险的。但如果一家企业仅仅依靠运营过程中产生的自由现金流就可以维持现有的发展水平，就应该考虑把它加入到我们的自选列表中。

说句题外话：作为投资者，我们也应该尽量保证手中拥有比较充沛的现金，这样才能坐得住，不会被迫出售我们手中的资产，可以避免在碰到合适的机会时没有"子弹"。

这么多年，让我体会最深的一点是，想办法让自己拥有源源不断的现金流。落实到投资上就是，把钱投给那些可以源源不断产生现金流的资产。

对于奉行"买入并持有"策略的长期投资者而言，股息是我们获取投资收益的唯一方式。如果一家公司选择不派发股息，那它就要像伯克希尔一样，将盈利投向更有利可图的地方。以下是可以不为股东派发股息的理由：

1. 为了增强公司的营运能力。
2. 为了提高生产能力。
3. 为了减少负债。

如果一家公司为你支付的股息已经超越每股盈利时，你就要小心了。

关于自由现金流，有一个简单的计算方法：

净收入+折旧+摊销−资本支出=自由现金流

通常我们会使用现金流量表中的经营活动现金流净额减去企业购建固定资产、无形资产和其他长期资产支付的现金来计算。

还有一个更复杂的算法：息税前利润（EBIT）×（1−税率）+折旧和摊销−营运资产变动−资本支出=自由现金流。但通常不需要，本身只是一个估值的参考，并不需要计算得那么精确。

但你必须注意到这中间可能存在的陷阱。比如，包子卖了，全是赊账，账面上显示的都是净利润，到结算的时候发现老板跑了，这种事并不少见。所以一定要盯着现金，而不是所谓的净利润。确定有没有折旧和摊销，是否为了生产经营的继续买了很多生产设备，每过几年必须维修或者重新购置。

再回顾一遍，自由现金流指的是企业通过经营活动赚来的钱，扣除那些为了维持企业现有盈利能力必须再投下去的钱之后，剩下的部分。

我查阅了这家包子铺的账本，发现蒸包子确实需要一些设备，但还好，成本很低，几乎可以忽略不计。而且这家包子铺一直采用的是先结账后堂食的"优良传统"，净利润几乎等同于自由现金流。这也从侧面说明了他们家的包子确实很受欢迎。所以我决定直接用净利润取代自由现金流的取值（注意，这并不适用于其他"包子铺"）。

折现率

如前文所述，折现率又被称为资本化率，是为了补偿投资风险所需的回报率。约等于无风险利率（比如银行利息、国债利率）加上一个额外反映该企业风险的相对主观的数值。

针对这家包子铺，我给出了 10% 的折现率。在银行 2.5% 无风险利率的基础上，为应对未来的不确定性预留了 7.5% 的风险溢价，即为了获得这笔投资收益我需要承担的风险。

这个取值对最终的计算结果影响很大。

以苹果树为例，按照 6% 的折现率，15 年后计算下来的最终结果大约为 $50/1.06 + 50/1.06^2 + 50/1.06^3 + \cdots\cdots + 50/1.06^{15} \approx 486$ 美元。

但如果按照 10% 的折现率，15 年后这个结果就变成了 380 美元。

考虑更多风险，差值会更大。

不同企业和不同类型的投资，风险也不太一样。如果企业业绩的确定性高，风险溢价相对就比较低，通常会选择 10% 左右的折现率。对于存在适度风险的企业，折现率在 15%—25% 的区间比较合适。对于风险较大的企业，通常采用 30%—40% 的折现率，甚至是 100%。

除此之外，还应当考虑整体经济的增长速度。在经济衰退、增长概率不大、整体收益面临缩水时，应该适当调高风险，选择较高的折现率。

折现率的取值应该根据无风险利率、具体公司及所在行业的风险设定。它和你的能力有关，你不仅要对这家公司有所了解，同时对其所在的行业也要有一定的认识。学习能力很重要。

折现率越高，保障系数就越高，也就越安全，但同时也可能导致你错失机会。

像一些日用消耗品，无论经济繁荣还是萧条都比较稳定，给出的风险溢价就相对低一些，折现率一般在6%—8%。像银行和保险公司等，主要资产大部分是现金或容易受经济变化周期影响的投资，折现率在8%—10%比较稳妥。

巴菲特经常使用的折现率是美国长期国债的利率，因为他认为如果在股票上无法得到超过债券的潜在收益率，那么他就会选择购买债券。这是他为公司定价的第一层筛选方法，设定一个门槛收益率，即投资股票必须能够达到政府债券的收益率。

我为这家包子铺给出的折现率是10%。

事实上，折现率也代表着一种预期收益。如果无法达到10%的预期收益，那我还是定投宽基指数好了。

增长率

过去很长一段时间，证券投资经理被划分为两类：成长型和价值型。弗兰克·罗素公司甚至为成长股和价值股分别设置了独立的指数。

但巴菲特却说："我们认为两种方法基本是一致的，难分伯仲。"

他的老搭档芒格补充说："价值投资是获得比你付出更多的东西。因此，每一笔聪明的投资都是一项价值投资。前提是你必须了解这门生意，并为其股票估值。"

我同意他们的观点：若投入资金不是为了换取更高的价值，那还算是投资吗？明明知道所付出的成本已经高出其应有的价值，还寄希望于在短期之内可以用更高的价格卖出，这根本就是投机行为。从这个角度理解，所有的投资都是价值投资。

站在理解的角度，我认为这两种分法是有意义的。

以苹果树为例，虽然它每年都可以给我带来稳定的现金流，但这种现金流其实是逐年递减的：47、44.5、……、21 美元。

包子铺的现金流是逐年递增的。按照 10% 的折现率计算，在我买入这家包子铺股份的第一年，能够产生的现金流收入约为：20×（1+15%）/（1+10%）≈ 20.91 万元（15% 的增长率，10% 的折现率）。

第 2 年则变成了 20×（1+15%）^{2}/（1+10%）^{2} ≈ 21.86 万元，以此类推。

5 年下来的现金流收入分别为 20.91、21.86、22.85、23.89、24.98 万元。

和苹果树不同，包子铺一开始带来的收益会比较少，但越往后收益反而越高。因此，成长型资产在资本市场中的估值反而更高，市盈率也比较高，因为它未来还会继续增长。

在其他条件完全相同的情况下，收益增长率较高的股票更值得买入。

彼得·林奇在他的《彼得·林奇的成功投资》一书中举过一个例子：

假设一开始两家公司的每股收益都是 1 美元（注意：这里的 1 是每股收益而不是股价），一家公司的收益增长率为 20%，另一家公司的收益增长率为 10%，那么这两家公司经营 10 年之后是如何形成巨大收益差异的呢？

收益增长率为 20% 的 A 公司未来 10 年的每股收益分别为：

1.20、1.44、1.73、2.07、2.49、……、6.19。

而收益增长率为 10% 的 B 公司未来 10 年的每股收益分别为：

1.10、1.21、1.33、1.46、1.61、……、2.59。

开始时，A 公司每股的股价为 20 美元（每股收益 1 美元 ×20 倍市盈率），到了第 10 年年末时股价为 $20×(1+20\%)^{10} ≈ 123.8$ 美元。B 公司每股的股价为 10 美元（每股收益 1 美元 ×10 倍市盈率），到了第 10 年年末的股价为 $10×(1+10\%)^{10} ≈ 25.93$ 美元（在后文"市盈率 &PEG"部分有详细说明）。

即便由于投资者怀疑 A 公司无法维持它的高增长率，其市盈率由 20 倍下降到 15 倍，它的股价仍然会在第 10 年年末的时候达到每股 92.85 美元。A 公司的收益仍然比 B 公司的收益高得多。

这就是芒格所说的，"把钱放在那些不需要频繁卖出的地方"，享受"世界第八大奇迹"——复利。

投资价值型公司的收益有两个可能的来源：股息、股价与内在价值之间的差价。

挑战在于：增长率没那么高，甚至可能不增长。时间对我们不利，不得不通过交易来提高回报。

投资成长型公司的收益有三种潜在的来源：股息、股价与内在价值之间的差价、内在价值的增长。多了一个企业内在价值的增长，但最终还是表现在股息和股票价格与内在价值之间的差价上。

挑战在于：价值的增长难以准确预测，造成期望过高、买得太贵，以及波动过大带来的情绪波动。

我问过业内人士，像这样一家包子铺可以保持 10 年左右的高速增长，10 年之后的发展速度将会趋于稳定。

这样的话，接下来 10 年的现金流收入应为：

$20×(1+15\%)/(1+10\%)+20×(1+15\%)^2/(1+10\%)^2+……+20×$

$(1+15\%)^{10}/(1+10\%)^{10}$

≈ 20.91+21.86+22.85+23.89+24.98+26.11+27.30+28.54+29.84+31.19

= 257.47 万元。

顺便说一句,每次提到"现金流贴现法",说到增长率的时候,总有人问我是什么增长率。是营业收入增长率还是净利润增长率,或者是现金流增长率?

我一般都不回答,让问的人自己去找答案。否则就算他学了"现金流贴现法",也没有什么用处。

再重复一遍:

我们学习的不应该是一套"第一步该怎么做,第二步该怎么做"的"流水线"公式,而是这个领域思考问题的方式。

你用来思考的时间应该远远大于你用来阅读的时间。

永续增长

任何一家公司都不可能永远保持高速增长。

在经历了一个高速发展的时期后,包子铺的增长速度必然会减缓,进入低速的稳定增长期,也就是我们说的永续增长期(假设它在未来能够保持长期稳定、可持续的增长)。

虽然理论上股票会产生无限的现金流,但随着时间的推移,每年能带来的收入在折现后会变得越来越少。如果按前面的方法类推,计算这些无限现金流的现值，过程未免过于繁杂。我们可以使用一个简化公式：PV = D/（r-g），这个公式被称为戈登增长模型。

PV：资产价值（股票的价值、房价等）。

D：资产创造的现金流（股息、企业利润、房租等）。

r：折现率（收益率、回报率）。

g：增长率。

这个模型可以用来计算某一项资产在进入稳定增长期后，一直到关张那一天创造的所有现金流的现值。

那么，有人能告诉我，这个增长率指的是什么增长率吗？

思考一下。

假设包子铺在高速发展10年后继续以3%的增长率（g）永续增长，在第11个年头创造的现金流（D）应该是在第10年现金流的基础上继续增长3%：

$20 \times (1+15\%)^{10} \times (1+3\%)$

≈ 83.34 万元

假设这家包子铺一直经营下去，从第11年到关张那一天，总共可以收到的现金流为：

PV=D/（r-g）

=83.34/（10%-3%）

≈ 1190.57 万元

按照第11年（到关张那一天）现金折现：$1190.57/(1+10\%)^{11}$ ≈ 417.29 万元。

前10年高速发展的现金流折现为257.47 万元。

417.29+257.47= 674.76 万元。

这是我们为这家包子铺计算的估值，也就是理论上包子铺从我投资到关张那一天创造的所有现金流的折现。

"现金流贴现法"

"现金流贴现法"几乎为所有资产提供了一个估算内在价值的简单框架。注意,是框架而不是公式(参见前文芒格在南加大商学院的演讲)。

掌握它并不难,不需要具备什么出众的才能,也不需要具备超人的直觉。用黑石集团的创始人彼得·彼得森的话说:"华尔街有句老话,只要掌握小学二年级的数学,就可以在华尔街生存了。"

想想你去银行贷款的时候,银行会按照你现在的收入、年龄,计算未来能够赚取的现金流,以此估算你的偿债能力。

但正如我们之前所说的,不要指望用一个公式、一套算法,就能把估值、买入、卖出搞定了。谁这么想,谁就是傻瓜,必然要承担和凭借一套体操动作贸然参加 MMA 比赛一样的后果。

虽然"现金流贴现法"被大量的价值投资者认可,但它并不精确。20 万的自由现金流和 15% 的增长率来自历史记录,并不代表未来仍然会保持同样的收益和增长率。折现率的一点点变动都会为最终的计算结果带来极大的偏差。

估算明年的收益已经很困难了,更不要说估算未来很长一段时间的收益。

有人将投资股市跟德州扑克放在一块类比,两者也确实有许多共通之处:都需要理解概率,都需要根据手中已有的"牌"和将来要摸的"牌",在不完整的信息背景下做决策;即便手里的牌再好,都要考虑极端情况的出现。

"模糊的正确远胜于精确的错误。"

关于不必过于精确这事,瑞·达利欧有过一段精彩的论述。他说擅长粗略估计这个技能的价值常被低估。比如，当被要求计算 38×12 时，大多数人是以缓慢费力的方式计算，而不是简单地把 38 四舍五入成 40，把 12 四舍五入成 10，然后快速地确定答案在 400 左右。

"费力进行精确计算是愚蠢的，但大多数人就是这样做的。为了做出有效决策，你需要在'差不多'这个层面上理解大多数事物。"这样可以让我们不必陷入细节，把更多的关注放在那些更重要的事上。

675 万元是我的估值，但并不代表我会以这个价格买入。

在支付的价格和计算得到的内在价值之间保留足够的安全边际。将当下资产的价格与我们估算的价值范围（你可以把它理解为一个区间）进行比较，如果价格没有明显低于我们计算的估值，我们就应该把注意力转移到其他资产上。

换个角度看包子铺的价值

我又去询问了一下店主，他准备把包子铺等分为 100 万股，自己留下 50 万股，另外 50 万股公开发行。但他并不准备把包子铺卖给同一个人。我明白，他是想将公司的主动权掌握在自己手里。作为股东我并不需要参与包子铺的日常经营，只需要计算它能给我带来的投资回报就好了。

市盈率 & PEG

首先，我想先看一下这家包子铺当前的市盈率。市盈率代表的是现在，是当下的股价与每股收益的比率。

理想情况下，该公司未来在其余的寿命中，能够创造的现金流折现回来的总和是：净利润 × 市盈率。

如果以 300 万元的市值买入，每股的股价为：300 万元 /100 万股 = 3 元 / 股。

3 元（股价 P）/0.2 元（每股收益 E）=15 倍市盈率。

如果以 1000 万元的市值买入，则每股的股价为：1000 万元 /100 万股 = 10 元 / 股。

10 元 /0.2 元 =50 倍市盈率。

在不考虑利润增长率、收益固定的情况下，市盈率高于 24 倍（对比长期国债的收益）的股票没有投资价值（还不如直接买长期国债）。注意这里边有一个关键条件，就是在不考虑利润增长率的情况下。

很显然通过市盈率进行估值时一定要考虑这家公司的增长率。市盈率高，通常意味着人们更看好企业未来的利润增速；市盈率低，则意味着人们对企业未来的利润增速并不乐观。

当前包子铺的增长率为 15%。

成长性再好的公司，如果你买入时的市盈率过高，也赚不到大钱。盈利增长代表公司质量，市盈率代表市场价格，既要质量好还要价格好。

林奇的选股策略其实就是坚信一条基本原则：买股票其实就是买企业。而买企业就是买增长，买企业盈利增长，买股东分红增长。他总是喜欢用股价线与收益线并列的走势图来对比分析一家公司过去 10 年甚至 30 年的股价与收益。一般情况下，股票的股价线和收益线的波动在趋势上应该是一致的。即便出现偏离，也迟早会回到一致的大趋势上。从长期来看，最终决定一只股票股价走势的还是收益。公司收益的变动，最终决定了股价的变动。

他发明了一个很重要的衡量股市的指标：PEG，即市盈率（P/E）和净利润增长率（G）的比值。其计算公式如下：PEG = PE/（G × 100）。

他用这个指标帮助他快速过滤出值得投资的高速增长的公司。如果 PEG>1，则说明此股票股价高估；如果 PEG<1，则说明此股票股价低估，值得关注。

任何一家公司，如果它的股票定价合理，它的市盈率就应该等于公司的增长率 × 100。

举例来说，如果一家公司的年增长率是 15%，15 倍的市盈率是合理的。当市盈率低于增长率时，你可能找到了一个购买该股的机会。

使用 PEG 时，你需要清楚地知道，净利润增长率是根据公司过去一段时间的数据推导而来的，并不意味着未来的增长率和现在一样。想想看，假设我们正好在第 10 年，也就是包子铺开始进入永续增长时买入这只股票，会是什么结果。但你同时也要明白，一家公司未来的增长率一定是建立在现有能力的基础之上的，一家忽上忽下、盈利极不稳定的公司并不能作为我们长期投资的标的。

另外，PEG 模型有一个缺陷。所有估值模型都有缺陷。

假设 A 公司和 B 公司的每股收益都为 1 美元，预计未来 7 年里都将以每年 10% 的速度增长。两家公司的股价均为每股 10 美元。我们应该买哪只呢？

单纯用 PEG 计算的话，这两只股票并没有区别，这是因为其他的一些变量被我们冻结了。假设 A 公司在资产负债表上有每股 5 美元的现金，没有负债；而 B 公司在资产负债表上有每股 5 美元的债务，没有现金。很明显，现金充裕的 A 公司的股票相比 B 公司的股票是更好的选择。

我在检查了包子铺的资产负债表之后,发现并没有相关负债的风险。经营也比较稳定。

初步看下来,15 倍的市盈率是合理的。

但我可不准备就这么轻易地下结论。从多个角度看问题总是好的。

格雷厄姆的神秘公式

我想起了格雷厄姆在《证券分析》一书中给出的一个用来计算成长股的神秘公式:内在价值 =E(2g+8.5)。

E 代表公司的每股收益,g 代表预期盈利增长率。

格雷厄姆认为,对于一家没有增长的公司而言,8.5 倍的市盈率是合适的。市盈率近年来有所上升,也许 15—20 倍更合适。

我认真看了他的那篇论文。在文章中,他给出了在当时那个环境应用这个方法的前提:

1. 贴现率(或者预期收益率)为 7.5%。

2. 10 年的平均增长率约为 7.2%,即 10 年里该公司的盈利和股息增长了一倍。

3. 第 10 年收入的乘数为 13.5(这个乘数相当于第 10 年之后的预期增长率为 2.5%,股息收益率为 5%。莫罗道夫斯基认为这是对公司后期增长的

"忽视"，但我们更愿意称之为"保守"）。

4. 平均股息支付率为60%（对于一家增长良好的公司来说，这个数字可能很高）。

对于第1个条件，我给出了更高的10%的预期收益率。

第2个条件是符合情况的。我们也基本可以"忽视"包子铺的后期成长。我还没有和包子铺的老板聊过股息的支付比例，再次见面的时候我会确认。我暂时按照每股收益进行分红的比例计算。

得到 $8.5 + 2 \times 15 = 38.5$ 倍 [内在价值 = E（2g+8.5）] 的乘数。远远超过了我们之前给出的15倍市盈率。

如我之前所说的，不要依靠一个公式就确认买入一只股票的逻辑。

事实上，之前巴菲特在被问及这个公式时笑着说："我从来没有用过这个公式，我认为格雷厄姆在创造这个公式时有点心不在焉。"

我自己也很少在实际估算时使用那个公式。但我还是把那篇论文找了出来，认真分析。

我关注的不是某一个具体的方法，我关注的是他（哥伦比亚大学教授、价值投资创造人）思考问题的方式。问题是如何为成长股股票估值，那篇文章是他给出的解决方案以及理论支撑。

还有比这更美好的事情吗？

投资回报率

到目前为止，我们考虑的还只是市场价格与这家包子铺内在价格的比较。接下来，我准备看看投资它，可能给我带来的现金流回报。

还记得吗？把钱投给那些能够源源不断产生现金流的地方。

按照一年20万元的利润计算，20万元/100万股 = 0.2元/股。这就意味着每股一年可获得的投资收益(每股收益)为0.2元。

然而，一家公司的收益并非固定不变的，就像人们的收入一样。

如果按照每年15%的增长率，投资后第1年的利润应该是20×(1+15%) = 23万元。每股收益就是23万元/100万股 = 0.23元/股。

如果以3元/股的买入价计算：3/0.23=13倍市盈率，0.23/3=7.67%投资回报率。

投资后第2年的每股收益是0.26元/股。3/0.26=11.5倍市盈率，0.26/3=8.67%投资回报率。

在投资后第5年可以获得：$20×(1+15\%)^5$=40.23万元。

每股收益为40.23/100 ≈ 0.4元/股，3/0.4 =7.5倍市盈率（如果以3元/股的买入价计算的话，相当于我在7.5倍市盈率时买入的），0.4/3 ≈ 13.33%投资回报率。

此时我们可以收回：

$20×(1+15\%)/100 + 20×(1+15\%)^2/100 +……+20×(1+15\%)^5/100$

≈ 0.23+0.26+0.30+0.35+0.40

=1.54元

大约50%的成本（并未折现），且越往后收入越高。

中间插播一个小工具，叫"72法则"。

有没有注意到，在第 5 年的时候，每股收益由原来的 0.2 元 / 股达到了 0.4 元 / 股，实现了翻倍。

一个简单的算法，就是用 72 除以给定的回报率，就能算出一笔钱翻一倍所需的大致年限。

比如，一笔复合收益率为 7% 的投资，大概 72/7 ≈ 10 年能翻番。

按照包子铺每年 15% 的复合增长率，我们将会在 72/15 ≈ 5 年实现翻倍。

假设我们现在正处在买入这家包子铺的第 5 年，大概可以获取怎么样的投资回报呢？

如果以 3 元 / 股的价格买入了 1/10 的股份（10 万股），也就是 30 万元的成本。在第 5 年以 10 倍市盈率（而不是 15 或 20 倍的市盈率卖出，我调低了预期，注意，之前的 7.5 倍市盈率是以 3 元 / 股的价格，相当于在 7.5 倍市盈率时买入的）卖出的话，我将会获得两部分收益：

1. 股价波动：（4 元 / 股 –3 元 / 股）× 10 万股 =10 万元。

2. 股息分红：1.54 元 / 股 × 10 万股 =15.4 万元。

财富增长为（10+15.4）/30 ≈ 84.67%。

也就是说即便我在投资之后的第 5 年以 10 倍市盈率卖出的话，仍然可以获得：

（现有价值 / 基础价值）^（1/ 年数）–1

= [（30+10+15.4）/30]^（1/5）–1

≈ 1.1305–1

≈ 13%

每年复合增长率在 13% 以上。

这是一笔还算不错的投资，理论上的。因为不出意外的话，一定会出意外。比如因为 2020 年出现的新冠肺炎疫情，可能有很长一段时间，包子铺都无法开业。这个时候，我可能要给出 30% 以上的折现率，甚至更多。

市场总是充满了很多风险和不确定性，我们必须为其预留足够的安全边际。但如果一家企业的"护城河"越高、盈利能力越强，就越能提供更高的稳定性。

我们必须学会如何识别一家优秀的公司。

重新理解价值投资

估算某样东西的价值，然后支付更少的钱把它买下来。

同时思考：今天我以什么样的价格买入，未来将会获得怎样的现金流回报。

最好不需要频繁卖出，买入了之后坐在那个地方不要动。要知道钱是一种繁殖力特别强大的东西，钱会生"钱子"，"钱子"会生更多的"钱孙"。

我们在股市里赚的是两部分钱：

1. 股息，源源不断的现金流。
2. 股价与内在价值之间的差价。

我用一个具体的实操案例做个演示。

2022 年上半年，市场下跌，我以平均 14.8 元 / 股的价格（分期、分批的方式）买入了一家房地产龙头。之后半个月的时候，股价涨到了 20.66 元 / 股的价格，涨了约 40%。这个时候我是不是应该把它卖掉呢？

如果卖掉了，那获得的就是低买高卖的那部分钱。

然而，这家公司每年大概会有 1 元 / 股的分红。于是我选择卖出一部分（注意是一部分）获利离场，合算下来相当于是以 8 元 / 股的价格买入了这家公司（或许你可以这么理解，我以 50 元 / 棵的价格买了两棵树，之后以 80 元的价格卖出了其中一棵，剩下那棵树相当于我是以 20 块钱买入的）。按照每年 1 元 / 股的分红，每年约可以获得 12.5% 的投资回报率。

还记得吗？优秀的企业每年赚 12%，到年底给股东分红。如果企业每年赚 12%，但总是没有分红，就算不上优秀的企业。

这个时候，我们可以赚两部分钱：

1. 每年约 12.5% 的投资回报率，也就是卖苹果的钱。

2. 未来某些时候以远高于 8 元 / 股的价格出售，也就是卖苹果树的钱。

双倍的快乐！

市盈率、市净率、PEG 这样的指标给了我们一个模模糊糊的估值过高或者过低的概念，但并不能作为我们买入一家公司的依据。

账面资产是投资一家公司的底线。当有一天该公司破产清算时，账面价值在破产清算拍卖后的现金折现。就像那棵苹果树，即使有一天它不再产出苹果了，也可以被当作柴火处理掉。

盈利是投资一家公司的上限，即从投资到关张那一天理论上创造的所有现金流的现值。但这里面存在着很多风险和不确定性，因此我们必须为其预留足够的安全边际。

"现金流贴现法"则给了我们一个大概的区间，让我们做到"心里有数"。但并不代表这个估值就是正确的，因为有太多的不确定性存在。

我们必须学会如何"阅读"一家优秀的公司。把股票当成买入企业的一部分，并根据它的竞争优势来判断该企业的持有价值。如果该企业未来的贴现现金流比我们现在购买的股票价格要高，那么这个企业就具有投资价值。当我们占据优势的时候，采取行动。了解赔率，在赔率有利于我们时下赌注。其他时间则按兵不动。

成为赢家的方法是学习、学习、学习，工作、工作、工作……然后等待机会的来临。

第二十二章
投资者的错误行为

如果你还不知道自己是谁，那么华尔街算是发现自我的一个代价高昂的地方。

——亚当·斯密

一、做正确的事，不做错误的事。

二、正确地做事。

投资也是如此。

大部分人更关心如何在股市投资中成功，芒格更关心的是为什么大部分人的股市投资都失败了。这种思考方法来源于那句著名的农夫谚语："我只想知道将来我会死在什么地方，这样我就不去那儿了。"

在他看来，不管是牛市还是熊市，只要投资者不犯傻，就会有让投资者大显身手的机会。"如果你是池塘里的一只鸭子，随着暴雨倾盆而下，池塘的水位越来越高，你开始不断上浮。这时候，你或许认为上浮的是你自己，并因此而沾沾自喜，却想不到真正上浮的是池塘。"（巴菲特）在这种情况下，我们要做的不是竭尽全力去做所谓聪明的举动，而是想方设法地阻止自己犯傻。很多时间，我们只需把握住长期优势即可。要知道，淹死的往往是会水的。

决策的方法

投资就是做决策。

人类的大脑本质上就是一台贝叶斯机器。认知心理学认为，大脑的决策方式大致有两种：一种是以潜意识和情绪为基础的动物脑（系统1），另一种是以证据和逻辑为基础的理性脑（系统2）。

爬行动物为了应对饥饿、繁殖、呼吸、消化、疼痛等变化，进化出了具有极快反应速度的动物脑。芒格曾用自己养过的一条温顺而善良的狗作为案例进行说明："当我给它喂食的时候，把食物从它的嘴里夺走，这条友善的狗就会咬我，它会表现出犬类的损失过度反应（又称损失厌恶）。对于狗来说，没有什么是比咬主人更愚蠢的事情，但这条狗没办法不愚蠢，因为这是一种天生的条件反射。"

人类也一样，在发展过程中受到习惯、文化、教育的影响，产生了许多心理定式，这些心理定式会形成一种快捷方式、一种潜意识的行为，影响我们的判断。

他同样举了一个损失过度反应（损失厌恶）的例子。第一次世界大战之前发生的劳资纠纷中的死亡事件，绝大多数是在雇主试图削减工资时发生的。现在因为劳资纠纷弄出人命的情况很少了，但相应的是更多的公司倒闭了。因为激烈的市场竞争只提供了两种选择：要么工资降低——而这是不会得到同意的——要么企业死掉。损失厌恶倾向使许多工人抵制降薪计划，而往往工人接受降薪对他们本身更有好处。

这种损失厌恶表现在股市上就是：牛市的时候拿不住，没涨多少就落袋为安了；熊市的时候又舍不得止损，常常会无期限持有，期望它能够再涨回来。

心理定式并不一定就是坏事，这种"快捷方式"甚至是不可或缺的，否则生活中的各种决策就无法做出。但这些"快捷方式"（心理定式）很容易让人产生系统性错误。简单来说就是，一些之前的解决方案在当前的环境不再适用了，但仍然作为一种"快捷方式"在运行。瑞·达利欧在《原则》一书中提到，做决策就是要不断寻找能降低犯错概率、实现更好效果的决策规则与系统。

必须想办法把那些让我们容易做出错误决策的"快捷方式"识别出来。

一个极好的方法是：使用清单。

巴基斯坦卡拉奇四周的贫民窟住着400多万人，那里可能是世界上人口密度最大、居住条件最差的地方了。多年的贫穷和食物短缺让30%—40%的儿童营养不良，街道污水横流，几乎所有水源都被污染了。每10个孩子中会有1个活不到5岁，主要死因是腹泻和急性呼吸道感染。这个问题可不是一时半会儿可以解决的。除了供水系统和排污系统不完善以外，当地居民不识字也是一个重要原因，他们学习基本卫生知识非常困难。由于当地政治不稳定，腐败问题、官僚主义严重，所以很少有人愿意在那里投资，当地居民也就很难找到工作，很难挣到钱来改善自己的生活条件。但是，一个年轻的公共卫生工作者卢比想出了一个主意，在同事的眼里，这个想法甚至非常可笑，那就是使用肥皂。卢比打听到一个消息：某日用消费品巨头刚刚研发出一种新型的抗菌香皂，迫切地想要证明这种新产品的功效。他说服了该公司提供研究资金，并且提供成箱含有和不含三氯卡班消毒成分的香皂。他鼓励当地人在6种情况下使用香皂。一年后，这里的儿童发病率大幅降低。腹泻发病率比控制组低52%，肺炎发病率下降了48%，而脓疱疹这种细菌感染性皮肤病的发病率下降了35%。

这一切皆得益于那张"在6种情况下使用肥皂的清单"。

1935年，波音公司研发出被称为"飞行堡垒"的B-17型轰炸机，载弹量是军方招标要求的5倍，而飞行速度几乎是早先轰炸机的2倍，把马丁与道格拉斯公司研制的飞机远远地甩在后面。但在操控方面，它比以往的飞机复杂得多，飞行员要照顾4台发动机，而且每台发动机的燃油混合比都有所不同。此外，飞行员还要操控起落架、襟翼、电动配平调整片（让飞机在不同速度下飞行时保持稳定的装置）和恒速液压变距螺旋桨等。当地的报纸认为波音的新飞机"太过复杂，以致无法单人操控"。波音公司几乎因此而破产。但是一些专家依然坚信这一型号的飞机是可以操控的，他们为飞行员编制了一份检查清单，将起飞、巡航、着陆和滑行各阶段的重要步骤浓缩在一张索引卡片上。卡片上列出的事项飞行员都知道该怎么操作，他们会根据清单的提示检查刹车是否松开、飞行仪表是否准确设定、机舱门窗是否完全关闭，还有升降舵等控制面是否已经解锁。这些事情对飞行员来说真的都是一些简单得不能再简单的操作了。但自从这张看似愚蠢的飞行清单投入使用后，B-17型轰炸机安全飞行290万公里，最终被美军订购了13000多架，在第二次世界大战中取得了决定性的空中优势。

芒格说，最成功的培训模式是飞行员的培训模式，因为这种模式的有效性，飞行事故的发生率极低。他在给哈佛1948届毕业生的演讲中提到，对飞行员的训练，是依照一个严格的六要素系统进行的。这六种要素包括：

1. 要教给他足够全面的知识，让他能熟练地掌握飞行中用得到的一切知识。

2. 把这些知识统统教给他，不是为了让他能够通过一两次考试，而是为了让他能熟练地应用这些知识，甚至能够同时处理两三种相互交织的复杂的危险情况。

3. 就像任何一个优秀的代数学家，他要学会有时候采用正向思维，有时候采用逆向思维，这样他就能够明白什么时候应该把主要的注意力放在他想要的那些事情上，什么时候放在他想要避免的那些情况上。

4. 他必须接受各门学科的训练，力求把他未来因为错误操作而造成损失的可能性降到最低；最重要的操作步骤必须得到最严格的训练，达到最高的掌握水平。

5. 他必须养成核对"检查清单"的习惯。

6. 在接受最初的训练之后，他必须常规性地保持对这些知识的掌握：经常使用飞行模拟器，以免那些应付罕见重要问题的知识因为长期不用而生疏。

"没有哪个飞行员在起飞前不核对他的检查清单：A、B、C、D……没有牌手在需要另外两张墩的时候不迅速地查对他的检查清单，看看有什么办法可以把它们弄到手。"

芒格之所以让巴菲特和盖茨敬佩，关键在于他过人的分析思考能力。芒格分析、思考的具体方法非常复杂，但结果却简单明了，就是将需要考虑的事项化大为小，整理成清单，逐一对照。

"从个人的角度来讲，我已经养成了使用双轨分析的习惯。首先，理性地看，哪些因素真正控制了涉及的利益；其次，当大脑处于潜意识状态时，有哪些潜意识因素会使大脑自动以各种方式形成虽然有用但往往失灵的结论？前一种做法是理性分析法——就是你在打桥牌时所用的方法，认准真正的利益，找对真正的机会，等等。后一种做法是评估那些造成潜意识结论——大多数是错误的——的心理因素。"

我们也应该有这样一张清单——把导致你在投资过程中容易产生系统性错误的所有"快捷方式"整理出来，随身携带。只靠脑子简单思考不行，依靠清单才能减少错误的发生。

1【认知型捷径】

常见的"快捷方式"（心理定式）可以分为两大类：一类是认知型捷径，另一类是情绪型捷径。简单来说就是面对信息输入，因为认知造成的决策错误,以及由于情绪造成的决策错误。

认知→思考→决策。跳过认知和思考的理性脑部分,直接由动物脑下意识地交给有缺陷的"快捷方式"做出决策。这就好像你以前有个女朋友,一直亲切地称呼她的昵称。后来分手了,你有了新的女朋友,可是你总是下意识地用前女友的小名称呼现女友一样。相信我,这个后果很严重。越是在做重要的事时,后果越严重。

一定要尽早找到这些缺陷,时刻提醒自己不要再犯同类的错误,直到把它修正过来为止。

常见的符合认知型捷径的心理定式包括:框架效应、过度自信、信念偏差、可得性偏差、代表性偏差、锚定效应、过度反应偏差,等等。

框架效应

简单来说是指同一个问题的不同描述,会导致你做出完全不同的判断和决策。

一个著名的案例是,在描述某个手术术后病人的生存情况时,有两种方法:第一种说手术后 3 个月内的存活率是 90%,第二种说手术 3 个月后会有 10% 的病人死亡。

这两种描述只是说法不同,含义是一样的。但实验证明,无论是医生这样的专业人士,还是一般社会公众,都觉得第一种方法更好。

事实没变,采用了不同的描述,却导致你做出的决策和判断完全不同。

这一点很容易被人拿来利用。一些别有用心的人在向你阐述某个重要问题时，会试着以有助于他们的方式进行描述，为展开对自己有益的对话奠定基础。

很多财经专家背后都对应不同的理财机构。我曾亲眼见到过一些专业表演院校的人担任前台财经专家，文案其实都是后台运营团队代笔的。万一遇到个心术不正的"高手"，你可要小心了，他完全有能力把任何信息植入你的脑袋里。你的大脑很容易"被植入"，尤其在你高举双手夹道欢迎的时候。让你在有限的范围内进行思考，从而造成错误的认知。

一个小建议：除了由你自发或者参与组建的投资学习群，它的目的是学习、交流，提升自己的操作系统，扩展自己对这个世界的认知。否则，不要加入任何股票投资群！尤其是那些告诉你某只股票其实非常不错的社群。

过度自信

人们总是对自己参与的事有一种过度的自信，认为自己的能力、知识要优于常人（比如"我知道一些社群是骗人的，但我参与的这个社群和那些并不一样"）。

当问及很多被调查的人群，请他们描述一下自己的驾车水平，绝大多数人都会说自己的水平超过了平均水平。这通常会导致我们得出以下结论：普通投资者也会将自己的水平定位为优于平均水平。然而，多数证据表明普通投资者实际上并非如此。

信息的积累会让人产生一种知识错觉，认为这些知识可以给自己带来更好的回报。然而，更重要的不是知识的多少而是对知识的处理能力。

以掷骰子为例。掷一下骰子，得到 6 的概率为 1/6。但你的朋友用手捂住，看了一眼后，告诉你这是个偶数。你获得了一条新的信息，是 6 的概率从 1/6 升到了 1/3。这个时候朋友又给了你一条新的消息，"不是 4"。有了这条新消息，你猜中的概率变成了 1/2，50% 的可能性。每一次新信息的增加，都会改变原有的可能性。这是拜尔分析法，又被称为决策树理论。这类信息的增加的确会增加你获胜的概率。

然而另外一种情况，还是之前那个骰子，在连续掷出几次之后，最近几次得到的数字都是 4。如果再掷一次，你认为可能是哪个数字？如果这个骰子没有什么特别的话，每个数字的机会都是 1/6。增加的信息并不会提高你预测的能力。

借助互联网，人们可以接触到海量信息。实时新闻、研报、论坛、各种专家群，信息的累积和频繁接触信息增加了人们的自信心。

"自我归因"的心理偏差也会让人们认为成功源于自己的能力，并开始增加交易次数。过度自信通常会让人们对风险做出误判。人们经历的成功越多，就越会将其归功于自己的能力，哪怕其中包含了大量的运气成分。

信念偏差

一旦接受了某个观点，它就成了我们判断事情的基础，我们不再关注论点的逻辑性。这通常会影响我们的演绎推理能力。

所罗门·阿希做过一个经典的实验。他对两个人进行了描述，并要求其他人对这两人的个性进行评论。你认为艾伦和本这两个人怎么样？

在对艾伦的描述中，他把褒义词放在前边，聪明、勤奋；把贬义词放在后边，冲动、爱挑剔、固执、忌妒心强。

对本的描述仍然是这些词汇，但他调整了顺序：把贬义词放在了前边，忌妒心强、固执、爱挑剔、冲动；把褒义词放在了后边，勤奋、聪明。

结果，其他人普遍更喜欢艾伦一些。

最先植入的信息会影响我们的判断，造成决策失误。

人们在收集和解释新信息时也往往带有偏见，以证实自己先前存在的观念是正确的，而且在面对驳斥自己观点的明确证据时，反而进一步探索原有理论的正确性。以至于诺贝尔物理学奖得主马克斯·普朗克在《科学自传与其他论文》一书中说："新的科学真理的胜利不是靠反对者的信服和领悟，不如说是因为它的反对者终于都死了，而熟悉它的新一代成长起来了。"

可得性偏差

很多人是不愿意思考的，宁愿死，也不愿思考。他们更希望直接获得答案。

大脑非常懒惰。如果一件事更容易出现在大脑里（或者说你看到一个东西的次数越多），人们通常就认为这件事更容易发生。

最典型的例子就是，当你问一些人"飞机、火车、汽车，哪一种更危险"时，得到的回答通常是飞机。事实上，坐飞机的安全系数是汽车的22倍。

这就解释了为什么某些品牌的电视广告，用户并不喜欢，但因为大量重复出现，实际的营销效果反而很好。比如，"今年过节不收礼，收礼只收×××"。他们通过不断地重复，将某一特定信息植入用户的大脑中。可一旦它进入我们的大脑，就很难被赶走。

由于记忆力以及认知的局限，人们通常会根据自己熟悉或能够理解的信息做决策，这就是可得性偏差。比如购买洗发水时，将自己能够识别的品牌放进购物篮的概率更高。

股市也是一样。手里有点闲钱要投资，不知道该买什么，脑子里突然冒出某只股票或者基金。听朋友或者某网络"大V"曾经推荐过它，虽然自己根本不了解，但几乎不怎么思考就投了。

这就是当今绝大多数人的投资逻辑。

代表性偏差

代表性偏差指当事物的代表性特征表现出来以后，人容易冲动地做出判断，而忽略了其他更多决定性的信息。

最典型的就是："之前我们遇到过类似的情况，当时的市场情况是……所以我们认为未来一段时间的股价……"

你可以翻翻研报，很多都是这么写的。

有一项研究，分别给两组人看同一个女孩的两组照片。照片有两个版本：第一组人看到的照片，是女孩在贫民窟拍摄的；而第二组人看到的照片，是女孩在高档别墅区的生活片段。然后把同一份已经填好的答卷分别拿给两组人看，并告知他们这份答卷是由刚刚那组照片中的女孩填写完成的，希望他们通过这份答卷评估女孩的智商水平。答卷中刚好有一半问题回答正确，另一半回答错误。

最终的结果是：第一组人认为女孩的资质一般，这辈子不太可能取得较大的成功；而第二组人则认为这个女孩很优秀，并且预测她拥有光明的前途。

他们看到的是同一个女孩、同一张答卷，仅仅是照片的背景不同。

我们总是习惯根据过往的经验（代表性特征）对新的信息下结论，这就是代表性偏差。

而有些信息，其实是别人想让你看到的。

比如，一家公司的业绩一直在增长，各项经营指标也都非常亮眼，利好不断。网络"大V"的分析也偏向于"唱多"，所有的迹象都和你当初获利的几只标的完全一致。

综合各路信息，你最终做出了判断。

在你买入之后，股价经过了一个小幅的上涨之后开始一路下跌。你搞不明白，公司业绩这么好，为什么股价却一路下跌呢？

有可能是该公司高管需要减持股票，你看到的业绩都是刻意营造出来的。

从过去的相似事件中总结归纳经验是对的，但不可执迷于过往的经验。

上学考试时，你掌握了一条公式，在之后的笔试中答对了，就可以得分。而现实的情况和上学考试不一样，一旦某些经验被总结出来，那它一定会被针对。投资领域尤其如此。

锚定效应

人们会把某某著名投资人的买入价格作为参考。只要低于这个价格，他们就认为自己是安全的。

这是因为人们在评估某一个未知的事物之前，通常会先选定一个参考答案，然后再通过对比做选择。

星巴克里的一瓶矿泉水都卖到 25 元了，谁会买它？事实上售卖矿泉水根本不是为了销量，而是想告诉你，连一瓶矿泉水都卖到 25 元了，你还觉得一杯 32 元的咖啡贵吗？

学术上把这个叫锚定效应。

除了别人购买的价格，人们还会在潜意识里把原有的股价，或者自己购买时的价位，当作合理的参照点。

这只股票都涨了这么多了？赶快抛吧。又或者是，都跌了一半了，已经到底了。

近期的最高股价也会对投资者造成影响。一旦股价攀升，接近这个价位时，人们就会迫不及待地套现以锁定收益。

其实，股票的投资价值与买入的成本并没有什么关系，该不该卖，也和你花多少钱买的无关。

投资是对未来的预期。

一只股票便宜与否，取决于（对未来的）估值而不是近期的涨跌。

过度反应偏差

说一个发生在我身上的故事吧。

事情发生在某年"6·18"之前。一天忙完了，我躺在床上看新闻。《彭博商业周刊》关于"高温经济"的一条新闻，引起了我的注意。我马上爬起来查资料：都有哪些相关公司？财报以及销售业绩怎么样？

正好赶上"6·18"，我接着查往年"6·18"的销售数据，很快就做出了买入的决定。结果从我买入那天起，股价一路下跌。

这是典型的短视投资，心理学家称之为过度反应偏差。把关注点放在几个偶然的事件上，认为自己捕捉到了一个新的机会，仓促之间做决定，结果可想而知。尤其在自己刚刚因为做出过几个"正确的决策"而获得不错的收益时，更是如此。

认知型捷径是我们头脑中直觉型系统 1 的一部分，通常情况下会产生好的选择。但是当其误导我们做出糟糕的选择时，捷径就会变成错误。

2【情绪型捷径】

除了认知型捷径，另一类常见的"快捷方式"是情绪型捷径，同样是我们头脑中直觉型系统 1 的一部分。情绪型捷径通常会导致人因为自己的情绪做出糟糕的选择。

不要在气头上和你的女朋友做一切与未来有关的决策，"冲动是魔鬼"。

理智上，我们知道这么做是错的，但在行动上却无法抛开情绪。

股市上最大的敌人不是股市，而是你自己。

为什么价值投资明明是有效的，却又总是被大多数投资者回避？因为它需要你花费大量的时间进行研究。而多数情况下，你的研究结果是该股票并不具有买入的条件。

你做了一些事，但没有产生结果，这种感觉并不是很好。

人们总是倾向于做那些不需要花费多大功夫，但很容易就能带来结果的事。

明明在那个圈子里行动很安全，但少有人能够抵御"白骨精"的诱惑，尤其是在发现别人赚钱比自己多时。

明明赚钱了，15% 的年化收益，你却高兴不起来。亏损 5% 时反而很开心。究其原因是与他人做比较，把自己的"节奏"打乱了。

欲望和妒忌会蒙蔽人的双眼，忽视能力圈的存在。

认真想想，你真的不知道哪些是好公司吗？或许你不会计算一家公司的内在价值，但你真的不知道这只股票的价格是高还是低吗？

你知道。

或许你是真的不知道。但你为什么要买一只你不知道的股票呢？

是贪婪，让你放弃了常识、理智、逻辑、敬畏心和历史教训。人们愿意接受任何能让他们致富的可疑建议，一半以上的骗术都和被骗者的贪婪有关。

"自欺欺人是最简单的，因为人总是相信他希望的。"（德摩斯梯尼）

具体到股市上，就是生怕自己错过每一次上涨的机会，迫不及待地参与市场，唯恐落在他人之后。快上车，再不抓紧就来不及了。于是人们最常犯的一个错误是，公司是好公司，但买入的价格高了。

希望得到更多、担心错过、与别人进行比较、渴望获得他人的认可，这些心理因素会影响我们的行为，让我们犯错，最终影响股价。

旅鼠效应

人类是矛盾体。

在某一时刻，人会特别自信，认为自己知道一些别人不知道的事，导致做出大量的炒作行为。但某一时刻又很不自信，凡事都要看看别人是怎么做的。

旅鼠效应就体现了人类的另外一面。

旅鼠是一种小型的啮齿类动物，繁殖率很高，但死亡率很低，因此它的数量会越来越多。一旦它们的数量膨胀到一定程度，它们就会莫名其妙地行军，一开始只是在晚上，后来白天也开始行进。遇到障碍，它们就直接越过去，即便是遇到之前避之不及的动物也是如此。很多旅鼠都死在路上。到了海边，它们就直接跳进海里。

这样的行为很迷幻，至今也没有一个令人满意的解释。

但这一效应很适合用来比喻人类在投资上的一些行为。人们总是喜欢看看别人是怎么做的，按照周围大多数人的想法去行事，在市场狂热的时候买入，在市场恐慌的时候卖出，以至于很难在投资领域取得成功。

基金经理喜欢抱团取暖，散户喜欢跟风炒作，无不如此。

大多数人没有能力独立选择个股，不擅于基本面研究，缺乏勇气，对自己的分析信心不足。市场下跌时，就慌了。慌了，就总想找个抓手，于是"烧香拜佛"，总想听听别人的意见。继续下跌，就会恐慌，直到交出手中的筹码。

处置效应

人们常犯的另一个错误是，过早地套现盈利的股票，而过久地持有亏损的股票。

这被称为处置效应。其背后的本质在于看到自己之前所做的决定是正确的，会给人带来一种胜任的自我认同感。而一旦认识到自己之前所做的决定是糟糕的，则很容易产生懊悔的情绪，"没有卖出就没亏"可以帮助人们回避这种不好的情绪体验。在这种情况下，人们通常会继续持有亏损的股票，卖出盈利的股票。

然而在处理基金时，则有可能出现相反的情况。人们通常会卖出亏损的基金，而继续持有盈利的基金份额。一个可能的原因是，将问题转嫁给他人可以减轻自己的懊悔情绪：是你而不是我做出了错误的决策；是你不行而不是我不行；我只是错付了你。于是，我们在评论区总是会看到这样的留言："你看看你，你再看看人家……"

如果问题的原因出现在外部，人们的懊悔情绪就会减轻。

比如你持有的股票下跌而整个市场都是上涨时，你会非常懊悔；然而如果整个市场都在下跌的时候，你的懊悔情绪就不会那么强烈。"很显然这是整个市场的原因，而不是我个人的原因。"

处置效应通常还会引发另外一种情况。如果一只股票因为亏损被卖出，人们通常不愿意再买回那只股票；如果一只股票因为盈利被卖出，之后股价继续上涨，人们通常也不愿意再回购该股票。

但如果一只股票被卖出，股价随后下跌时，投资者因为获利和把握了最佳时机感受到双倍的快乐，这种体验会使他再次买回该股票。

没有人愿意承认犯错，人们总是会试图回避那些证明自己进行了错误投资的行为。自我说服效应会加剧这种现象，使人们在收集和解释信息时往往带有偏见，以证实自己先前的观念和投资决策是正确的。

如果我们不卖掉会产生损失的股票，我们永远也不需要面对我们的失败。

但同时也等于我们放弃了另一个本来可以重新安排投资而获利的机会。

损失厌恶

大部分人在股市里是赚不到钱的。

就如我之前所说的，人们通常的操作是，牛市的时候拿不住，没涨多少就落袋为安了。熊市的时候又舍不得止损，认为"差不多了，都跌成这样了，也该涨回来了"。可真的涨回来了时，刚接近成本价却又跑了。人们把这个叫"解套"。

为什么会这样呢？

我们先通过两个问题，来感受一下人们在面对盈亏时的不同心态。

问题1：你会选择哪一个？

A. 100% 得到 900 元。

B. 90% 的机会得到 1000 元。

问题2：你会选择哪一个？

A. 100% 损失 900 元。

B. 90% 的情况下损失 1000 元。

大部分人会在面对第 1 道题时选择 A，而在面对第 2 道题时选择 B。

注意到了吗？大多数人在面对得失时会产生不同的风险偏好。人们总是喜欢确定的收益，讨厌确定的损失。在面对盈利时，会表现得小心翼翼，不愿意冒风险；而在面临损失时，会不甘心，更愿意赌一把。

用一句话解释，你捡到 100 块钱时获得的快乐，不能抵消丢失 100 块钱带来的痛苦。

表现在股市上就是，如果投资盈利了，我们常常会卖掉它获取利润。但是在亏损时，我们常常会无期限持有，期望它能再涨回来。很多人把卖掉亏损的股票称之为"割肉"。

美国休斯敦大学的吴国俊和 Mark S. Seasholes，用上海一个大券商里面几万人的数据做了一个研究，发现：盈利 7%—8% 的人卖掉这只股票的概率是亏损 2%—3% 的人卖掉它的概率的 3—4 倍，处置效应更明显。

其实，股票的投资价值与买入成本无关；该不该卖，也与你是否亏损无关。

仓位思维

很多人在高价买入了一只股票之后，喜欢不断加仓以摊平成本。

人是情感动物，当你拥有某个物品之后，偏向于将感情与自己所拥有的资产进行连接，觉得它价值更大。有了仓位，思维就不客观了，简单来说，就是"屁股决定脑袋"（又叫仓位思维）。

当资产价值大幅波动的时候，禀赋效应会影响我们的理性决策，不愿意及时止损，最后承担损失。

如果认为某只股票很有潜力，当其股价下跌时买入是合理的。然而，如果仅仅是为了拉低平均成本，这样做是不理性的。

沉没成本不是成本。不要让过去的错误决定影响你当下的投资行为。

不要在意一项投资成本的高低，强迫自己去思考："如果现在我没有持有这些股票，我会买入吗？"同时衡量其他可能的投资选择："假如不这样投资，换一种投资决策如何？"无视其他投资机会有可能导致我们坚持错误的投资选择，试图从每一项投资中获利，而非优化整个投资组合，从而对更有潜力的投资机会视而不见。

心理账户

前面的是人们面对亏损时的态度。在面对盈利时，心态又不一样了。

思考问题时，人们通常不会按照统一的成本收益核算，而是在心里构建出不同的类别，分别进行计算。楼下小卖部的啤酒是你的日常开销，而朋友聚会时酒吧里的啤酒，则被算入了"请客吃饭"这个账户。

从股市赚来的 10000 块钱，和辛苦加班得来的 10000 块钱并没有什么本质上的区别。但是在心理账户中，人们喜欢把钱分为本钱和赚来的钱两部分，并且对这两部分的钱体现出非常不同的风险偏好。

在赌场，你会倾向于把带来的 10000 块钱收起来，因为那是你的辛苦钱、血汗钱；而把赢得的 10000 块钱放在桌子上作为赌资继续参与赌博，因为赢了的 10000 块钱其实是白来的，即使输了也没什么大不了的。人们更愿意用意外之财去冒险。

亏钱的股票只要没有卖出，那损失就仅仅是账面上的，并不是实际损失。

同时人们习惯将赢钱的股票和亏钱的股票分割成两个不同的账户：这几个赢钱的是一个账户，这几个亏钱的是一个账户。

理查德·塞勒在芝加哥大学教书的时候给一家公司的高管做培训，来了 23 个部门经理和 1 名 CEO。他出了一道题，问这 23 个部门经理和那 1 名 CEO，假设现在每个人都有下面这个投资机会：有 50% 的概率成功，会挣 200 万美元；有 50% 的概率失败，会输 100 万美元。假设这个投资的成本现在是 0，你愿不愿意接受这种投资项目？

结果 23 个部门经理之中，只有 3 个人愿意接受这种投资。但 CEO 的回答是我会把这 23 个项目全投了。

CEO 的心智账户跟部门经理的心智账户是不一样的，部门经理看的是这一个投资，但是 CEO 看的是总的投资。把 23 个投资机会全放在一起，就分散了风险，亏钱的概率很小，赢钱的概率却很大，所以对他来说这是极好的投资机会。

心理账户导致人们缺乏长远眼光，不能全局看问题，因厌恶损失而使投资过分保守，把太多的精力放在个股投资的得失上。

赌场思维

很多人在购买股票时，更愿意把眼光放在那些成长率更高的标的上，而忽略了它可能存在的风险和概率。这是因为赌场思维在作祟。

如果有一个项目，投 100 块钱，有 50% 的可能赢 2000 块钱，有 1% 的可能赢 100 万块钱，你选哪个？

大部分人会选择 100 万块钱。

我们对于可能存在巨大损失或巨大收益的小概率长尾事件特别敏感，会在决策的时候给这些事件更高的权重。这就是人们会购买彩票的原因。它的概率极低，但是得到以后的收益极高。

赌场的原理同样如此。

你要的是万分之一的机会。赌场则运用算法从概率优势的必然性中赚到大钱。

赌场还专门设计了大量"差点就赢"的环节，吸引诸多赌徒不惜倾家荡产屡败屡战。与成功擦肩而过比从未接近成功更令人难以接受，让人想再试一次。

想想看，那些你只想做个波段、赚点快钱就跑的股票，是不是也总是让你"差点就赢"？别怀疑，股市一开始的设计就迎合了人性中贪婪、懒惰、喜欢走捷径的心理。这个市场中95%的人都是赌徒。

处于热点话题中的股票往往可以吸引大量的投资者追捧，但如果没有基本面的支撑，盈利的概率很低。后面进场的人其实都是在为前人抬轿子。

高毅资产的邱国鹭在研究了世界各国股市的历史后发现，几乎每个国家，低估值的价值股的长期投资回报率都显著优于高估值的成长股。

正确的投资方法

没有人强迫你买什么股票，"看多"或是"看空"。

最大的投资错误不是来自信息因素或分析因素，而是来自心理因素。投资者常常因为太过贪婪，以至于抱着投机的心态而导致损失。人在情绪冲动的驱使下，光顾着行动，放弃了有质量的思考。

贪婪、恐惧、妒忌、来自社会群体的压力，会使人们放弃独立思考、逻辑、历史和常识。

霍华德·马克斯说："大多数导致泡沫或崩溃的波动都以事实为基础，

通常还有合理的分析……至少在最初是这样的。但是，心理因素导致结论中含有错误的因素，而市场在实践结论的道路上走得太远。巨大的市场亏损源于心理偏差而不是分析失误。"

股市只是一个可以观察是否有人出钱去做某件蠢事的参照而已。

同样一个苹果，在价值不变的情况下，其价格会因为人们的情绪与货币的多少随机波动。股价最终有多低，并不取决于其内在价值，而是由市场中最恐慌的人决定的。同理，股价最终有多高，也不取决于其内在价值，而是由市场中最傻的傻瓜决定。

"对冲基金教父"罗伯逊旗下管理的大名鼎鼎的老虎基金，从1980年5月的800万美元，一直增长到之后的210亿美元，18年里，所获得的年回报率高达31.7%。在当时，没有人比他们的成绩更好。然而到了2000年3月，他就被迫关闭了老虎基金。

1998—1999年，当时最热门的就是互联网概念的股票。但那个时候的互联网公司没有一个盈利，罗伯逊认为市场的泡沫太大，于是他开始做空科技股。然而当时的那个市场环境毫无理性可言，再小的公司只要沾上"互联网"几个字，一律上涨。由于做空这些股票，老虎基金损失惨重，大量的资金开始外逃，流入互联网领域。到了2000年2月，老虎基金管理的资产从巅峰时期的230亿美元一路狂跌到65亿美元。

2000年3月，罗伯逊决定关闭基金。

然而，就在老虎基金关闭不久，4月整个市场开始暴跌，一个月就跌了15%，接下来两年跌了近80%。

他判断对了，但倒在了黎明前。

美国长期资本管理公司（LTCM），一家由世界顶尖的操盘手和诺贝尔经济学奖得主管理的对冲基金，也因为低估了市场的情绪和短期内价格偏离内在价值的程度，在黎明前的几个月被清盘出局。

即便你看到了未来，即便你选择的是好公司，你仍然会倒在黎明前。

不要低估傻瓜的愚蠢程度。你面对的是人性——自己的人性，以及整个市场的人性。用某行为金融学教授的话说："我知道他们傻，但我没想到他们会这么傻。"

凯恩斯说："市场延续非理性状态的时间比你撑住没破产的时间更长。"

这就是我一直强调一定要用闲钱的原因。

安德烈·科斯托拉尼说："在这里一切都取决于一件事，就看是傻瓜比股票多，还是股票比傻瓜多。"没有多少长期不用的闲钱，想迅速炒股发大财，就是最明显的傻瓜。

几乎所有的投资大师都是反人性的。

拉斯·特维德在《投资最聪明的事》一书中说，假如你打算全身心地投入股票投资，以获得超越其他投资者的高额收益为目标，那么你只需要做好一件简单的事。简言之，就是在经济衰退、市场见顶之前卖掉股票，也就是说，要在一国经济活动收缩之时卖出。之后，你只需要像伟大的天才股票投资家内森·梅耶·罗斯柴尔德说过的那样，在"大街上鲜血横流"时再次买入。当毁灭性的消息来临时，每个人都极度悲观，以致歇斯底里或呆若木鸡，这时你只要闭上眼睛买入就行了！这是第二件事。

在市场上所有人卖出股票的时候买入，因为那个时候最便宜。然而，又有多少人能做得到呢？

一个人的行为通常是由他的认知决定的。只有在他认为一件商品好、有价值的情况下，才会做出花钱购买的决定。

认知→思考→决策。

进行股票交易时，需要让你的大脑皮质专注于投资行为，让你的爬行动物脑远离所有投资决策。然而在现实生活中，系统1中的认知型捷径和情绪型捷径在面对一条信息时，会优于系统2中的理性脑提前执行，从而做出错误的决定。一个有效的解决方法是：找到这些可能让我们产生错误行为的

"快捷方式"（心理定式），罗列出检查清单；在认知、思考与投资决策这条链路之间设置检查点，立起警示牌，一旦发现，立刻打断。

就像巴菲特一样，在交易之前，写下所有购买的理由。比如："我今天要买入可口可乐，我的理由是……"

```
if( 准备买入 )
    写下购买的理由 ( );
```

另一个行之有效的方法是，推迟决策，在购买之前建立清晰明确的投资策略。不是看到一条消息，就立刻做出购买决策，而是在看准一家公司之后，认真研究它。利用碎片时间收集、阅读这家公司的信息，计算它的内在价值，当确认这是一家不错的公司之后，制订交易计划，耐心等待……等待市场"打折""跳楼大甩卖"的机会。

我们不是在寻找一家值得投资的公司，而是在找到一家公司后耐心等待一个入场的机会。

在2004年的伯克希尔·哈撒韦公司的股东年会上，有个年轻的股东问巴菲特怎么才能在生活中取得成功。在巴菲特分享了他的想法之后，芒格插话说："别吸毒。别乱穿马路。避免染上艾滋病。"

很多人以为这是一句玩笑。事实上，这是一个非常具体的投资方法。我们要做的不是竭尽全力去做出所谓聪明的举动，而是想方设法地阻止自己犯傻。

投资的智慧不是你做对了什么事，而是避免犯重大错误。

做正确的事，不做错误的、对自己有害的事。

犯错的艺术是从自己和他人的错误中学习。"反过来想，总是反过来想。"

得到正确判断的办法，通常是先收集各种错误判断的例子，然后仔细考虑该怎么避免得到这些下场，不再重复这些错误。就像疫苗一样，把它注射在我们的身体里，形成"肌肉记忆"。同时通过识别他人的错误，从中捕捉到机会。

"除非你意识到你的潜意识，否则潜意识将主导你的人生，而你将其称为命运。"（卡尔·荣格）

第二十三章
最好的投资，是投资自己

在成为领先者之前，成功是发展你自己。

在你成为领先者之后，成功是帮助其他人发展。

——查理·芒格

投资没那么复杂。在你之前，这个市场已经存在几百年了。有很多已经被证明过且行之有效的方法，只需照做就能获得不错的收益。

但很少有人能真正做到。

再说投资策略

所有人都知道学习使人进步，但少有人能真正静下心来学习。

我的投资策略很简单，都是从别人的书籍、演讲、交流、分享中学来的，然后在实际中重新理解、重新思考，转化为自己的东西。

在我看来，投资的本质非常简单，就是低买高卖。估算某些东西的价值，然后付更少的钱把它买下来（第一性原理）。

而我们真正需要掌握的知识不过就三条：1. 如何识别一家好公司（包括行业）；2. 如何判断它是否真的便宜；3. 如何保持良好的心态（KISS 原则）。

具体操作起来，也很简单（剃刀法则）。请允许我再重复一遍：

1. 看准一家公司，认真研究它。最好从自己能够接触到的公司入手（找到一个目标，同时也是一个解题的方向。事实上，我更多地把它当作一个课题进行研究）。

2. 利用碎片时间收集、阅读该公司的相关信息，思考公司的商业模式与基本面，不断加深对公司的理解。最简单的基本面分析也不过是体验相关的产品和服务，通过各种侧面了解与产品、公司相关的信息而已（碎片化学习）。

3．计算它的内在价值，制订交易计划，根据资产配置确定每只股票的购买量以及买入、卖出的区间（独立思考）。

4．耐心等待（保持耐心）……等待市场"打折""跳楼大甩卖"。其他时间用来学习、学习、学习，工作、工作、工作（提升自己，积累本金）……

5．当市场报价低于其内在价值，进入安全边际时，计算赔率，计算大概的收益，根据资产配置分期、分批加仓（严守纪律，理性）。

6．当情绪出现波动时，重作第2步至第5步。重读经典，不要白白浪费一个让自己得以进化升级的机会（控制情绪，升级操作系统）。

闲钱！闲钱！闲钱！

低价！低价！低价！

耐心！耐心！耐心！

格雷厄姆说："投资是经过深入分析，保障本金安全并获得令人满意的回报的行为。不能满足这些要求的就是投机。"

在此，我们不讨论投机对不对的问题，摆在我们面前的一个真相是，你可能不配投机。

全球最大的对冲基金——桥水基金的创始人瑞·达利欧在接受托尼·罗宾斯的采访时说："个人投资者想要通过击败整个市场来赢得投资比赛，那是根本不可能的，你想都不要想。我雇用了1500名员工，有40年的投资经验，但要战胜市场对于我来说依然很难。这是你与投资高手之间的较量，也就是说，你和全球最好的扑克牌玩家在玩扑克牌游戏。"而且他们很有可能还会作弊。

"与证券市场上的投资竞赛相比，奥运会就显得太容易了。"

你是在和这个世界上最聪明的一群人博弈！你没有赢的可能。

你认为你行，是因为你不知道别人有多行。你对自己缺乏足够的认识。

世界观很重要。

你把股市当作一个赌场，那它就是一个赌场，押大小，买定离手。你学的自然是各种千术、各种尔虞我诈的技巧，你要努力成为千术最厉害的那个人，否则迎接你的一定是悲剧。

你把股市当作一个投资的地方，入股一家公司，关心的自然是公司的基本面如何、管理团队如何、投资回报率如何。

世界观决定了你的行事风格。

巴菲特说："最聪明的投资方式就是把自己当作持股公司的老板。"这是普通人在这个市场生存最聪明的方式。

这其实是他的世界观。我们只有把它当作世界观，而不是方法时，才能真正理解"股票投资其实就是拥有企业的一部分"这句话。

我从来不认为自己很厉害。我最厉害的就是知道自己不厉害。

我个人在进入投资市场时，根本没有挑选个股的能力。一开始买入的是宽基指数，从每个月的收入里抽出一部分，分成4份智能定投，小跌就少加点，大跌就多加点。赶上熊市，就加大基数。等所有人都跑步进场的时候，卖掉一部分。

后来我开始在自己的视野范围内找一些低价股，最好是破净股。公司有一定的知名度，基本面不错，净资产收益率比较高，没有债务问题，风险很小。也就是人们常说的"捡烟蒂"。算算股息，即使股价涨不起来，仍然可以获得不错的收益率（通常这个收益率会超过长期国债）。

再后来我开始关注那些自己视野范围内成长性比较好的公司，几乎每天都在使用他们的产品和服务，有意和他们接触。构建自己的投资组合，且持续优化。

还有一点，就是关注周期、宏观政策。当市场处于低点、情绪陷入极度恐慌时买入一部分；在经济衰退、市场见顶前卖出一部分。市场处于低点还是高点、市场情绪是怎样的，很容易判断。因通货膨胀被迫大幅加息时，则有一定的概率引发经济衰退。

我从未有过带着几万元入场，然后几年变成几千万的传奇经历。我没那智商，也不感兴趣。我更喜欢把命运掌握在自己手里，而不是全凭运气。

我清楚地知道，像我们这样的普通投资者要想获胜，只有一个方法，那就是站在自己的能力圈里，认真研究自己能力圈范围内的公司。当市场报价低于它的内在价值时，买入，长期持有。

我知道我打不过你，所以我不跟你打。

我只打有把握的仗。

不需要买入那么多公司，真正帮助我们赚钱的就那么几家。

就如巴菲特所说的："如果说我们有什么本事的话，那就是我们能够弄清楚我们什么时候在能力圈的中心运作，什么时候正在向边缘靠近。"

"如果你确有能力，你就会非常清楚能力圈的边界在哪里。如果你问起（你是否超出了能力圈），那就意味着你已经在圈子之外了。"（查理·芒格）

一旦你的欲望超出了你的能力圈，就相当于把自己交给了命运。

这不是不可以，只是一直以来你好像并没有你想象的那么好运。否则，你根本无须这么做。基于此，你反而可能是一直以来最不走运的那个。

投资是一个发现自己的过程

说起来投资也没那么复杂，不过就那么几个关键词：独立思考、理性、自律、耐心、延迟满足。

想真正做到却很不容易。任何一个习惯的养成，都需要时间的沉淀。

没人逼迫你购买哪只股票，没有人逼你加仓或者是减仓。你才是问题的答案。

你要安静地等待，保持耐心，当市场下跌、进入安全边际时买入。我们很难买到最低点，因为市场中最高和最低的价格并不是由公司的内在价值，而是由市场中的情绪决定的，你需要在市场每天下跌的境况中排除噪声，继续持有。

有时候你只能眼睁睁地看着资产在不停地上涨升值，其他人都赚得盆满钵满，你却只能按兵不动。

事实上，我们是在一直等待合适的长线机会，在等待一个合适的价格，而不是努力寻找一个投资机会。这需要足够的自信、耐心和延迟满足。大部分人做不到，于是，他们认为价值投资在"大A"无效。事实上，是他们的价值投资在"大A"无效。

你越喜欢把问题归结到外部，就越可能是问题的主因。

价值投资者需要自律。在情感上，随波逐流要比逆势而动更易被人接受。芒格说："想成为优秀的投资者，你必须了解自己的天性，每个人都必须在考虑自己的边际效用和心理承受能力后才能开始加入投资游戏。亏损有时是不可避免的，如果亏损让你痛苦，那你最好明智地毕生都选择一种非常保守的投资方式和储蓄方式。所以你必须将自己的天性和天分融入自己的投资策略中。"

真正的价值投资者和大多数价值投资者的区别与自律有关，而非其他品质。这就解释了为什么大多数人的价值投资都是失败的。

就像所有人都知道要早睡早起、"学习使人进步"一样，他们早就知道了，但又有多少人能真正做到呢？咱就说肥胖这个事吧，除了少数先天的原因，大多数人的肥胖都和自律有关。

"管住嘴，迈开腿"，这6个字多简单，可做起来就难了。

很多人在生活中都无法做到自律（早睡早起、坚持阅读、少接触一些低级趣味……），更不要说在充满诱惑的股票市场了。

当我们买入一只股票时，一定有人同时在卖出这只股票。双方一定有一个人是错的。

谁更可能是错的？

那个投入精力更多、掌握的信息更充足、知识更丰富，更冷静、更有耐心的人无疑拥有更高的胜率。

喜欢道听途说、没有自己的思考、跌了就把问题归结到别人身上的人，从长期来看，注定是失败的一方。他们是股市里的大多数。除了运气好，几乎没有成功的可能。但偏偏人们喜欢把运气当作实力，我昨天在这里遇到一只"撞到木桩上的兔子"，未来一定还会有更多的兔子出现在这里。

缺乏独立思考的人，不仅是在股市里，在生活中也必然如此。思考是一种习惯。让一个静止的旋转木马旋转起来，有一定的难度；让旋转的旋转木马静止下来，同样有难度。那些在生活中总是听别人的安排、没有独立思考的人，到了股市里就突然会独立思考了吗？

恐怕不是。

股市是一个能够让你看到自己的地方。

我是谁？我的行为习惯、性格中的弱点是什么？是否能独立思考、是否耐心、是否足够自律、是否延迟满足？我对这个世界的理解是怎么样的？如果我的理解是对的，为什么会产生这样的结果？

当我们看到的真相并非我们想象的样子时，必然不那么舒服。欲望会蒙蔽我们的双眼，让我们看不清现实。但只有接受现实，只有实事求是，才能不断改进。

股市可以让你看到一个真实的自己。懒惰、贪婪、恐惧、无知、无法做到独立思考、没有耐心、不够自律……这很好，你看到问题，就有一定的机会改变它。

"在我看来，投资是对一个人的理性思维持久和高效的训练。为了更好地进行投资，我们需要对许多自身的情绪和本能反应加以控制。"（拉斯·特维德）在投资过程中，及时地发现自己的问题，对自己的错误行为进行纠偏。

同时股市也是一个能够让你看到更多人的地方，看到更多人的情绪、欲望以及行为习惯。

这里是极好的"修行"之所在。

最好的投资就是投资自己

在我看来，要想获得更多稳定的收益，唯一的方法就是努力扩展自己能力圈的边界。

好在这本身就是水到渠成的事。

反正我每天都要读书，就顺便读一些投资理财的书，但并不会完全相信。阅读、理解、思考，觉得有道理，就拿出一小部分钱试试看。

如果错了，哪儿错了？有哪些问题没有考虑到？为什么？

如果对了，为什么正确？是不是巧合？

有些知识在我这里变成了钱，有些知识变成了经验。把心得记下来，过一段时间再看，有没有新的体会？背后的逻辑是什么？和书里的知识对照。

几年下来总结了不少经验，拍下来或者写成文章，隔一段时间再看，又会有不一样的感受。你手里拿的这本书是我不断学习、不断积累、不断总结得出的经验。写书的过程本就是一个重新梳理自己投资框架的过程。记下来，写出来，整理成文章，结成一本书，每一次都是对一些知识的重新理解。事实上，我发现很多知识，人家本来就有，就在那儿，只是我一开始看不懂，或者我以为我懂了，后来重新理解了而已。

投资就是这样，一些更有经验的人收获了更多的钱，一些有钱人收获了经验。有些人亏了就亏了，既没收获钱，也没收获经验。这一类人我们称之为"韭菜"。有些人则将这些经验转化成钱，或者通过股市，或者通过书籍和打赏，然后再把这些钱重新注入股市，获取双倍的快乐。

大部分投资者是没有这个闭环的。很多人手里就那么点钱，几手下去，就没钱了。涨跌确实和他没关系，要么是无视股市的涨跌，要么是无奈于股市的涨跌。

我有两条腿：一条是主动收入，另一条是被动收入。

主动收入会为我创造源源不断的持续的现金流，这些现金流来自我为他人提供的产品、咨询、培训、会员费、打赏、图书销售（也包含你手里的这本书）。

然后我再将这部分现金流投入那些更优秀的企业和赛道，长期持有，享受来自这个世界的红利。

其间的一些反思、经验再转化成文章、视频、直播、书籍……

周而复始，生生不息。

说到本金，其实我们只有两样东西可以投：一个是钱，另一个是精力。

年轻时有精力没钱，所以要拿精力换钱；年老时有钱没精力，所以要拿钱换精力。

不要轻易出售自己的时间。

年轻人，趁着"能啃老"，把精力用在升级自己的操作系统上。

我理解的投资，就两条：

1. 尽早学会用钱生钱。这样你才可以在别人还为生存奔波的时候，腾出更多的时间去做自己喜欢做的事。因为做自己喜欢做的事，才会"爱觉不累"，才能发挥出你的最大潜力。

2. 尽可能地把精力用在升级自己的操作系统上。操作系统先进了，做起事情来才能事半功倍。

当你不需要为"生存"花费时间时，就可以把更多的精力专注于提升操作系统和为他人提供价值上。

掏大粪有掏大粪的价值，打扫卫生有打扫卫生的价值。操作系统提升了，就有能力为他人创造更大的价值。

你的收入取决于你能给别人带来的价值。你给别人带来的价值越大，收获自然也就越大。

最好的投资，从来不是股市里的6位数代码，而是投资自己。不断地学习知识，基于所学，对市场做判断。即便股市失败了，主动收入还在；主动收入失败了，被动收入还在；两者都失败了，脑子还在。脑子这东西，一旦进化了，很难倒退回去。

芒格一直在反复强调阅读的重要性。他说："我认为不可能仅仅通过阅读一本书就能获得投资智慧。如果你没有进行大量的阅读，你就不可能成为一个广泛意义上的真正出色的投资者。"

赚钱不是目的。我并不排斥赚钱，但我知道那不过是我提升自己的副产品。我对过程的享受远远超出了对收益的享受。

小时候看《倚天屠龙记》，好多人抢一把刀。我想不明白，你拿了刀又不能成为真正的天下无敌，反而会招来杀身之祸。你抢它干吗呢？

芒格说："拥有一样东西的最好方法，是让自己配得上它。"

说得真好，可惜很多人总认为自己是那个特殊的人。

做正确的事

做正确的事。方向比速度更重要。

"人生就是选择正确的方向，然后朝这个方向奋力前进。"（纳瓦尔）

做了抖音之后，关注我的人多了，基数变大了，我接触到很多人。每天看评论，最庆幸的就是自己读了一些书，常因书中的内容思考。

如果一开始接受的就是错误的思想，那我的后半生岂不是都在为这个错误的思想买单？

正如张磊在《价值》一书中提到的公式：

$$成功 = \{1, 0\} \times 10^n$$

首先你要做正确的事，做正确的、让自己心灵宁静的选择，就是获得那个珍贵的 1；在这个基础上，凭借天赋不断学习、探索和努力，就是在 1 的身后增加无数个 0。

大部分人的勤奋和努力，都没用对地方。

为什么书香门第的孩子成才率更高，除了基因、资源等方面的原因，一个更重要的原因是，孩子一出生接受的就是相对正确的教育，至少大方向是对的。即便父母一分钱都不留给他，他在起点就已经超越了大多数人。同样是玩游戏，面对分岔路口，他知道该怎么选择。

很多人会把自己错误的理念，继续传递给孩子。事实上，那可能才是他"贫穷"的主要原因。

一个人要想成功，就必须先把那些错误的思想从躯壳里排除出去，重新装进精英的思想，这样才有可能变成精英。很多精英的思想简单得就像是鸡汤，比如坚持储蓄、坚持独立思考、不要沉迷于赌博。

通常情况下，如果你自己不寻求改变，没有遇到贵人，或者没有发生重大的人生转折，你会不出意外地一直在原来的那条人生轨迹上稳定地走下去。

留出一个固定的时间定期审视、思考自己的方向是否正确是非常重要的。

如果你的时间总是被各种事务、议程占满，就无法进行思考。

世界观一定要打开。世界观打不开，视野就会受限，你会很容易掉到某一个具体问题的陷阱里，很难走出来。

每个人对世界都有自己的理解，我们理解的世界和真实的世界之间存在一个断层。如果你的理解是对的，你的生活就会很顺畅。越是"无知"的人，越喜欢用自己的观点去评判他人。

阅读可以让我们看到别人对这个世界的理解。没有"阅读",你会永远停留在自己的世界里。

学习可以帮助我们把别人的观点融入自己的世界。没有学习,别人的世界是别人的,你的世界是你的。

实践可以帮我们找到主观世界与客观世界的那个断层。没有实践,你可能在自己的世界里无比强大,但在现实生活中却不堪一击。

反思、复盘是重构自己对这个世界的理解。没有反思,你会永远止步不前。

回想起来,我好像一直在重复做三件事:阅读,思考,做对这个社会有益的事。

一开始只有阅读,书读了不少用不出来。

有了思考,慢慢变聪明了,也不知道是什么时候变聪明的。变聪明以后有了烦恼,聪明倒是聪明了,但生活质量没啥变化。见识多了,脑子灵活了,能力匹配不上欲望。

后来有了行动。做了一些事,也确实挣到了一点小钱,但并不持久,也不觉得快乐。

直到开始做对这个社会有益的事,才开始慢慢进入那个正向循环。

没人指导,走了很多冤枉路,所幸方向没变。只要方向是正确的,开始慢一点没关系,一路走下去就好。

每天起床,争取变得比昨天更聪明一点,认真地、出色地完成你的任务,慢慢地,你会有所进步。这种进步不一定很快,但能为你快速进步打好基础,使你每天慢慢向前挪一点。到最后,如果你足够长寿的话,大多数人可以得到他们应得的东西。

投资是个很好的入口。

要想获得丰厚的投资回报，就必须尽可能地收集到所有对最终结果有用的知识，学习，加以分析，从而做出正确的投资决策。

你怎么知道你收集、学习到的知识是有用的呢？最终的结果会告诉你。

基于此，我会在短期内做少量的操作，并不是为了获得高额收益，仅仅是一种验证；这是一款益智类游戏，类似于成人版《大富翁》。

知识是一点点积累起来的。知识的积累，包括对已有知识的反思，都会产生"复利效应"。当你用正确的方法做正确的事，就会发现知识的积累会给你带来复利增长。越是在职业生涯的早期，抽出时间进行深度反思，就越可能收获知识的复利回报。

复利存在于生活的方方面面。生活中的所有回报，无论是财富、知识、健康、人际关系，还是习惯，都可以来自复利。

在我女儿出生那一年，我为她专门开设了一个账户，每个月自动扣除1000元用来定投。根据过去几年的年化收益，做了个下调，按照平均每年8%的投资回报率进行计算，在她18岁那一年，这笔钱大概会变成50万元。

如果我每个月定投的数额不再是1000，而是2000，并且能够将每年的投资回报率提升到15%（以我过去的投资业绩作为参考，但并不代表未来可以获得同样的投资回报，这和经济体的增长率、外部环境、经济周期都有关系，此处的投资回报率仅用来说明复利的价值）。那么在她18岁那一年，收益将是212万元，是原来的4倍。

这是我作为一名父亲留给她的财富。

我说的不是钱，我并没有准备留多少钱给她。她应该学会自己赚钱。我只是想通过这件事向她证明"正确且复利"的价值。

补充一句，我会从这本书的稿费里抽取一部分用来投资，每过一段时间拿出一部分用在和教育相关的资助上，所有账目和捐赠金额定期对外公示。少是少点，但好过不做。我对公益的理解目前还停留在，在照顾好自己和家人的前提下，为社会上更多有需要的人提供帮助。且这种帮助更多的是认知、思想上的，而不是物质上的。未来有一天，可能我的觉悟提升了，会加大这个比例。

我不认为这是一种付出。这本质上是我个人的精神需求，只是这个需求恰好给社会带来了正向反馈而已。

我见过很多人质疑复利的存在。确实，我们无法保证股市每年都是上涨的，过去的投资业绩也无法代表未来可以获得同样的收益。但如果把时间拉长呢？4 年一个库存周期，10 年一个朱格拉周期。只要一个经济体拥有创新活力且处于自由市场之中（参见《看见》一章，自由市场经济 + 创新是当下科技文明螺旋上升的基础），长期定投就是一个相对简单且明智的选择。

而且很多人都忽略了，最好的投资就是投资自己。关于这一点我已经证明过了，未来还会一直证明下去。另一个正相关的事实是，在你的能力不断提升的同时，你可以创造的财富同样在指数级增长。

这是一个可以无限循环的正向闭环：

开阔视野→看见自己（）→发现问题→主动学习（）→解决问题→重构（）→进化升级→开阔视野。

持续看见自己（）+ 主动学习（）+ 重构（）。

投资实际上源于投资者对机会成本和复利的深度理解。

正确地做事

做正确的事,做自己喜欢、擅长且复利的事,只有如此,才能保持足够持久的热情、专注度,"爱觉不累",充满创造力,能发挥自己的最大价值。

找到这样的事。

没有找到之前,别闲着,去提升那些未来你一定用得到的能力。

既然学习很重要,那就学习怎么学习;既然思考很重要,那就思考怎么思考;既然钱是交换的产物,那就从现在开始去帮助他人,努力给别人提供价值;既然写作可以增加自己的"幸运表面积",那就努力提升自己的写作能力。

一边做,一边找。

正确地做事。

不要指望做了一件事之后马上有结果。

靠系统、习惯,而不是一时的灵光乍现获得成功。

前两天,任正非在一篇内部文章《整个公司的经营方针要从追求规模转向追求利润和现金流》中提到:"把活下来作为最主要纲领,边缘业务全线收缩和关闭,把寒气传递给每个人。"很多人关注的是经济危机、寒气,我更关注的是怎么"活下去"。华为一直在讲:熵增。这是个热力学概念,人生的很多问题都可以从进化论、热力学、物理学、信息论和复杂性理论中找到解释和预测。

"熵"代表一个系统的混乱程度。比如房间一段时间不打扫就会很乱;比如一家公司,时间长了就会出现衰落的迹象,很少出现百年企业;比如我们的身体随着年龄的增长，机能会慢慢衰弱。

为什么会出现这种情况呢？

两个关键条件：1. 系统封闭；2. 安身在舒适区，进入了平衡态。

这就解释了为什么水一放到瓶子里就有保质期，而在自然界中上千万年也不会变质。当水处于瓶子里时，是一个封闭的系统，没有和外界进行物质交换，"熵"不断增加，清澈干净的水就会腐化变质。而自然界的水处于一个开放的环境中，尽管熵依旧在增加，但增加的速度却被放慢了。

今天，我国已经拥有全球最大、最长的产业链，一步步繁荣富强。这是开放的结果，和清政府的闭关锁国形成了鲜明的对比。

人也一样，长期处于封闭状态中，不和外界接触，必然会落后。

所以，企业提出了对抗熵增的方法。

比如华为内部就有一个"一杯咖啡吸收宇宙能量"的思想。任正非认为，如果干部、科学家一味地关在屋子里埋头苦干，视野是永远不能扩大的。所以华为要求公司的科学家和专家每年必须拿出 1/3—1/2 的时间到世界各地去喝咖啡。"一杯咖啡吸收宇宙能量"的意思，就是利用各种机会和他人进行思想和知识的交流，这样的交流是不设边界的。早年，我被华为邀请去做分享，以为自己很厉害，后来发现，不是我厉害，而是华为这家公司厉害。他们会向所有人学习长处，只要你某个方面比我强，我就会向你学习。

贝佐斯也非常清楚"熵"对一个企业的危害，所以他不断把钱、把资源投入新的领域，不断让企业进入新的不稳定状态，最终让亚马逊创造出了重量级的明星业务。这就是"流动"的力量。

个人也一样，一定要学会"走出去"，去接触、学习更多的新东西，从外界输入新的能量。要学会折腾，走出自己的舒适区，在这个过程中增加自己的韧性。就像水一样，只有流动起来，才能对抗熵增的出现。同时，增加自己的"幸运表面积"，只有接触更多的人、更多的事，才有可能获得更多的机会。

熵增是发生在封闭系统之内的。所以，避免熵增的有效方法就是，建立一个能和外界不断进行能量和物质交换的、流动的开放系统。

这个系统的学名叫"耗散结构"，由一位叫普里戈金的科学家提出，他发现在耗散结构当中，通过不断地与外界进行物质和能量的交换产生负熵流，系统就从原来的无序或低有序状态转变为有序状态。他也因此获得了1977年的诺贝尔化学奖。

任正非这么解释耗散结构：一个人每天去锻炼身体跑步，就是一个耗散结构。为什么呢？因为你身体的能量如果储存得多了，就要把它耗散掉。在耗散的过程中，这些能量就变成了肌肉，变成了更坚强的血液循环。当能量消耗掉了之后，糖尿病就不会有了，肥胖也不会有了，身体也苗条了、漂亮了，这就是最简单的耗散结构。

这里有两个必要条件：一个是开放，另一个是保持流动。

系统越复杂，混乱度就越高。房间总不打扫，会越来越脏、越来越乱。一开始只破了一处窗户，然后是越来越多的窗户。一个有效的解决方法是做减法，使其简单。

系统（你就是一个系统）中，真正重要的20%是什么，哪些给你带来了80%的收入、80%的快乐，保留下来，其他的一律想办法简化掉。最重要的事情是什么？是要学会舍弃，学会断、舍、离，把一些没有用的部分、多余的部分从系统中删除，让保留下来的部分变得有序、简洁。系统越简单，越可能对抗熵增。

苹果公司设计流程中最重要的环节之一是简单。1982年，摄影师戴安娜·沃克拍摄了一张乔布斯在自家起居室的肖像。房间很大，有一处壁炉和落地窗，几乎没有什么家具。木地板上有一小块垫子，乔布斯坐在上面，旁边是一盏落地灯。在他后面放着一台唱片机和一些唱片，有一些散落在地板上。乔布斯肯定买得起家具，拍摄照片的那年他就已身家过亿。乔布斯把极简美学带给了所有苹果的产品。

达·芬奇说："复杂的终极境界是简单。"

把一些必要的事情、每天可能重复发生的事情，转化成一套足够简单的自动驾驶的系统，形成习惯，自动运行。只有足够简单，在外部发生变化的时候，才能更好地应对。

所谓的优秀的人，无外乎就是有几个优秀的习惯而已。比如稻盛和夫的《六项精进》、史蒂芬·柯维的《高效能人士的七个习惯》、富兰克林的 13 条修身法则，等等。

于我而言，就是：

- 每天阅读点什么。
- 每天写点什么。
- 每天想想能给别人带来什么价值。
- 每天冥想。
- 每天花一定的时间健身。

……

一方面，不断使现有的系统简单、有序；另一方面，不断从外部获得新的养分，发现更新、更好的东西，把内部系统的一部分模块替换掉。CPU 慢了，那就用新的、更高性能的 CPU 替换掉系统现有的 CPU；硬盘小了，就换一个新的、更大容量的硬盘。

我做系统架构师时，一个极重要的功能模块就是定时检查系统有没有需要更新的部分，自动下载，修补缺陷，完成升级任务。

人也一样。

努力成为一个有价值的人

其实整本书也没说啥东西，简单概括起来就这么点事：

多读书，多读好书。

多思考，独立思考。多学习别人思考问题的方法，提升自己的思考能力。

多做一件简单且有益的事，慢慢养成习惯。

多做对别人有益的事、对这个社会有益的事。

持续更新自己。

持续发现别人的问题，帮别人解决问题。学会为这个社会创造价值。

如果你有钱了，就把钱投给那些能够为这个社会创造价值的人或者公司。

不要努力成为一个成功的人，而要努力成为一个有价值的人。

延伸阅读

以下为本书在第三部分《投资的方法》中涉及的部分重要书籍，如有兴趣，可进行延伸阅读。

1.《股市长线法宝》

作者：杰里米·J.西格尔

作者标签：

世界顶级投资、金融专家之一。

2.《证券分析》

作者：本杰明·格雷厄姆

作者标签：

投资人、证券分析师，享有"华尔街教父"的美誉。

3.《价值投资的秘密》

作者：乔尔·格林布拉特

作者标签：

戈坦资本（Gotham Capital）的创始人、合伙经理人，哥伦比亚大学商学院客座教授。

4.《彼得·林奇的成功投资》《战胜华尔街》

作者：彼得·林奇

作者标签：

卓越的股票投资家和证券投资基金经理。曾经在管理麦哲伦基金的13年中，取得了年平均复合收益率为29%的投资战绩。

5.《投资最重要的事》《周期》

作者：霍华德·马克斯

作者标签：

美国投资大师，美国橡树资本管理有限公司创始人。

6.《股票大作手回忆录》

作者：埃德温·勒菲弗

作者标签：

美国著名记者、作家和政治家。

7.《逆向投资》

作者：约翰·邓普顿（1912—2008）

作者标签：

邓普顿集团的创始人，被誉为全球最具智慧以及最受尊崇的投资者之一。管理的成长基金在38年间取得的平均年化收益率为16%。被《福布斯》杂志称为"全球投资之父"及"历史上最成功的基金经理之一"。

8.《股市稳赚》

作者：乔尔·格林布拉特

作者标签：

戈坦资本（Gotham Capital）的创始人、合伙经理人，哥伦比亚大学商学院客座教授。

9.《价值投资》

作者：布鲁斯·格林沃尔德等

作者标签：

哥伦比亚大学商学院教授，价值投资理论专家。

10.《价值》

作者：张磊

作者标签：

高瓴资本创始人兼首席执行官。

11.《格雷厄姆成长股投资策略》

作者：弗雷德里克·K.马丁等

作者标签：

DGI（Disciplined Growth Investors）公司总裁及首席投资官，有30多年的投资经验。

12.《逃不开的经济周期：历史，理论与投资现实》

作者：拉斯·特维德

作者标签：

衍生性金融商品交易员、基金经理人和投资银行家。

13.《传奇投资人的智慧》（全7册）

作者：罗尔夫·莫里安、海因茨·温克劳

作者标签：

罗尔夫·莫里安，股票市场分析师、畅销书作者。

海因茨·温克劳，创业顾问、金融编辑。

14.《竞争战略》

作者：迈克尔·E.波特

作者标签：

哈佛商学院教授。在世界管理思想界被誉为"活着的传奇"，是商业管理界公认的"竞争战略之父"，在2005年世界管理思想家50强排行榜上位居第一。

15.《超级强势股》

作者：肯尼斯·L.费雪

作者标签：
美国费雪投资公司的创始人、董事会主席和首席执行官。

16.《行为投资者》

作者：丹尼尔·克罗斯比

作者标签：
心理学家、行为金融学家和资产管理专家，Nocturne Capital 资产管理公司的创始人。

17.《金钱游戏：透析市场本源，揭开游戏黑幕》

作者：亚当·史密斯

作者标签：无（作者署名为化名）。

18.《投资最聪明的事》

作者：拉斯·特维德

作者标签：
衍生性金融商品交易员、基金经理人和投资银行家。

19.《乔布斯的魔力演讲（第3版）》

作者：卡迈恩·加洛

作者标签：
畅销书作家、知名演讲家。

20.《演说之禅：职场必知的幻灯片秘技（第2版）》

作者：加尔·雷纳德

作者标签：

幻灯片设计师、知名交流专家。

21.《六项精进》

作者：稻盛和夫（1932—2022）

作者标签：

日本著名实业家，27岁创办京都陶瓷株式会社（现名京瓷Kyocera），52岁创办第二电信（原名DDI，现名KDDI）。

22.《高效能人士的七个习惯》

作者：史蒂芬·柯维

作者标签：

美国著名管理学大师，柯维领导中心的创始人，富兰克林柯维公司的联合主席。

图书在版编目（CIP）数据

价值心法 / 姜胡说著 . -- 北京：台海出版社，
2023.6
　　ISBN 978-7-5168-3549-4

　　Ⅰ.①价… Ⅱ.①姜… Ⅲ.①自我管理学 Ⅳ.
① C936

中国国家版本馆 CIP 数据核字 (2023) 第 069904 号

价值心法

著　　者：姜胡说

出 版 人：蔡　旭　　　　　　　责任编辑：俞滟荣

出版发行：台海出版社
地　　址：北京市东城区景山东街 20 号　邮政编码：100009
电　　话：010-64041652（发行，邮购）
传　　真：010-84045799（总编室）
网　　址：www.taimeng.org.cn/thcbs/default.htm
E-mail：thcbs@126.com

经　　销：全国各地新华书店
印　　刷：河北鹏润印刷有限公司
本书如有破损、缺页、装订错误，请与本社联系调换

开　　本：700 毫米 × 980 毫米　　1/16
字　　数：502 千字　　　　　　　印　　张：35.25
版　　次：2023 年 6 月第 1 版　　印　　次：2023 年 6 月第 1 次印刷
书　　号：ISBN 978-7-5168-3549-4

定　　价：78.00 元

版权所有　　翻印必究